农村教育发展研究系列丛书
2016年度教育部人文社会科学研究一般项目——教育现代化进程中农村小学可持续发展问题研究（项目批准编号：16XJA880001）

# 教育现代化进程中的农村小学可持续发展问题研究

董文军　著

西南交通大学出版社
·成都·

图书在版编目（CIP）数据

教育现代化进程中的农村小学可持续发展问题研究 / 董文军著. —成都：西南交通大学出版社，2019.9
（农村教育发展研究系列丛书）
ISBN 978-7-5643-6938-5

Ⅰ.①教… Ⅱ.①董… Ⅲ.①农村学校–小学–教学研究–中国 Ⅳ.①G622.0

中国版本图书馆 CIP 数据核字（2019）第 126236 号

农村教育发展研究系列丛书
Jiaoyu Xiandaihua Jincheng zhong de Nongcun Xiaoxue Kechixu Fazhan Wenti Yanjiu
**教育现代化进程中的农村小学可持续发展问题研究**

董文军 著

| | |
|---|---|
| 责任编辑 | 梁 红 |
| 助理编辑 | 赵永铭 |
| 封面设计 | 原谋书装 |
| 出版发行 | 西南交通大学出版社<br>（四川省成都市金牛区二环路北一段 111 号<br>西南交通大学创新大厦 21 楼） |
| 发行部电话 | 028-87600564　028-87600533 |
| 邮政编码 | 610031 |
| 网　　址 | http://www.xnjdcbs.com |
| 印　　刷 | 成都勤德印务有限公司 |
| 成品尺寸 | 170 mm × 230 mm |
| 印　　张 | 17.25 |
| 字　　数 | 247 千 |
| 版　　次 | 2019 年 9 月第 1 版 |
| 印　　次 | 2019 年 9 月第 1 次 |
| 书　　号 | ISBN 978-7-5643-6938-5 |
| 定　　价 | 88.00 元 |

图书如有印装质量问题　本社负责退换
版权所有　盗版必究　举报电话：028-87600562

# 序

从历史上看，我国有重视教育的传统，农村教育也一直是国家教育事业的重要组成部分，受到国家高度重视。中华人民共和国成立后，党和政府更是把发展农村教育作为实现中国共产党政治理想追求的一个重要途径，到 20 世纪末，我国已经达到了"一村一校"的基本格局。然而，随着我国现代化进程加快，特别是城镇化步伐加快，到 21 世纪初，农村教育，特别是农村小学教育遇到了前所未有的挑战，原本花了很大精力建设的"希望小学"，一夜之间，人去楼空，学生纷纷向乡镇、县城学校流动，形成了"村空、镇弱、城挤"的基础教育格局，令人始料不及。其实，这一现象在较早实现教育现代化的发达国家也曾经出现过，一些国家在总结经验教训的基础上，对农村小学不但保留，而且其特色和质量得到保证，较好地处理了公平与效益的平衡，坚守、创新了教育现代化的价值追求。

我国是一个发展中国家，有着自己独特的文化传统和国情。但是，基于公平与效益、权利与质量的平衡，是世界教育现代化价值追求的基本原则，我们必须遵循这一基本原则。同时，中国共产党第十八次、第十九次全国代表大会上，提出了"创新、协调、绿色、开放、共享"的五大发展理念，实施"乡村振兴"战略，把建设教育强国作为中华民族伟大复兴的基础工程，加快教育现代化，办好人民满意的教育，推动城乡义务教育一体化发展，高度重视农村义务教育，这是我国农村教育发展的新契机。2018 年 9 月 10 日，习近平在全国教育大会指出要"坚持优先发展教育事业"，"坚持扎根中国大地办教育"，"坚持以人民为中心发展教育"，更加咬定了发展农村教育的目标和信心。

显然，我国农村教育弱化，特别是农村小学教育的弱化、小规模化、消亡化，与世界教育现代化大趋势、与我国实现中国梦的战略是不符合的。如何在振兴乡村战略中同步实现乡村教育振兴，使农村教育不缺位，是当前及以后一个时期应当也必须破解的一个问题，研究这一问题是教育研究者不可推卸的责任。

笔者及课题组其他成员长期关注研究教育现代化中的农村教育问题。2016年笔者申报获批教育部人文社会科学研究项目"教育现代化进程中的农村小学可持续发展问题研究"，本书是该研究项目的最终成果。

全书共分为8章，均由董文军撰写，分别是第一章，导论；第二章，教育现代化的理论和应用现状研究；第三章，农村小学的发展、特点及其价值；第四章，我国教育现代化进程中的农村小学发展及其现状；第五章，国外农村小学的发展经验和措施；第六章，农村小学校现状调查；第七章，未来我国农村小学可持续发展的契机与对策；第八章，我国农村小学可持续发展的几种模式。

研究的基本结论是：实现教育现代化与发展农村小学教育并不矛盾，只有保留并办好农村小学，才符合教育现代化的价值追求；大规模并非教育现代化的标志，适度规模、小规模学校更加利于培养具有现代核心素养和高素质的学生；农村小学可持续发展的基本对策是全社会发展小学教育的理念更新，政府的强力行动，社会力量的融入助推，农村小学自身的特色发展、内涵发展，以及对农村小学可持续发展的科学研究；及时发现、扶持、推广农村小学可持续发展的经验，是实现农村小学教育可持续发展的有效途径。

笔者深知，教育现代化进程中的农村小学教育可持续发展问题表面看是一个现实问题，但是一个复杂的现实问题，同时也是一个理论问题，涉及公平和效益的博弈问题、社会各界对教育的价值取向问题、学生家长的心态问题、政策制定者的教育情怀问题等，通过一个研究项目、一部专著就能解决这些问题是不现实的。只有更多的学者、更多的实践者的研究探索，才能接近并真正解决农村小学教育问题。但愿本研究能够起到抛砖引玉的作用，期待读者的批评和修正，更期待更多的研究者关注农村教育问题、农村小学教育问题，特别是农村小学"小规模"这一新常态下的教育教学改革创新问题、质量提高、特色发展和内涵发展的问题。我们坚信，随着国家对农村教育发展的关注和持续扶持，特别是有教育情怀的教育家的创新与探索，我国农村小学一定会走出困境，"可持续发展"，并为世界教育现代化进程中的农村小学发展问题提供"中国经验"。

董文军

2019 年 5 月 25 日

# 目录

第一章　导　论 …………………………………………………………… 1
　　第一节　教育现代化进程中的农村小学可持续发展问题的
　　　　　　研究价值 ………………………………………………… 1
　　第二节　教育现代化进程中农村小学可持续发展研究的目标、
　　　　　　内容和方法 ……………………………………………… 11
　　第三节　本书的基本结构和研究结论 …………………………… 15
第二章　教育现代化的理论和应用现状研究 …………………………… 19
　　第一节　教育现代化的背景及其本质 …………………………… 19
　　第二节　教育现代化的特点及其价值追求 ……………………… 38
　　第三节　教育现代化的影响因素及其衡量标准 ………………… 57
第三章　农村小学的发展、特点及其价值 ……………………………… 76
　　第一节　农村小学的概念及其产生与发展 ……………………… 76
　　第二节　农村小学教育发展的特点 ……………………………… 86
　　第三节　教育现代化进程中农村小学的价值 …………………… 98
第四章　我国教育现代化进程中的农村小学发展及其现状 …………… 105
　　第一节　现代化进程中的农村小学教育 ………………………… 105
　　第二节　我国农村小学"撤点并校"政策及其后果 …………… 121
　　第三节　农村小学未来发展的矛盾与冲突 ……………………… 130

第五章 国外农村小学的发展经验和措施 …………………………… 139
 第一节 世界部分国家教育现代化进程中农村小学发展的政策 …… 139
 第二节 世界部分国家农村小学存在的主要问题及对策 …………… 152
 第三节 教育现代化进程中农村小学发展的国际经验和
    发展模式 ……………………………………………………… 160

第六章 农村小学校现状调查 …………………………………………… 167
 第一节 农村小学结构变迁及现状 …………………………………… 167
 第二节 农村小学态度问卷调查 ……………………………………… 171
 第三节 农村小学深度访谈调查及其质性分析 ……………………… 186

第七章 未来我国农村小学可持续发展的契机与对策 ………………… 200
 第一节 国际教育发展新理念下的农村小学价值 …………………… 200
 第二节 我国国家发展理念转变和乡村教育振兴行动 ……………… 209
 第三节 我国农村小学未来可持续发展的基本对策 ………………… 220

第八章 我国农村小学可持续发展的几种模式 ………………………… 236
 第一节 农村小学可持续发展模式的内涵与本质 …………………… 237
 第二节 农村小学可持续发展的外助模式 …………………………… 240
 第三节 农村小学可持续发展的互助模式
    ——微型学校联盟 …………………………………………… 243
 第四节 农村小学可持续发展的自主革新模式 ……………………… 258

参考文献 …………………………………………………………………… 266

# 第一章 导 论

教育现代化，是世界教育发展的大趋势，是一个国家或地区现代化的重要组成部分。但是，不管在已经实现现代化的西方发达国家，还是处在现代化进程中的经济欠发达国家，在其现代化进程中，农村学校（特别是农村小学）布局和结构都遇到了前所未有的挑战，主要是生源萎缩、资源不足、质量下降等问题，并形成恶性循环，导致农村学校难以为继。在我国则出现了"撤点并校"政策，以及该政策执行之后的"村空、镇弱、城挤"异常学校布局和结构，这和教育现代化的价值追求是相违背的。因此，研究教育现代化进程中农村学校所面临的矛盾、冲突，走出发展中的困境，构建符合国情的农村学校（特别是农村小学）体系，探索农村学校可持续发展道路，是非常必要和迫切的，也是本研究的宗旨所在。

## 第一节 教育现代化进程中的农村小学可持续发展问题的研究价值

### 一、理论价值

农村学校可持续发展问题，从表面看，似乎是教育政策决策层面的问题，但其背后有复杂的理论背景。支配人们教育决策行为的基础是关于教育发展的理念和思路，涉及教育哲学、教育生态学、教育未来学等学科理论。本书主要研究在我国教育现代化进程中，特别是伴随城镇化的持续推进，如何对广大农村地区的小学科学布局，保障城市小学、乡镇中心小学和乡村小规模小学协调发展，凸显农村小学办学特色，提升教育教学质量，实现农村小学的可持续发展问题。其理论本质是教育现代化与人的现代化问题、教育公平问题等。因此，本书的研究，可以进一步丰富教育哲学、教育生态、教育未来学等学科理论，丰富教育现代化的价值追求的理想及其现实路径，进一步厘清农村传统文化生态与现代化的辩证关系，探讨教育现代化进程中教育文化的传承与创新的关系；同时揭示为农村儿童提供充分而优质的教育机会的教育机制。

## 二、实际应用价值

长期以来，我国农村小学的布局基本上是每个自然村都有一所小学。但是，在改革开放之后，特别是不断深化的城镇化进程中，农村人口不断减少，加之计划生育政策的实施、农村学校教育质量与城市的差距加大等原因，农村小学生源锐减，2001年，教育部根据这一形势，制定了"撤点并校"政策。经过从2001年到2012年的"撤点并校"政策推进，我国目前小学教育的现状是"城挤、镇弱、村空"，广大农村地区、山区的镇区和乡村，其小学规模、质量等很不稳定，农村儿童有持续向县城，乃至更上端城市流动的趋势，农村小学可持续发展问题突出，这和教育现代化的价值追求及世界趋势是相违背的。因此，在教育现代化进程中，如何实现农村小学，特别是现存的数量不多的小规模"村小"可持续发展显得非常迫切。农村人民群众、广大学者等对农村小学教育发展现状是不满意的。在国家现代化进程中，农村教育问题也越来越引起国家层面的高度关注，我国认识到农村教育发展问题事关国家教育现代化乃至整个国家现代化战略能否如期实现。

从2010年前后开始，我国认识到：实现教育现代化是我国未来教育发展的战略目标。而实现教育现代化，难点、重点在农村，在农村小学，特别是经济欠发达的农村小学。2010年，我国颁布的《国家中长期教育改革和发展规划纲要（2010—2020年）》提出"到2020年，基本实现教育现代化"，具体包括实现更高水平的普及教育、形成惠及全民的公平教育、提供更加丰富的优质教育、健全充满活力的教育体制、构建体系完备的终身教育等。要"推进义务教育均衡发展，均衡发展是义务教育的战略性任务"，"切实缩小校际差距，着力解决择校问题。加快薄弱学校改造，着力提高师资水平"。"加快缩小城乡差距。建立城乡一体化义务教育发展机制，在财政拨款、学校建设、教师配置等方面向农村倾斜。率先在县（区）域内实现城乡均衡发展，逐步在更大范围内推进"[1]。2013年，时任教育部长袁贵仁在全国教育工作会议上讲话指出，要研究基本实现教育现代化的薄弱环节有哪些、在哪里，需要采取什么样的工作思路和推进策略。[2]2015年6月，国务院办公厅印发的《乡村教师支持计划（2015—2020年）》指出：到2020年全面建成小康社会、基本实现教育现代化，薄弱环节和短板在乡村，在中西部老少边穷岛等边远贫困地区。[3]2016年，时任教育部长袁贵仁在2016年度全国教育工作会议上再次提出，我国教育发展必须贯彻"创新、协调、绿色、开放、共享"五大理念，"在城乡教育发展上，要把农村教育作为重中之重"，"解决发展可持续问题"，"关注身处不同环境中的孩子"，等等。[4]2017年10月，中国共产党第十九次全国大会召开，习近平代表中共中央做了《决胜全面建成小康社会 夺取新时代中国特色社会主义伟大胜利》的报告，指出：要"加快教育现代化，办好人民满意的教育"，要"推进教育公平"，"推动城乡义务教育一体化发展，高度重视农村义务教育"，"努力让每个孩子都能享有公平而有质量的教育"。[5]2019年2月23日，中共中央、国务院印发了《中国教育现代化2035》，指出我国"推进教育现代化的总体目标是，到2020年，全面实现'十三五'发展目标，教育总体实力和国际影响力显著增强"，"教育现代化取得重要进展"，"在此基础上，

---

[1] http://www.gov.cn/jrzg/2010-07/29/content_1667143.htm
[2] http://www.moe.gov.cn/publicfiles/business/htmlfiles/moe/moe_176/201402/163736.html
[3] http://www.gov.cn/zhengce/content/2015-06/08/content_9833.htm
[4] http://www.jyb.cn/china/gnxw/201602/t20160204_651519.html
[5] 习近平. 决胜全面建成小康社会 夺取新时代中国特色社会主义伟大胜利——在中国共产党第十九次全国代表大会上的报告[M]. 北京：人民出版社，2017：45-46.

再经过15年努力，到2035年，总体实现教育现代化，迈入教育强国行列"，实现优质均衡的义务教育，是2035年主要发展目标之一。

因此，研究农村学校，特别是农村小学可持续发展问题，探索具有中国特色、适合中国国情的农村学校发展路径，既是人民群众的呼声，也是实现国家发展战略的现实需要。

## 三、教育现代化及其进程中的农村小学问题前期研究综述

### （一）教育现代化的进程与趋势

#### 1. 教育现代化的含义及其演变

教育现代化，是传统教育向现代教育转化的动态发展过程，包括教育观念的现代化、教育制度的现代化、教育内容的现代化、教育设备和手段的现代化、教育方法的现代化、教育管理的现代化以及教育队伍的现代化等内容，具有教育的民主性、平等性、个性性、终生性、多样性、开放性、国际性、创新性、信息化和网络化，以及教育的科学性等方面的特点。2010年，我国颁布的《国家中长期教育改革和发展规划纲要（2010—2020年）》对未来我国"教育现代化"的外延规定为：更高水平的普及教育、惠及全民的公平教育、更加丰富的优质教育、体系完备的终身教育以及充满活力的教育体制等五个方面。

教育现代化是一个动态概念，具有鲜明的时代特点，先后经历了与19世纪工业化相适应的普及义务教育阶段，20世纪30年代的人力资本理论兴起带动的教育投资阶段。第三阶段则是20世纪70年代兴起的直到现在依然进行中的第三次教育现代化运动。第三次教育现代化运动与前两次比较，出现了新的趋势，表现在强调改革传统教育，实现从增长转向"发展"，形式上摒弃了早期全面西方化的发展模式，强调结合本国实际，创立具有本国特色的现代教育体系，认识到后发型与早发型现代化的区别，强化区域间的互助互动，并注重整体规划的教育战略研究，凸显了教育现代化面向未来的发展特性。第三次教育现代化的特点是：教育全民化、终身化、开

放化、塑造人的现代素质。第三次教育现代化思潮在推进国家现代化中扮演着重要角色，它是社会现代化的一个加速器，是对传统教育的扬弃和改革，是广采博纳各国教育先进经验的开放过程。

2. 我国教育现代化及其研究

教育现代化既是教育自身向前发展走向现代化的过程，更重要的是教育适应整个经济社会发展面向未来整合、重建的过程。邓小平同志曾经指出，教育要面向现代化，面向世界，面向未来。这既是教育改革发展的战略指导方针，也是教育发展的根本要求。教育现代化是我国未来教育发展的基本国策，具有丰富的内涵和外延。

从历史进程看，我国的教育现代化始于清末民初，特别是五四运动之后，奠定了我国现代教育的基础。中华人民共和国成立后，我国着力构建社会主义教育体系。改革开放后，特别是邓小平同志1983提出教育的"三个面向"后，我国教育开始真正融入世界教育现代化大潮之中，并构建具有我国特色的现代化教育体系。进入21世纪后，面对时代的挑战，经济全球化的竞争，我国能否屹立于世界民族之林，能否实现中华民族的伟大复兴，关键在人才，基础在教育。2010年7月13日，胡锦涛同志在全国教育工作会议上的讲话中指出："优先发展教育、提高教育现代化水平，对实现全面建设小康社会奋斗目标、建设富强民主文明和谐的社会主义现代化国家具有决定性意义。"《国家中长期教育改革和发展规划纲要（2010—2020年）》提出了到2020年基本实现教育现代化的战略目标，今后一段时期，随着工业化、信息化、城镇化、市场化、国际化的深入发展，教育必须面向"五化"，抢抓机遇，开创未来，不断提升教育的现代化水平。

在教育理论界，较早进行教育现代化问题研究的是我国著名教育家顾明远。他认为，要理解教育现代化，必须首先理解现代教育的特点，特别是第二次世界大战后现代教育的特点。1981年，他认为，现代教育是与现代社会生产紧密相连的，是现代生产的特点在教育上的反映。在他看来，现代生产表现为以下特点：科学技术的成果迅速运用到生产中，新技术、新产品迅速过时；生产工艺的不断革新造成行业的变换；人在生产中的地位发生了质的变化。与此相适应，现代教育的特点表现为教育的普及化、教育结构的多样化、教育内容的现代化、职业教育和终身教育、教育方法和现代化教育手段的应用。[①]20世纪末，以信息技术为标志的技术迅速影响现代生产各个领域，使现代教育的内涵和外延发生变化。将现代教育与传统教育比较以后，顾明远认为"教育现代化是一个教育发展的历史过程，是指传统教育向现代教育转化的过程"。关于教育现代化的内涵，他认为："所谓现代教育，就是建立在先进科学技术基础上的，与生产劳动和社会生活紧密结合的，能够满足全民学习、终身学习需要，促进社会和谐发展和人的全面发展的教育活动。"现代教育具有八大特征：受教育者的民主性和公平性，教育的终身性和全时空性，教育的生产性和社会性，教育的个性化和创造性，教育的多样性和差异性，教育的信息化和创新性，教育的国际性和开放性，教育的科学性和法制性。顾明远认为，实现教育现代化应注意重视教育发展规划的制定，学校的建设规模要适当，重视学校文化的建设，坚持开放办学、重视社会教育，重视教育管理队伍和教师队伍的建设。特别难能可贵的是，他在关于学校建设规模上提出"中小学校规模不宜过大，小学更应该小一些。这样便于管理，校长、老师、学生、家长可以紧密接触和沟通。那种搞几千人的大学校的做法，是为了资金的集中使用，并非从教育规律方面考虑。发达地区有条件把学校办得小一点、精一点，办到学生的家门口。班级规模也要缩小。这样便于教师照顾到每一个学生"[②]。也就是说，学校的大规模化、大班额化与教育现代化是不吻合的，他的观点具有一定的预见性。到2010年，《国家中长期教育改革和发展规划纲要（（2010—2020年））》把我国"教育现代化"的外延规定为：更高水平的普及教育、惠及全民的公平教育、更加丰富的优质教育、体系完备的终身教育以及充满活力的教育体制等五个方面。具体来讲，教育现代化首先是基础教育、职业教育、高等教育、继续教育等各类教育的现代化；

---

① 顾明远. 现代生产与现代教育[J]. 外国教育动态，1981（1）：1-8.
② 顾明远. 教育现代化的基本特征及其实施策略[J]. 人民教育，2007（Z2）：8-11.

其次教育投入、教育过程、教育结果等教育管理要素的现代化；再次是教育观念、教育内容、教育方法、教育管理、师资队伍、办学条件等教育要素的现代化。

我国教育现代化问题的研究始于20世纪70年代末的改革开放，是伴随邓小平同志提出的"三个面向"而兴起的。较早的研究者主要是以顾明远、冯增俊等为代表的教育理论研究者，此后，教育现代化的研究不断深入，研究队伍不断壮大，研究成果不断丰富，并从理论研究向应用研究拓展。2019年2月，笔者通过"百链云图书馆"网，以"教育现代化"书名为检索词，发现有383种记录，相应的期刊论文有8 428篇。学术论文的年度统计中，1960—1969年有1篇，1970—1979年有63篇，1980—1989年有538篇，1990年有37篇，2000年有542篇，2010年有433篇，2018年有769篇。研究的重点主要集中于教育现代化的内涵、特征、评估指标体系、发展模式与动力、区域教育现代化以及教育现代化的国际比较等方面。

（二）教育现代化进程中的农村小学发展问题相关研究

1. 国外的教育现代化进程中农村小学的遭遇及其对策

在教育现代化进程中，农村小学的布局和可持续发展问题曾经使发达国家普遍经历过困境。它们早期的普遍做法是撤并小规模学校，并一直持续到现在，但现在撤并更为谨慎，一些国家的偏远乡村、小岛依然保留小规模学校，甚至一人一校，并且这些小学校办学质量高、特色鲜明。比如日本，为应对农村学校规模过小的问题，日本采取了合班、合校的方式，但依然保留了大多数的小规模学校或班级，小规模学校或班级依然是偏远地区基础教育的主体。同时，通过农村小规模学校服务地域经济文化，形成有特色的农业教育、地域文化教育，培养地域性综合人才，已经成为日本乡村学校教育的一大特色，实现了农村小学教育的可持续发展。在美国，为保证公民的受教育权、提高乡村教育质量，美国政府于2000年出台了"农村教育成就项目"，该法案要求："不论学生种族和家庭背景如何，都应平等地接受教育，学校应促进孩子取得他们潜能所应达到的进步。"在发展中国家俄罗斯，面对农村人口不断减少，俄罗斯政府没有撤并小学，而是规定农村小学无论其学生人数多少均予以保留，并加大扶持力度，对农村教育的结构、经费、师资、管理进行统筹布局，推进农村教育的整体现代化。反之，拉美国家和东南亚国家曾经出现的"中等收入陷阱"，主要原因在于这些国家在推进城镇化进程中忽视了农村和农村教育，从而制约了现代化进程，并且一蹶不振。①

综合国外相关研究文献可以发现，一些国家在应对农村适龄儿童减少的情况下，没有一刀切地裁减学校，而是适度撤并，如有必要，哪怕一人一校也予以保留；同时，在教育政策支持、教育质量、办学特色等方面进行了不懈努力，已经积累了农村小学可持续发展的经验。

2. 国内农村小学发展问题研究综述

在我国，因为计划生育、农民工进城、城镇化、择校等因素，我国农村适龄儿童持续减少。从 20 世纪 90 年代开始，特别是 2001—2012 年间，各地普遍实施了"撤点并校"的政策，原来一村一校的格局被彻底打破。根据国家教育事业发展统计公报显示：2000 年，全国小学 55.36 万所，在校生 13 013.25 万人；2011 年全国小学 24.12 万所，在校生 9 926.37 万人，校均学生 412 人。2011 年小学数量比 2000 年减少 31.24 万所，减幅为 56.43%，在校生减少 3 086 万人，减幅为 23.72%。2000 年全国农村小学有 44.03 万所，2010 年为 21.09 万所，减少 22.94 万所，平均每天减少 63 所。2012 年数据显示，我国 240 人以下的农村小规模学校有 17 万所，占当时全国小学总数的 70%。可以说我国农村小学的特点是：小学数量减少，小规模学校占主导地位；农村小学的布局基本上以镇中心小学为主，少量村小保留，被保留的村小普遍存在自生自灭的消极心态，等待撤并。

面对目前我国农村小学布局趋城化、小规模化以及村小的渐亡趋势，"城挤、镇弱、村空"的现实并没有带来原来设想的效益，反而引起了教

---

① 凡勇臣，邬志辉. 农村教育现代化的解释逻辑和价值定位[J]. 教育科学研究，2015（7）：10-15.

育的更加不公平、家长负担加重、大班额学校、新学校建设、原农村学校闲置、村落文化消亡等新问题。许多学者开始研究农村小学教育发展问题。国内许多学者把研究的视野更多集中在批判"撤点并校"的政策、论证村小存在的价值，甚至有学者提出"村小恢复重建"①，"重振农村小规模学校"②等。

当然，面对农村小规模学校的现实，也有学者关注小规模学校在教育现代化进程中的定位和可持续发展问题。2014年，"农村小规模学校建设与发展论坛"上，与会代表一致呼吁坚持办好村小是保障教育公平的底线，村小的存在和质量，是教育公平的底线和标杆；"小"学校、"小"班级，具有"超级"学校、"超级"班级不可替代的作用，特别是在学生的人际交往、个性展示机会、同辈情感交流、师生关系等方面具有优势，可以弥补"超级"的不足，弥补留守儿童带来的情感缺失；更利于孩子从小掌握国情、耳濡目染传统文化、传承乡村文明。所以，小规模学校不仅不应撤并，而且应该视为探索更加符合人性的、更具有现代性的教育路径。③

关于如何重振我国农村小学，特别是农村小规模学校，实现其可持续发展，近三年来，有不同学者进行了研究，提出了一些建议。陈智提出必须从理论上重建村小的教育价值，他认为农村小学教育的培养目标是培养新型农民。④蔡志良认为应慎重推进"撤点并校"，反思农村教育的改革和政策设计上的经济主义导向，实现教育正义，重建乡村文化，复兴乡村教育。⑤陈国华认为农村教育现代化的发展路径不同于城市教育现代化，有特殊的价值规约，农村教育现代化的价值指向应为均衡、优质和特色。⑥邬志

---

① 孙刚成，翟昕昕，马婷婷. 村小恢复重建的必要性及趋势[J]. 现代中小学教育，2015（12）：5-10.
② 赵亮. 后撤点并校时代：重振农村小规模学校[J]. 中国教育学刊，2015（12）：36-39.
③ http：//www.jyb.cn/basc/xw/201411/t20141123_605124.html
④ 陈智. 我国"村小"教育价值反思与重建[J]. 教育学术月刊，2013（10）：19-22.
⑤ 蔡子良，孔令新. 撤点并校背景下乡村教育的困境与出路[J]. 清华大学教育研究，2014（2）：114-119.
⑥ 陈国华. 农村教育现代化的误区、现实问题与发展策略[J]. 现代教育论坛，2015（6）：19-23.

辉认为乡村教育现代化应当是基于乡村教育资源优势和儿童经验特点的乡村且现代的教育。①张燕提出,农村小学发展应当坚持以学生为本的理念、试行小班化教学、建立标准化寄宿学校。②孙刚成提出国家通过缩小城乡差距、发挥农村特色、管理民主化、经费多样化、提升农村小学教师地位等措施在发展农村小学中发挥主力军作用;村小自身通过校本课程开发、高素质教师配备、与城镇小学协作等方式自救发展。郭喜永提出通过建立(乡)镇中心校与村小一体化机制破解农村小学教育可持续发展问题。③赵亮认为发展农村小规模学校已经成为社会共识,农村小规模学校有独到的天然优势,"小班化"是未来发展的趋势,因此农村小学教育从理念上应当重构评价体系,管理方式上注重联盟办学与内涵发展,支持保障上应当稳定师资与保障经费,等等。

纵观近年国内研究可以发现,关于农村学校布局问题,学者普遍对过度的"撤点并校"提出了批评意见,对农村小学在"后撤点并校"时代该如何发展,也提出了一些对策,但基本上停留在零散、直觉研究阶段,研究成果也主要是发表论文,缺乏深入的、有说服力的、可操作的系统研究。2019年2月,笔者以"教育现代化+农村小学发展"为关键词进行"书名"检索,结果是"无记录",进行"期刊"+"标题"检索,相关论文5篇,进行"全部字段检索",有记录1 415篇论文,近10年,每年一般不低于200篇,其中2018年最多,达298篇,但研究内容比较分散,亟须从深度上、可操作性上、可借鉴性进行更加系统、深入的研究。这正是本书的出发点和研究任务所在。

---

① 邬志辉. 乡村教育现代化三问[J]. 教育发展研究,2015(1):53-56.
② 张燕. 乡村小学撤点并校之"理性纠偏"[J]. 教育评论,2013(2):30-32.
③ 郭喜永. 一体化管理:破解村小留存与发展的良方[J]. 现代教育科学,2015(1):5-8.

## 第二节 教育现代化进程中农村小学可持续发展研究的目标、内容和方法

### 一、研究目标

#### (一)厘清教育现代化进程中农村小学教育的价值追求及其培养目标

教育现代化是一个国家基于社会现代化对人才的需求而提出的,是整个社会现代化的基础。现代化既是一个国家的现实选择,也是一种发展方向上的价值追求。从理论上讲,教育现代化的根本和目标是人的现代化。照据美国学者英格尔斯的研究,现代人的特征表现在以下十二个方面:"准备和乐于接受他未经历过的新的生活经验、新的思想观念、新的行为方式;准备接受社会的改革和变化;思路广阔、头脑开放,尊重并愿意考虑各方面的不同意见、看法;注重现在与未来,守时惜时;强烈的个人效能感,对人和社会的能力充满信心,办事讲求效率;计划;知识;可依赖性和信任感;重视专门技术,有愿意根据技术水平高低来领取不同报酬的心理基础;乐于让自己和他的后代选择离开传统所尊敬的职业,对教育的内容和传统智慧敢于挑战;相互了解、尊重和自尊;了解生产及过程。"①培养现代人固然和城镇化、城市有着密切关系,但是并不是必然关系。即使在城镇,甚至大都市接受教育,但未必能够被培养成现代人,也就是说,学校选址的"趋城"化、大规模化与教育现代化的价值追求没有必然联系;农村学校、乡村学校、小规模学校只要培养目标、教育过程等符合现代人导向,完全可以培养现代人。

根据教育理论工作者研究,教育现代化的内涵和外延已经明朗化,并

---

① [美]阿历克斯·英格尔斯. 人的现代化-心理·思想·态度·行为[M]. 殷陆君,译. 成都:四川人民出版社,1985:22-23.

且在我国的许多教育事业发展的战略规划中得以确认。

上述表述已经非常明显地表达了教育现代化的本质和价值取向，即教育现代化不但是制度、管理、内容、设备等形式上的现代化，本质上更是教育机会、个性发展、开放、创新等价值追求和培养目标上现代化。因此，研究教育现代化的真谛、研究农村教育环境与现代化的契合点、挖掘农村小学教育环境的现代教育价值和导向，是本研究的理论基础和目标追求。

### （二）摸清教育现代化、城镇化进程中农村小学的发展现状和存在的深层次问题

教育现代化是我国的一项基本国策，而农村教育，特别是农村小学教育是我国教育的薄弱环节，是我国教育体系的低端，是制约我国"基本实现"教育现代化的瓶颈。由于历史欠账太多，农村教育、农村小学教育，特别是中西部农村小学教育、农村小学教育中的村小，存在的教育教学质量问题一直是"三农"问题的重要问题，也是老百姓意见最大的民生问题。始于2001年、止于2012年的"撤点并校"使农村小学教育结构布局发生了重大变化，现代化、城镇化的强力推进又使得我国农村小学处在全新的教育生态环境之中，旧的问题尚未破解，新的问题又开始出现，诸如乡村孩子上学难问题、家长负担增加问题、去乡村文化和民族传统文化问题、县城和乡镇小学大班额问题、寄宿制问题、亲情缺失问题、乡镇中心小学可能再度弱化问题等，使得农村小学教育处在新的发展危机之中。因此，深入农村小学教育一线，从质的方法到量的方法，充分深入研究我国农村小学教育面临的教育生态环境和师生生存状态，分析制约农村小学教育可持续发展的深层次问题，特别是价值追求、教育理念、心理状态等深层次的原因，是破解农村小学教育发展的思想基础。

### （三）探讨未来我国农村小学可持续发展的基本路径

农村小学教育，特别是乡村小学、西部地区山区县的小规模学校，该如何实现教育现代化？在不可能、也不应该人为"消灭"村小的条件下，

如何科学布局农村小学？如何传承乡土文化？如何止住持续趋城化趋势？城市化之后，人口流动出现由城市重新涌向农村的"逆城市化潮流"，如何破解村小存留与发展的障碍，有预见性地规划未来农村小学？如何进一步理顺城市、乡镇、乡村小学三者之间的关系？小规模学校是教育现代化的外在形态，如何办好小规模学校、办出特色、办出教育现代化的特质，实现农村小学的可持续发展？所有这些问题，是不可回避的现实问题，需要实践上的破解，涉及国家政策导向的宏观层面，学校管理的中观层面，以及教师数量与质量、课程设置、教学组织形式、评价等微观层面，拿出符合教育现代化本质与趋势又具有可操作性的对策。

## 二、研究内容

本书主要研究我国农村小学在教育现代化进程中的可持续发展问题，重点研究陕西省农村小学的可持续发展问题。具体包括以下四方面内容。

### （一）近20年来我国农村小学的发展观念、政策导向及其效果研究

小学阶段属于义务教育范畴，其发展进程和国家教育政策导向有着十分密切的关系。在我国，农村小学一直是党和国家关注的重要领域。中华人民共和国成立后，我国构建了社会主义初等教育体系，经过多年建设，我国小学入学率大幅提高，形成了村村有小学的初等教育体系。到2000年前后，由于我国现代化、城镇化进程加快，农村人口趋城性流动以及计划生育等，农村适龄儿童减少，国家为了整合教育资源、提高教育质量，对农村小学进行了调整，使小学数量锐减。被裁撤的小学主要是农村小学校，特别是自然条件恶劣、住户分散的偏远地区小学。本书分析近20年来农村小学教育政策导向，包括撤点并校、义务教育均衡发展、普及九年义务教育、国培计划等教育政策流变过程，评估其执行效果与政策设计动因的契合度，研究支持这些政策出台的理性假设、推动内因等。

## （二）我国农村小学现状及问题调查研究

我国农村小学教育，特别是经济欠发达的中西部地区山区县的农村小学，受城镇化、"撤点并校"政策影响最大，农村小学教育的结构、教育生态发生了持续而深入的变化，这些变化对区域教育管理者、小学校长、教师、学生、家长等有着巨大的冲击，使他们产生了许多不适应。通过调查，从数据变化上可以掌握农村小学现状、结构布局、教育现代化的进程等，更重要的是通过个案研究、深度访谈等，掌握影响农村小学可持续发展的思想观念、心理状态、体制机制等。

## （三）教育现代化进程中国内外农村小学可持续发展的经验、教训及趋势研究

针对我国农村小学在教育现代化进程中存在的影响其可持续发展的因素，诸如政策扶持、学校布局、教育经费、学校条件、师资队伍、办学理念、教育质量保障、教育教学模式、评价机制和标准等问题，研究国内外探索的经验和教训，总结小规模学校教育教学规律，使农村小学可持续发展建立在创新、协调、绿色、开放、共享发展的基础上，实现农村小学教育现代化。

## （四）我国农村小学可持续发展的对策及其保障机制研究

依据教育现代化的价值追求及中国农村现实境遇、人的现代化发展的需要、公平与效益的平衡，在调查、借鉴的基础上，总结出实现我国农村小学可持续发展的关键环节、要素等，提出相应的建议。

## 三、本书的研究思路和方法

本书的研究思路是：通过理论研究，厘清教育现代化的本质含义，特别是在新的时代，教育现代化的新内涵和特点，厘清教育现代化进程中农村小学教育的价值追求及其培养目标；通过调查研究，摸清农村小学的办

学现状，探寻制约或者说违背教育现代化本质，影响农村小学可持续发展的观念和体制；通过系统分析，提出符合教育现代化规律和中国国情的农村小学可持续发展的对策建议。

围绕研究思路拟将采用的研究方法有三个方面。

一是文献研究法。从教育哲学、教育社会学、教育文化学、比较教育等多学科角度，研究农村小学教育现代化的哲学、经济学、文化学、政治学等理论价值，证明农村小规模学校存在、高质量和可持续发展有其理论基础，并通过教育现代化进程中国内外农村小学可持续发展的经验和教训，为农村小学可持续发展提供实践依据。文献研究主要通过网络、图书馆、资料室等途径搜集近十年来的文字资料、统计数据等。

二是调查法。主要通过问卷、访谈、座谈等方式，向省市县级教育管理干部、校长、教师、学生家长等进行调查，搜集资料。调查遵循点、面结合的原则，既有一定的代表性和样本数量，同时，还将特别重视典型个案研究。典型个案研究将重点选择西部地区的一个山区县的农村小学教育现状进行更为深入的调查研究。

三是理论分析的方法。将各种调查数据、资料进行整理分析，提出初步的对策，再向教育管理干部、校长、教师、家长等征求反馈意见，修改后形成研究结论，并向有关教育管理机构提交浓缩版的农村小学可持续发展工作方案。

## 第三节　本书的基本结构和研究结论

本书是"教育现代化进程中农村小学可持续发展问题研究"的最终成果，也是对我国农村小学未来发展理念和路径的描述和探索尝试。

## 一、本书的基本结构

全书共分为八章内容。

第一章，导论。本章主要介绍本研究的背景、研究目标、研究内容以及所采用的研究方法，旨在引起读者关注农村小学发展的问题，并介绍本研究对这一问题的研究思路和基本研究结论。

第二章，教育现代化理论和应用现状研究。本章属于对教育现代化进程、本质、应用等研究的系统梳理，也是导致教育现代化进程中农村小学存在问题的理论根源，更是确定未来农村小学可持续发展对策的理论依据。本章分为三节内容，即教育现代化的背景及其本质、教育现代化的特点及其价值追求、教育现代化的影响因素及其衡量标准。本章是对教育现代化的历史、本质和发展趋势的较为完整的考察。

第三章，农村小学的发展、特点及其价值。本章是对农村小学起源、发展历史和趋势的考察，旨在通过农村小学发展历史的考察，归纳出农村小学存在的历史必要性和未来的不可取代性，并引出教育现代化进程中农村教育、农村小学教育存在于发展的"应然"状态。本章又具体分为三节内容，即农村小学的概念及其产生与发展、农村小学教育发展的特点、教育现代化进程中农村小学的价值。

第四章，我国教育现代化进程中的农村小学发展及其现状。本章是对目前我国农村小学存在问题、困境及其原因政策分析，并揭示其发展中可能面临的理念和现实的冲突，旨在进一步聚焦研究主题。本章分为三节，分别是现代化进程中的农村小学教育、我国农村小学"撤点并校"政策及其后果、农村小学未来发展的矛盾与冲突。

第五章，国外农村小学的发展经验和措施。本章的立意基础是：我国教育现代化进程中农村小学发展存在的问题，在其他国家教育现代化进程中是否也存在？如果存在，他们是怎样解决的？本章从借鉴的角度研究世界教育现代化进程中农村教育发展的趋势和规律，并据此判断反思我国教育现代化进程中农村小学教育发展的理念和政策的得失。本章重点介绍了较早且成功实现现代化、教育现代化的国家，如日本、美国等发达国家，以及正在进行现代化的发展中国家，如俄罗斯、印度等国的经验，最后归纳出这些国家教育现代化进程中农村小学治理的基本经验与模式。

第六章，农村小学校现状调查。本章通过深入广大农村地区，了解农村小学发展变化的过程、现状、存在的问题，重在调查基层群众对农村小学的态度、教育价值追求、农村小学存在问题的成因以及对未来农村小学教育发展的诉求。主要通过问卷调查和深度访谈搜集资料，并进行了量的分析和质的分析，据此归纳出未来农村小学教育发展的社会民意基础。

第七章，未来我国农村小学可持续发展的契机与对策。本章是本研究的结论部分，站在国际教育现代化的新理念、新价值以及我国国家发展战略新理念的基础上审视教育现代化、农村小学就可持续发展问题，并在此大背景下，结合我国农村小学教育现状提出了具体的发展对策。本章具体分为三节内容，分别是国际教育发展新理念下的农村小学价值、我国国家发展理念转变和乡村教育振兴行动、我国农村小学未来可持续发展的基本对策。

第八章，我国农村小学可持续发展的几种模式。本章是对近几年我国农村小学实现可持续发展实践探索经验的梳理和归纳。从教育生态学视野下，对目前影响较大、效果较好的农村小学可持续发展的探索进行审视，将其发展模式分为外助、互助和自助三种模式，每种模式又有不同表现形式。本章旨在为仍然处在困惑和摸索中的教育行政部门、小学教育工作者提供经验，并进一步增强农村教育发展的信心。本章分为四节内容，分别是农村小学可持续发展模式的内涵与本质、农村小学可持续发展的外助模式、农村小学可持续发展的互助模式——微型学校联盟、农村小学可持续发展的自主革新模式。

## 二、基本结论

（1）实现教育现代化与发展农村小学教育并不矛盾，只有保留并办好农村小学，才符合教育现代化的价值追求。

（2）大规模并非教育现代化的标志，适度规模、小规模学校更加利于培养具有现代核心素养、高素质的学生。

（3）农村小学可持续发展的基本对策是全社会发展小学教育的理念更新，政府的强力行动，社会力量的融入助推，农村小学自身的特色发展、内涵发展，以及对农村小学可持续发展的科学研究。

（4）及时发现、扶持、推广农村小学可持续发展的经验，是实现农村小学可持续发展的有效途径。

# 第二章 教育现代化的理论和应用现状研究

如果说，教育现代化是当代社会对教育发展的一种状态愿景，或者说是一种发展导向并通过一系列政策进行激励的行为，那么支配这种行为背后的价值追求更具"现代"特性。也就是说，影响教育现代化行动的背后是人们对教育价值的追求。教育现代化并不在单纯的外在行动的现代化，而是其思想深处的价值追求，即通过教育现代化所要达成的目标。

## 第一节 教育现代化的背景及其本质

### 一、教育现代化是一个"永远在路上"的教育革命

教育现代化是社会现代化在教育领域的表现形态，也是教育活动价值目标追求的时代体现，更是一个持续发展的历史进程。教育现代化大致始于18世纪，它不仅是教育变迁的一种形式，亦是社会现代化的组成部分。经济现代化和社会现代化的前沿轨迹包括两个阶段和六次浪潮，相应地，教育现代化的前沿轨迹也可以分为两个阶段和六次浪潮（见表2-1）。第一阶段的三次浪潮已经发生，第二阶段的三次浪潮已经发生或即将发生。纵观教育现代化的历程，可以明显发现从18世纪到21世纪末教育的巨大变化，并且，虽然六次浪潮都称为"教育现代化"，但本质、价值追求变化非常大。

表 2-1　教育现代化的两大阶段和六次浪潮①

| 浪潮 | 大致时间/年 | 教育现代化的内涵 | 注释 |
| --- | --- | --- | --- |
| 第一次 | 1763—1870 | 世俗化,科学化,实用化,大众化,发展义务教育 | 第一次教育现代化 专业化,科学化,标准化,制度化,普及义务教育 |
| 第二次 | 1870—1945 | 法制化,标准化,普基础等义务教育,发展中等教育 | |
| 第三次 | 1946—1970 | 民主化,电气化,普及中等教育,发展高等教育 | |
| 第四次 | 1970—2020 | 信息化,个性化,国际化,教育质量,普及高等教育 | 第二次教育现代化 信息化,个性化,国际化,普及高等教育,终身学习 |
| 第五次 | 2020—2050 | 终身学习,信息转换器,知识和信息无障碍获取 | |
| 第六次 | 2050—2100 | 学习成为一种体验,学校和教育形态将发生巨变 | |

虽然,教育现代化的萌芽从18世纪就已经呈现出势不可挡的蓬勃生机,但是关于教育现代化的研究一直到20世纪50年代后期才出现。美国通过的《国防教育法》推动了包括课程在内的一系列改革。教育现代化的研究是在普及了中等教育,高等教育进入大众化以后,特别是科学技术在二次世界大战以后迅猛发展的基础上提出来的。

我国对教育现代化的研究始于20世纪80年代中期,但真正全面、系统、深入地研究教育现代化的问题是20世纪90年代以来的事情。1993年我国颁布的《中国教育改革和发展纲要》中指出:"经过几十年的努力,建立起比较成熟和完善的社会主义教育体系,实现教育的现代化。"从此,关于教育现代化的研究也成了教育理论界的一个热点问题。《国家中长期教育改革和发展规划纲要(2010—2020年)》提出,到2020年,中国将基本实

---

① 何传启.世界教育现代化的历史事实和理论假设[J].教育学术月刊,2013(8):3-8.

现教育现代化。这一政策的颁布，进一步推动了我国教育现代化的研究与实践。

## 二、教育现代化的内涵和外延

### （一）教育现代化是一个存在争议的概念

我国关于教育现代化的研究是伴随着1983年邓小平同志对教育未来发展的"三个面向"后逐步热起来的。研究教育现代化问题，首先面临的是教育现代化的概念问题。纵观20世纪末以来的教育现代化的概念，大致可以归纳出三大类：一是从教育现代化的内容（外延）角度加以界定，分为三层说、四层说和六因素说。如六因素说认为教育现代化指教育思想、教育发展水平、教育体系、办学条件、师资队伍和教育管理的现代化。二是从功能角度加以界定，认为教育现代化就是能充分适应现代化事业的发展，能为国家现代化的建设提供优质服务的教育。三是从形态变迁角度加以界定，认为教育现代化是与教育形态的变迁相伴的教育现代性不断增长的历史过程，教育形态的变迁指教育各个层面的变化、演进过程，主要指教育结构分化和教育功能增生、改变的过程。[①] 具有代表性的有以下几种：

1. 教育现代化是一个动态的过程

有学者认为：教育现代化就是指传统教育向现代教育转化的过程，并且是一个历史过程，一个动态的、不断发展的过程；教育现代化是社会现代化的组成部分，教育现代化不是教育西方化等。如顾明远认为，教育现代化是传统教育向现代教育转化的过程，在这个动态发展的过程中，教育现代化在社会现代化不同阶段中具有各不相同的特点。[②] 基于教育现代化是一个动态的发展过程，也有学者认为教育现代化是从低级向高级、从不完善走向完善、从传统的农业社会向现代工业社会和信息社会状态转化并不

---

① 胡卫，唐晓杰. 中国教育现代化进程研究[M]. 北京：教育科学出版社，2010：13.
② 顾明远. 试论教育现代化的特征[J]. 教育研究，2002（9）：4-10，26.

断升级且具有明显阶段性特征的动态的发展变化过程。如冯增俊从比较的角度提出了广义论和狭义论，认为"教育现代化是从适应宗法社会的封建社会的旧教育转向适应大工业民主社会的现代教育的历史过程，是大工业运动和科技革命的产物，是一切有关进行现代教育的改革和发展的总称。在狭义上教育现代化主要是指第二次世界大战后比较教育家积极倡导的一种运动及理论，在这里教育现代化主要是指新独立的落后国家如何学习发达国家推动本国教育现代化从而赶上发达国家现代化的运动，即后发外生型国家在赶超早发内生型国家实现现代化的过程中，同时达到先进国家教育发展水平的问题"[①]。

2. 教育现代化不仅是一个过程，也是一种状态，其目标指向人的现代化

有学者从"运动"的现代化和"状态"的现代化出发，指出动态的教育现代化既是与世界现代教育发展趋势相适应的发展和变化，也是与它所处社会的现代化进程相适应的发展和变化；而静态的教育现代化是指教育所具有的能够体现当代教育发展的高度或现代化水平的形态，包括教育观念现代化、教育内容现代化、办学条件现代化、教师队伍现代化、教育管理现代化。而"实现人的现代化"则是教育现代化的核心任务。如褚宏启较之以前对教育现代化界定的概念，其对教育现代化之现代性的本质进行了详细的论述：教育现代化是指与教育形态的变迁相伴的教育现代性不断增长和实现的过程，其本质在于教育现代性的增长，教育现代性是教育现代化的灵魂。教育的人道性、民主性、理性化等是现代教育区别于非现代教育的本质属性；教育形态的变迁并不意味着教育现代性的增长，教育体系、教育内容与方法（课程与教学）、教育管理、教育资源等方面的变化是教育现代性的表象；教育现代性是价值理性和工具理性的融合，价值理性或价值的合理性永远排在第一位，工具理性服务、服从于价值理性；物质

---

① 冯增俊. 试论我国教育现代化的基本任务及主要特征[J]. 中国教育学刊, 1995 (4): 5-8.

和制度的现代化的关注固然是必要的,然而人的现代化,尤其是人的观念和精神的现代化是绝对不能忽视的,也不能以物质和制度的现代化来替代人的现代化。①如谈松华采用了二维分析模式,对教育现代化进行分析理解。他认为,从时间尺度讲,教育现代化是指从与传统的封闭的农业社会相适应的教育转化的过程。从价值尺度讲,教育现代化是指传统教育向现代教育转变过程中通过分化整合所获得的新的时代精神和特征。②还有学者从知识经济时代对教育功能、人才素质提出新要求出发,认为教育现代化的核心内容是素质教育,其具体内涵包括学会生存、学会学习、学会关心、学会合作、学会创造。

3. 从内容角度加以界定教育现代化

许多学者从教育现代化的内容角度界定来理解教育现代化,有六因素说、三层次说和四层次说。③六因素说认为,教育现代化包括六个方面,即教育思想、教育发展水平、教育体系、办学条件、师资队伍、教育管理现代化。三层次说认为,教育现代化至少具有三个不同的层面:教育在物质层面的现代化,即教育在数量、规模上的发展,以及在办学条件、校舍、设备、技术手段、教育经费等方面的先进程度;教育在制度层面的现代化;教育价值、教育思想、教育观念等方面的现代化。四层次说认为,教育现代化除物质、制度、观念三个层次外,还包括知识层面的现代化,具体指学校的课程体系、教材、教法、学法等方面的现代化。如杨东平认为,教育现代化至少包括三个层面的含义:一是教育在数量、规模上的发展以及在办学条件如校舍、设备、技术手段、教育经费等方面的先进程度;二是教育在制度层面的现代化;三是教育价值、教育思想、教育观念等方面的现代化。杨明和欧自黎认为,教育现代化的内涵包括八个方面:教育理念

---

① 褚宏启. 教育现代化的本质与评价——我们需要什么样的教育现代化[J]. 教育研究,2013(11).
② 谈松华,王建. 教育现代化区域发展模式研究[M]. 北京:北京师范大学出版社,2011: 25.
③ 胡卫,唐晓杰. 中国教育现代化进程研究[M]. 北京:教育科学出版社 2010: 13

现代化、办学条件现代化、教师队伍现代化、教育信息技术现代化、教育体制现代化、学校现代化、教育管理现代化、教育发展水平达到现代化。①

从上述关于教育现代化的界定可以看到国内对于教育现代化的内涵探讨比较宏观,很少有人把教育现代化放在整个社会现代化的背景下来进行动态的考察,也很少有人从政策的层面研究教育现代化的目标、阶段及实施的步骤等。尽管对教育现代化概念的界定说法不一,但是有一点是共同的,教育必须在物质投入(指硬件)、信息投入(指软件)等方面提高到现代化程度,教育必须在实现自身现代化的同时更好地适应和服务于社会现代化建设。教育现代化是与社会现代化同步进行的,它同样是一个具有诸多层面、丰富内涵、渐进和互动的复杂过程,它具有特定的功能、价值和相应的体制、结构。

综合现有关于教育现代化内涵的理论探讨,并在分析总结现有教育现代化实践经验的基础上,我们认为,教育现代化是传统教育向现代教育转化的动态发展过程,特指教育观念、教育制度、教育内容、教育设备和手段、教育方法、教育管理以及师资队伍等方面的现代化。

### (二)教育现代化的外延

根据上述定义,教育现代化的外延表现在以下几个方面:

1. 教育观念现代化

罗素曾说过:"全部智能生活系由信念组成,由所谓'推理'的东西从一种信念过渡到另一种信念组成,信念给予知识和错误;它是传达真理和虚伪的工具。心理学、知识论和玄学都围绕着信念而旋转,我们的哲学见解大半依赖于我们从信念取得的意见。"②信念这个看似坚硬的结构,对于人们理解自己和他人以及适应社会和他们自己所处的环境都很重要。信念

---

① 杨明,欧自黎. 我们需要什么样的县域基础教育现代化[J]. 浙江外国语学院学报,2011(5).
② [英]罗素. 心的分析[M]. 李季,译. 北京:中华书局,1958:172.

这种不易改变的东西，也许会提供个人意义并有助于定义"关系"，它们帮助个体认同彼此，并构筑群体和社会系统。持有信念让人们变得舒适，同时，信念变成了人们自己，以便能够通过个体所拥有的信念、习惯的本质来认识并理解个体。一般认为，教育工作者的改变至少包括由低到高、由易到难的三个层次：教学材料和教学手段的变化、教学行为的变化、教育观念的变化。而只有教育观念的变化才意味着改变的真正实现。因此，可以说教育观念的现代化是教育现代化内涵的首要因素。

教育观念现代化，实质就是由百年来盛行的知识中心观向创新智慧观转换的过程，反映在具体的教育场景下，即从灌输教学走向对话教学。传统教学模式奉行让每一个人彼此间的个性差异和文化差异服从划一的外部标准并由此消除差异，实质上是专制主义与话语霸权在教学领域中横行的表现。传统教学模式奉行以教师讲授为主的"讲授教学论"，其基本思想及相应的表达方式，即"教师起主导作用""讲授方法居主要地位""一切学习都是接受学习""学生主要通过学习知识去间接认识世界""学生主要学习人类社会历史经验即现成知识""教学认识检验标准主要是考试"等等。实质上，"讲授教学论"人为地将"人类总体的认识"凌驾于"学生个体的认识"之上，把教师看作是介于"人类总体认识"与"学生个体认识"之间的管道，教师的任务就是将人类总体的认识源源不断地输送给学生。在这种传统教学模式下，教师沦为丧失主体性的"传声筒"，学生缺少整合反思与互动，不能在尊重差异的前提下合作创造知识和生活的话语实践，该实践旨在发展批判意识、自由思想、独立人格、关心伦理和民主的社区。①从本质上讲，对话教学并非一种具体的教学模式、方法或技术，而是一种"融教学价值观、知识观与方法论于一体的教学哲学"，是一种"教学关系，以参与者持续的话语投入为特征，并由反思和互动的整合所构成"。

20 世纪中国的教育现代化历程基本上是以西方教育现代化为参照的。中华人民共和国成立以后尤其是进入历史新时期，技术理性一直占据着我

---

① 张华. 研究性教学论[M]. 上海：华东师范大学出版社，2010：61.

国教育价值的主导地位，唯知主义在教育领域中泛化。表现在教学过程中，师生双边的互动均围绕着知识轴心运转，前者以传授知识为至高的教育使命，后者则以接受知识为求学的唯一目的。知识中心观又衍化出"教材中心""教师中心"等现象，这些"中心"偏废了师生之间人格平等、知识分享、心智融洽、教学互补的民主关系。而这些知识既缺乏主体创新意识的统帅，成了陈词老调的堆积，又被视为一成不变、终身受用的永恒真知，无须新陈代谢。这样，为传统的知识体系所负累的人，难免不被教育流水线铸造成思维复制、鲜有创造性的工具人。全球化所接纳的是具有自我选择、自我拓展和自我建树功能的主体人，是主动获取知识而不为知识所役、尊崇传统而不为传统所累的创新性主体，这就要求走向全球化的中国教育变知识本位为创新智慧本位。英国诺丁汉大学校长杨福家院士著名的"火把理论"指出：教师要以高度的民族责任感和巨大的敬业热忱去点燃学生内心深处的创新意念之火把，开发学生的主体潜能和创新智慧。教师唯有尊重学生的交互主体性，避免用预设或凝定的规范去限制学生思维的多向流动，才能玉成学生个性、求异性、批判性和想象力，使其人格独立性蓬勃生长，催生其创新智慧的萌发，激发其追本溯源的无穷兴致和动力。

可以确定地说，未来教育现代化的发展方向就是基于"在差异中，通过差异，为了差异"的话语环境，以欣赏、尊重并提升差异为己任。

2. 教育制度现代化

西方在早期教育现代化过程中，就展开了对现代化教育制度的构想。以美国的托马斯·杰弗逊为代表，其现代化教育制度思想在今天看来仍然闪耀着熠熠光芒，并对世界各国的教育制度产生着重要影响。例如其建议把每个县都划分为 5~6 平方英里（1 平方英里≈2.589 988 1 平方千米）的分区，其大小要适合于成立一个初级学校，在这个学校里教授读、写和普通算数，这对于我国区域特别是县域教育发展带来重要启示；杰弗逊强调"大学要根据学生的意向学习"，并以此作为开设选修课的依据，这一具有原创性的教育现代化思想，影响着近现代大学教育的课程运转；同时，杰弗逊认为"由于许多有合适的天赋并足以成为公众有用之才的人因为贫困无法自费受到文法中学以上的教育,因此,发现这样的人,并且由全体人民共同承担费用去教育他们,其意义要比把全体人民的幸福托付给无能的或品德败坏的人更好",这一观念成为学校设立奖学金制度帮助贫困天才的理论基础。①

我国《国家中长期教育改革和发展规划纲要(2010—2020年)》中明确提出建设现代学校制度。具体措施包括推进政校分开、管办分离;建设依法办学、自主管理、民主监督、社会参与的现代学校制度,构建政府、学校、社会之间新型关系,明确政府管理的权限和职责,明确各级各类学校办学的权利和责任,避免千校一面;完善学校目标管理和绩效管理机制;健全校务公开制度,探索建立符合学校特点的管理制度和配套政策;落实和扩大学校办学自主权;政府及其部门要树立服务意识,减少和规范对学校的行政审批事项;高等学校按照国家法律法规和宏观政策,自主开展教学活动、科学研究、技术开发和社会服务,自主制订学校规划并组织实施,自主设置教学、科研、行政管理机构,自主确定内部收入分配,自主管理和使用人才,自主管理和使用学校财产和经费;扩大普通高中及中等职业学校在办学模式、育人方式、资源配置、人事管理、合作办学、服务社区等方面的自主权;公办高等学校要坚持和完善党委领导下的校长负责制;健全议事规则与决策程序,充分发挥学术委员会在学科建设、学术评价、学术发展中的重要作用;探索教授治学的有效途径,充分发挥教授在教学、学术研究和学校管理中的作用;加强教职工代表大会、学生代表大会建设,发挥群众团体的作用;加强章程建设,各类高校应依法制定章程,依照章程规定管理学校,尊重学术自由,营造宽松的学术环境;全面实行聘任制度和岗位管理制度;确立科学的考核评价和激励机制;扩大社会合作,探索建立高等学校理事会或董事会,健全社会支持和监督学校发展的长效机制,探索高等学校与行业、企业密切合作共建的模式,推进高等学校与科

---

① 朱旭东. 杰弗逊的现代化教育制度思想[J]. 比较教育研究,2000(增刊):30-34.

研究院所、社会团体的资源共享，形成协调合作的有效机制，提高服务经济建设和社会发展的能力；推进高校后勤社会化改革；推进专业评价；鼓励专门机构和社会中介机构对高校学科、专业、课程等水平和质量进行评估；建立科学、规范的评估制度；探索与国际高水平教育评价机构合作，形成中国特色学校评价模式；建立高等学校质量年度报告发布制度；完善中小学学校管理制度；完善普通中小学和中等职业学校校长负责制。

  我国建设现代教育制度，应当注重完善正规学校教育体系和构建终身学习平台的相互统一。我国现代教育制度内容的基本法律依据是《教育法》，其第二章第十七条至第二十四条规定国家实行涉及教育的制度有九种之多，即学前教育、初等教育、中等教育、高等教育的学校教育制度、九年制义务教育制度、职业教育制度、成人教育制度、国家教育考试制度、学业证书制度、学位制度、教育督导制度、学校及其他教育机构教育评估制度，并以法律方式首次确认了"终身教育"概念。可以说，我国现代教育制度呈现出多样化的制度格局，为今后完善现代教育制度奠定了法理基础。然而，由于教育现代化是中国特色社会主义现代化建设不断推进的必然要求，既是与时间相关的系统渐进过程，也是在一定参照系中对比定位的过程，同社会经济的现代化紧密地联系在一起，因此，在改革开放背景下中国特色社会主义教育的现代化，不再可能是封闭、孤立的现代化，而是在我国深度参与经济全球化竞争的过程中逐步推进的。我国建设现代教育制度，既要深刻认识历史延续下来的正规学校教育体系的有用性、有效性和有限性，还要着眼于基本国情的实际和国际社会终身学习的潮流。按照中央的战略部署，未来中国的现代教育制度必将置于"全民学习、终身学习的学习型社会"的长线链环之中，应当在条件具备或初步具备的地区先试先行，统筹协调好政府部门、学校和科研机构、行业组织、企事业单位、城乡社区、居民家庭和学习者个人在参与终身学习过程中的关系，在推动学历教育和非学历教育协调发展、职业教育和普通教育相互沟通、职前教育和职后教育有效衔接的制度建设上取得新的进展，充分借助教育信息化手段，加强优质教育资源的开发与共享，注重保证和不断提高教育质量，逐步形成灵活开放、多样便捷、高效实用的公共学习资源平台。今后，特别要在建立终身学习相关学分积累与转换制度、实现不同类型学习成果的互认和衔接等方面积极开展探索和创新，这是我国现代教育制度的一个明显薄弱的环节。我国建设现代教育制度，应当注重强化公共教育资源配置和引导社会多样化教育资源开发的相互统一。现代教育制度所体现的现代性，主要特征是对多样性的包容和对开放性的追求，这必然涉及教育服务的机会供给及资源支持的方式。我国现代教育制度正常运行的支撑条件，首先是强化公共教育资源有效配置的体制机制，同时也要引导社会上非公共教育资源的开发。进入 21 世纪以来，国家宏观政策正在大幅度地向教育公平倾斜，并努力使其法制化制度化，在改善办学条件、提高教育质量等方面迈出新的步伐，但在公共教育资源配置方式和调动社会参与教育积极性等方面，还有许多制约发展的体制性障碍需要克服。今后，国家将继续转变政府教育管理职能，按照建设服务型政府的要求，切实完善公共财政制度，建立起财政教育支出刚性保障的体制机制，健全政府主导、社会参与、办学主体多元、办学形式多样、充满生机活力的办学体制，使更加公平运行的教育服务在基本面上能够大体满足社会的多样化需求。尤其是我国的基本国情之一是区域、城乡之间发展很不平衡，不同地区的产业结构、就业结构存在着很大差异。我国建设现代教育制度，要从不同地区实际出发，坚持以科学发展观统筹教育资源配置全局。按照基本公共服务、非基本公共服务、非公共服务的分类定位，健全科学配置公共教育资源和多渠道筹措其他资源的机制，因地制宜，分区规划，分类指导，分步实施，努力营造全社会关心、支持教育事业科学发展的良好氛围。

为此，现代教育制度建设要让人们满意，需要特别关注以下三个问题：在基本公共教育服务方面，力争让所有人尤其是低收入者阶层满意，重点是将义务教育全面纳入财政保障范围，促进义务教育均衡发展，从区域内做起，使均等化的基本公共教育服务尽快覆盖城乡，并逐步缩小区域之间的差距。在非基本公共教育服务方面，力争让有分担成本能力的阶层满意，资助具备必要资格条件的低收入阶层让其基本满意，要坚持教育的公益性质，加大财政对教育投入，重点保证现代化建设的人才需求，政府将继续加大公共教育资源向贫困地区、民族地区倾斜支持力度，着力健全困难群体学生资助体系，规范公共教育服务成本标准及收费行为，鼓励社会资源进入教育领域，引导开展准公益性或非营利性的教育服务。在非公共教育服务方面，力争让有特别选择需求并有充分支付能力的阶层满意，关键是对按照市场机制运作的社会教育培训包括营利性教育培训进行规范，形成依法有效监督监管的制度环境。

3. 教育内容现代化

从世界范围看，自课程研究创始人博比特20世纪初叶倡导"目标模式"以来，各国课程领域普遍以学科知识内容为本位，导致对人的塑造预定化、共性化和机械化等诸多弊病。在中国，作为应试教育心脏的课程领域弊病更多，诸如学科分类更细、专业设置更窄、教材编写过时等，致使学生文化视野偏窄，缺乏融合与创新能力。尤其是课程设置中系统的唯知主义和稳定的封闭主义倾向，泯灭了对健全理想人格的建构和人性人情的优化。因此，以全球化视野来更新课程思维，当是中国教育现代化的急迫使命之一。

德雷斯尔在评述20世纪60年代的课程改革时指出了如下方法论上的弊端：① 仅仅着眼于各门学科框框之内的内容更新，跨学科的内容尚未触及；② 仅仅着眼于各年级的教学内容，跨年级的内容尚未触及；③ 于学校范围内的教学内容，只研究一些脱离生活的课题。[①]从德雷斯尔的批评中，我们可以看到未来课程的走向将呈现出跨学科综合课程、跨年级系统课程、社区协作实施课程的趋势。

不难发现，世界课程的走向表现出国际化、信息化、开放化的特点。

（1）课程国际化。

全球化增加了世界各国与异文化接触的机会，拥有不同文化和语言的人居住在同一个社区、工作于同一个单位、就学于同一所学校的现象越来越普遍。各国在课程改革方案中都致力于培养能够活跃于国际社会，拥有

---

① 钟启泉. 现代课程论（新版）[M]. 上海：上海教育出版社，2006：29.

国际信用和国际沟通力的"国际人"。第二次世界大战后，联合国教科文组织一直推进国际理解教育，并在 1974 年接受世界人权宣言的理念，提出了国际理解教育的指导原则：第一，所有阶段及形态的教育都应具有国际侧面与世界性视点；第二，对所有民族及其文化、文明、价值观及生活方式的理解与尊重；第三，认识各民族及各国国民之间世界性相互依存关系正在日益强化；第四，同他人沟通的能力；第五，不仅懂得原理，而且懂得个人、社会集团及国家各自负有的义务；第六，每一个人准备着参与资金所归属的社会、国家和全球种种问题的解决。国际理解教育可以说是"异文化理解教育""多元文化教育"。1995 年，联合国教科文组织大会重新界定了教育的使命，强调旨在培养"世界公民"的三个问题：第一，培养和平、人权与民主的具体实施过程中所仰赖的价值观；第二，不仅强调认知学习，更强调情感与行为学习；第三，立足于共同的价值观和知识的应用，学做"世界公民"。[①]

（2）课程信息化。

在今天这个信息化的时代，单纯在学校中开设信息教育课程已经不再是教育信息化的唯一表现，实际上，课程信息化涵盖了学校教育中各科课程领域。到今天，问题已经变成了如何利用信息技术改造课堂生活、改变学生学习方式，以及设计、开发和管理各种教学资源，建构信息化教学环境等。网络型信息化时代，一方面对学习者的"信息能力"提出了新的要求：第一，"运用信息的实践力"——视课题与目的而适当运用信息手段，主动收集、判断、表达、处理、创造必要的信息，能够视受信息者的状况发信、传递的能力；第二，"信息科学的理解"——理解运用信息的基础、信息手段的特性，理解基础理论与方法，以便适当地处置信息，评价、改进自身的信息；第三，"参与信息社会的态度"——理解社会生活中的信息与信息技术的作用及其产生的影响，认识信息伦理的必要性和对信息的责任，参与信息社会的理想的态度。[②]另一方面，从目前一些国家实施信息教

---

[①] 钟启泉. 现代课程论（新版）[M]. 上海：上海教育出版社，2006：33.
[②] 钟启泉. 现代课程论（新版）[M]. 上海：上海教育出版社，2006：39.

育所面临的难题来看,教师培养问题、评价问题、网络社会中的信息伦理、个人隐私的保护、安全性等应对信息化负面影响的教育都将成为课程信息化过程中无法回避的问题。

(3)课程综合化。

课程综合化的追求最早体现在19世纪德国赫尔巴特教育学派的"中心统整法"以及20世纪初"合科教学"的研究中。进入20世纪90年代,软化学科界限、寻求课程综合化成为21世纪交叉教育课程改革的基调。课程综合化存在着从"多学习领域设计"到"统整设计"的不同综合程度和不同形态。1989年英国倡导的"交叉课程",1998年日本倡导的"综合学习",2001年我国倡导的"综合实践活动"等,都是统整设计的适例。国际理解教育、信息技术教育、环境教育、健康教育等则是这种统整设计的主要论题。①

事实上,课程的综合化是以整体教育论为依据的。1990年6月,在《整体教育评论》的执笔者和读者的呼吁下,第一届整体教育国际会议召开。整体教育思潮包括如下一系列假设,这些假设也成为未来课程的价值追求:第一,所谓"教育",是渐次辩证地展开的开放的人际关系本身。第二,"教育"是学习者就自身生活的种种维度,诸如道德、文化、生态、经济、技术、政治等做出自己的判断。第三,人人拥有难以测量的多种潜能。人的求知方式拥有多样的风格,表现为种种的广度与深度。应该珍视所有的求知方式。第四,在整体教育的观点中,在认识事物时,注重通过前后流程和背景的解读、直觉性理解、创造性活动以及操作活动加以掌握。第五,所谓"学习",不限于学校教育,而且是持续终身的活动。第六,"学习"是发现自我的内部过程,同时也是在同他人的关系之中协作活动的过程。第七,"学习"是自主的、自我控制的活动,是震撼、激励人类精神或灵魂的活动。第八,整体教育的课程是超越了学科框架的综合性的跨学科活动,是统整本地视点与全球视点的活动。②

---

① 钟启泉. 现代课程论(新版)[M]. 上海:上海教育出版社,2006:39.
② 钟启泉. 现代课程论(新版)[M]. 上海:上海教育出版社,2006:201.

4. 教育设施和方法现代化

20世纪70年代以来，人类被卷入以数据通信技术和网络技术为核心的信息化革命中。这次革命，"不仅对现代工业社会有巨大的社会经济影响，它将引起如此规模的社会变化，使现代制度转变为全新类型的人类社会，即信息社会"。信息网络技术的广泛应用，首先变革的是人们获取信息的方式方法，从而改变人们的思维方式、行为方式、生活方式和发展方式。信息社会的发展，对世界政治、经济、军事、科技、文化、社会等领域产生了深刻的影响，正在加速重构社会发展与人的发展的物质基础。在信息化背景下，现代教育设施已经走向了数字化、网络化、智能化和多媒化的道路。数字化使得教育信息技术系统的设备简单、性能可靠和标准统一；网络化使得信息资源可共享、活动时空少限制、人际合作易实现；智能化使得系统能够做到教学行为人性化、人机通讯自然化、繁杂任务代理化；多媒化使得信媒设备一体化、信息表征多元化、复杂现象虚拟化。我国已经建成并启用的中国教育与科研网（CERNET）、中国卫星宽带远程教育网络，中小学"校校通"工程、高校"数字校园"建设工程、中小学远程教育建设工程，以及应用于学校教学的普通电教室、多媒体综合电教室、计算机室、微型电教室、CAI教室、网络教室、语言实验室、电子阅览室、闭路电视系统等都是教育信息化中信息网络基础设施建设的重要内容。这些基础设施建设搭建了我国教育设施现代化的发展道路。[①]近十年来，教育设施现代化的力度不断发生变化，云计算、大数据、物联网、移动计算等新技术逐步广泛应用，经济社会各行业信息化步伐不断加快，社会整体信息化程度不断加深，信息技术对教育的革命性影响日趋明显，并与教育教学不断整合、融合。2016年6月，教育部关于印发《教育信息化"十三五"规划》的通知，提出：到2020年，基本建成"人人皆学、处处能学、时时可学"、与国家教育现代化发展目标相适应的教育信息化体系；基本实现教育信息化对学生全面发展的促进作用、对深化教育领域综合改革的支撑作用和

---

① 杨晓宏，梁丽. 全面解读教育信息化[J]. 电化教育研究，2005（1）：27-33.

对教育创新发展、均衡发展、优质发展的提升作用；基本形成具有国际先进水平、信息技术与教育融合创新发展的中国特色教育信息化发展路子。①

教育设施的现代化和教学方法的现代化是教育信息化背景下相伴相生的现象，例如目前国内外热衷的"翻转课堂"教学方式就是在教育设施现代化水平达到一定程度后出现的新的教学方法模式。实际上，任何新的教学方法的出现都是对传统模式下以讲授占主导的教学方法的不满与挑战。我国传统的"讲授教学论"因把"知识传授"视为"教学的本质"，"教学论"因而变成"知识传授论"。这里的"知识"，"是前人、他人实践、认识的成果"，具有"客观真理性"，这样，教学研究的重心就落在了现成知识的传授方面。教学研究的根本使命就是寻找有效传授知识的方法，由此导致了"方法主义"倾向。这种教学观还认为教学方法不仅体现"教学规律"，而且必然有自身的规律。"教学规律"既"客观存在"，又"普遍有效"，由此使教学陷入"普遍主义"。②现代教学需要超越教学论中的"普遍主义"倾向，将教学视作描述个体差异、倾听个体差异、研究个体差异的活动，实现弗莱雷所说的"对话教学"。以对话理念引领现代教学方法思路，把教学方法理解为智慧或问题解决、社会互动与合作、个人风格与个性独特性三者的"合金"，这既体现了对话教学对"关系价值"的追求，又呼应了对话教学的知识基础——尊重知识的探究性、社会性和个人性。把教学方法视为一个开放并动态生成的整体，永远不存在唯一正确、合理或占主导地位的教学方法。唯有把教学方法作为问题去探究和理解，分析其构成要素，根据不同教学情境的特殊需要对已有的方法进行再发明或创造全新的方法，我们才可能把握教学方法的真谛。③

5. 教育管理现代化

教育管理现代化包括教育管理理论现代化、教育管理手段方法现代化、教育管理人员达到现代化所要求的水平等。教育管理现代化要将依法管理

---

① http://www.moe.edu.cn/srcsite/A16/s3342/201606/t20160622_269367.html
② 张华. 我国普遍主义教学方法论：反思与超越[J]. 全球教育展望，2009（9）：8-15.
③ 张华. 重建对话教学的方法论[J]. 教育发展研究，2011（22）：35-41.

教育和民主管理教育有机地统一和结合起来。首先要依法管理教育，促使管理规范化、法制化。其次要加强民主管理，促使管理科学化，教育管理过程要能体现出现代化的管理思想，管理手段实行规范化、科学化和灵活性相结合，管理方式应该建立在参与、民主的基础上，要善于运用现代化的办公设备提高管理效率，注重调动教师、学生的积极性，建立起一套既有集中、又是开放的、民主的管理机制。就具体学校而言，其内部管理应引进竞争机制，应该具有一支素质高、事业心强的教育管理队伍，在教育决策、管理手段上应采用现代化技术设施和科学的先进方法。

（1）管理理念现代化。

在具体的管理过程中，首先需要更新的是教育管理理念。将学生作为具有独立意志和主体精神的人，树立"主体性管理理念"。这种新的管理理念具有以下几个非常显著的特征：

第一，主体性管理理念认为学生与教师、学校、社会不再是一种从属性的关系，学生是具有主体性的人，是具有主体意识和自由意志的人，教育管理不再是压抑、控制个体自主性发挥的桎梏。传统的管理理念只能培养出一味顺从权威、甘于现状的"顺民"，而现代社会需要未来的人才具有批判意识与创新能力。批判意识与创新能力从哪里来？一个很重要的因素就是我们的教育、我们的学校、我们的社会是否为个体提供了较为宽松的氛围，使个体的批判意识能够生成，个体的创新能力能够萌发。因而现代教育呼唤管理理念更新先行。

第二，主体性管理理念以尊重个体差异为己任和价值追求。传统管理模式带来的恶果就是为了方便管理者，而采用统一的标准要求被管理者，其造成的结果是被管理者就像被工具磨平了棱角的石头，个个圆滑而一致，毫无个性可言。主体性管理理念以尊重差异为特点，希望为个体提供充分彰显差异的环境，最终希望达到的结果是每个人都能够有自己独特的、区别于他人的个性，每个人都能够实现自己最好的发展。

（2）管理技术现代化。

国家教育管理信息系统建设全面贯彻国家对教育管理信息化建设的总

体要求，以服务国家教育改革发展中心任务为目标，以建立教育管理信息系统和基础数据库为核心内容，以建设"两级建设、五级应用"体系为重点，全面建成覆盖全国各级教育行政部门和各级各类学校的国家教育管理信息系统，为实现教育管理现代化提供坚实的技术支持和数据支撑。国家教育管理信息系统建设是一个系统工程，其建设、管理、应用、运维等各个环节十分复杂。在建设过程中要坚持"统筹规划、统一建设、集中运行、分步推进"的原则。建设全面覆盖、功能齐全、安全高效的教育管理信息系统、决策支持系统和教育管理服务平台，建立终身使用的学生教育卡，形成覆盖全国各级各类教育的教育基础数据库，实现系统的全国联网和数据的交换与共享，提升教育监管与服务水平，促进教育管理现代化、决策科学化、服务网络化，全面保障教育的改革和发展。

（3）教育管理体制的现代化。

教育管理体制是教育机构与教育规范的结合体或统一体，由教育的机构体系与教育的规范体系组成。教育体制由学校教育体制和教育管理体制二者构成，后者又包括教育行政体制和学校管理体制两部分，它们都是相应的机构与制度的共同体。因此要实现教育管理的现代化，就是要实现教育行政体制的现代化和学校管理体制的现代化，而机构和制度、规范问题又是交融在一起的问题解决的关键。

就教育行政体制的现代化而言，主要就是要理清五大关系：中央办学与地方办学的关系；政府办学与其他社会力量办学的关系；政府与教育行政部门的关系；教育行政部门与教育行政部门的关系；政府与学校的关系。通过对这些关系的梳理，使其呈现出利于现代化着陆的环境。长期以来，我们的教育行政体制受到诸多因素的影响，比如国家对教育统得过死，政府包揽办学大权，政府一般行政部门与教育行政部门各自为政，条块分割严重，组织机构臃肿，人浮于事，等等。这些传统性因素的附着降低了现代性的体现水平，因此要改变这种状态，就得朝着简政放权、分级办学分级管理、明确教育行政部门的应有地位几个大问题上考虑。比如在办学上，政府应该由原来的前台管理转为后台监督和服务。在确立教育行政部门性质的问题上，应该将教育行政部门看作与政府其他职能部门同级的一个职能部门，它于上受到上级行政部门的管理，于下能够实现对教育的真正控制，而政府同级的其他职能部门更多的是与之协调。同样，学校管理体制的现代化就其体现的内容来讲，也是要处理好领导体制上的校长负责制、分配制度上的结构工资制、人事制度上的教师资格制、职责权上的岗位责任制几大制度改革的顺利实施。从目前的实践来看，还存在一些问题没解决，比如如何灵活恰当地处理好学校"一把手"与党支部书记之间的关系问题；如何发挥校务委员会的监督、审议职能；如何在工资改革上处理好学历、教龄、教学业绩、职称几者的关系和权重；如何解决拖欠教师工资的问题；如何解决民办教师问题；教师的流动与稳定性问题；如何解决流动教师的户口问题；等等。对于以上问题的解决正在进行，也是学校管理体制现代化目前所必须解决、应答的课题，这些问题解决好了，学校管理体制现代化基本上就实现了。

### 6. 师资队伍现代化

教师的专业成长和社会的发展动向紧密相关，教师在教学现场直面的问题总是和社会联动的。一个很显著的例子就是面对信息化时代出生的学生，如何有效利用信息技术完善教学将是每一个教师都需要思考的问题。现代教师特别需要掌握三种能力：① 顺应各种教学方式的能力。社会的变化发展相应要求教师实践以往未曾经验的教学方式，掌握相应的教学技术。② 适应学生个性的教学能力。社会的发展变化要求教师抛弃传统的划一化的教学方式，尊重并发展学生的差异和个性。③ 从教学实践中学会"教"的能力。[1]

事实上，上述三种能力大多是教师入职之后，通过从业经验积累而成的，所以，终身学习成为教师队伍现代化的关键。日本教员养成审议会的《面向新时代的师资培养的改善方策》（1996）全面勾勒了终身学习时代的教师形象，强调"21世纪特别要求于教师的素质能力"包括：① 立足于全

---

[1] 钟启泉. 现代课程论（新版）[M]. 上海：上海教育出版社，2006：526.

球视野的素质能力。理解地球、国家、人类；丰富的人性与理性；国际社会所需的素质能力。②生存与变革时代的素质能力。课题解决的能力；人际关系能力；应对社会变化的知识技能。③教师职务所要求的素质能力。理解青少年，理解教育之本质；对于教师职业的执着、自豪和一体感；学科教学、学生辅导的知识、技能、态度。①虽然新的时代对教师素质和能力提出了诸多要求，但这并不意味着我们能够苛求每一位教师成长为"全能型选手"，理想的现代化的师资队伍应该是每一位教师都具备基本的素质能力，具有终身学习的意识并付诸行动，进而积极地谋求各人特长领域的形成与个性的发展。我们希望像尊重学习者个体差异和多样性一样，尊重教师实现有差异性的发展。

## 第二节  教育现代化的特点及其价值追求

### 一、教育现代化的特点

教育现代化作为一种发展过程和水平状态，必然会表现出其不同以往的特征，这些特征既有现实性又有预测性。对此，学者们所论述的教育现代化的特征主要有以下几种代表性观点：

第一，把教育现代化作为一个目标，从相对静止的角度提出了教育现代化的重要特征。例如顾明远从静态的角度出发，认为教育现代化具有九个主要特征和标准：一是教育的民主性和平等性；二是教育的个性；三是教育的终身性；四是教育的多样性；五是教育的开放性；六是教育的国际性；七是教育的创新性；八是教育的信息化和网络化；九是教育的科学性。②这九个特征是根据现代社会的基本情况和当前世界教育发展形势所归纳出

---

① 钟启泉. 现代课程论（新版）[M]. 上海：上海教育出版社，2006：535.
② 顾明远. 论教育现代化的基本特征[J]. 教育研究，2012（9）：4-10.

来的。

第二，把教育现代化作为一个过程，从动态的角度提出推进教育现代化过程中会表现出的特征：教育现代化具有历史性、动态性、阶段性、差异性、相对性。如刘尧教授指出教育现代化具有的特征：① 教育现代化具有历史性，它包括教育现代性随教育发展而增长的历史过程和教育现代化是民族传统教育的现代转化两个方面的含义。② 教育现代化具有动态性。③ 教育现代化具有阶段性。④ 教育现代化具有差异性。从纵向上讲，在不同发展阶段教育现代化的内容、目标和特征是有差异的。从横向上讲，在不同的地区教育现代化的形式、进程和道路也有较大差异。⑤ 教育现代化具有相对性。①

第三，教育现代化是社会现代化的一个组成部分，不可避免地受到社会政治、经济、文化等方面的影响，其具体特征为教育发展的受动性、能动性、继承性、开放性、生产性、终身性以及多样化。如谈松华认为，对教育现代化的特征分析可以从时间维度和价值维度两方面来思考。从时间维度看，教育现代化有五个特征：一是动态的持续发展过程；二是教育整体转化的运动或教育形态的变迁过程；三是对传统教育的批判、继承和发展过程；四是全球性的历史演进过程；五是人自身现代化的实践活动过程。从价值维度看，教育现代化也有五个特征：一是以实现人的现代化为其根本目的；二是教育与生产劳动相结合；三是教育的民主性；四是教育的科学性；五是教育的开放性。②冯增俊则主要从我国教育现代化的发展模式和策略及任务的角度入手，通过对我国沿海开放地区尤其是珠江三角洲地区的教育实践及经验的总结，提出了教育现代化的五个特征：一是在巨大压力下强行启动；二是强烈的示范作用影响；三是实施政府行为主导的由上及下的教育策略；四是坚持全面出击与分阶段相结合的方针；五是以获取

---

① 刘尧.对教育现代化若干问题的思考[J].上海教育科研，1999（5）.
② 谈松华，王建.教育现代化区域发展模式研究[M].北京：北京师范大学出版社，2011：26.

经济最大发展为办教育的最高原则和最终目的。①

学者们普遍认为,教育现代化体现了现代社会特征。一些人对于冯增俊提出的前四个特征基本上没有争议,而对"以获取经济的最大发展为办教育的最高原则和最终目的"这一特征,有学者持有异议,认为目前我国各方面的工作都是以经济建设为中心,但根据这一点就认为经济建设就是各项工作的最终目的有失妥当。我们认为,冯增俊的观点是"实然"判断,而不是"应然"判断。如果说前两者是从国际范围进行的理论概括的话,那么后者则是从国内实际进行的现实归纳,具有更强的指向性。作为最大的发展中国家,中国在其历史文化制度的约束性条件下的教育现代化所体现的特殊性,正是值得进一步深究的问题。

另外一种分类视角认为,现有文献中关于教育现代化的特征表述可以分为定性特征和定量特征两种。定性的特征包括普及化、民主化、科学化、多样化、开放化、国际化、终身化、世俗化、国家化等;定量特征包括 15 岁以上人口识字率、平均预期受教育年限、中等教育毛入学率、高等教育毛入学率、每万名大学在校生人生、公共教育经费占 GDP(国内生产总值)的比例、人均公共教育经费;教育信息化水平等。美国社会学家英格尔斯提出,进入现代化的基本标准是人均 GDP 大于 3 000 美元,这已经成为国际上通行的进入现代化的基本标准。

## 二、教育现代化的价值追求

### (一)人的现代化是教育现代化的基本追求

伴随着全球化思潮在世界范围内的蓬勃兴起,20 世纪 90 年代以来中国的教育哲学观几乎同时也开始了从传统适应论向现代超越论的革命性变化。②传统适应论倾向于教育的价值在于通过规范严整的课程程序铸造出能

---

① 冯增俊. 试论我国教育现代化的基本任务及主要特征[J]. 中国教育学刊,1995(4):5-8.
② 鲁洁. 论教育之适应与超越[J]. 教育研究,1996(2).

够完整地继承和内化既有文明成果、以作立身与现存世界之根基和手段的受教育者，现代超越论则注重于通过科学和艺术兼备的教育流程来创造出能够不单纯受役于现存世界之规范、且在人文本质上有所超越的新人，以期在继承和内化既有文明成果基础上以我为主、不拘一格、矢志创新，从而不但适应现存世界，而且改造、丰富、发展之。如何变沉重的人口负担为丰富的人才资源，这是教育现代化的一项紧迫使命。而全球化视野中的教育现代化就是围绕着人的精神结构现代化这个中心而展开的，换言之，是以点燃个体生命的创新热情、开发其创新潜能、发展其创新才华为最高宗旨的。人的精神结构的现代化是一项系统工程，其中包括培植人的崇高理想、纯正品德、优雅情操、健康个性、坚定意志等情意子系统，也包括完善人的渊博学识、深沉思维、丰富想象、敏锐判断等智力子系统，中国当下最需要的就是对人的创新理念和热情的激扬、对人的创新思想和创新潜能的开发。

存在主义哲学家奈勒痛心描述："我们的儿童像羊群一样被赶进教育工厂，在那里无视他们独特的个性，而把他们按同一个模样加工和塑造。"[①]这样的教育表面上获得了大工业生产统一标准、批量复制的高效率和高产出，实际上是以泯灭人的主体性、特殊性和独创性为沉重代价的，这种对人的物化和商品化究其实质是大工业文明及其教育模式所导致的"人类一种新的普遍的奴隶化"[②]。按照日本思想家池田大作的观点，教育现代化的要义就是"启发、锻炼'人'内在的无限潜能，把它导向创新价值的方向"[③]。全球化所接纳的是具有自我选择、自我拓展和自我建树功能的主体人，是主动追求知识而不为知识所役，尊崇传统而不为传统所累的创新主体。

众多的现代化理论认为，要实现现代化，必须实现人的现代化。现代化的核心是人的现代化。现代化理论是美国学者 M. J. 列维于 1966 年在《现代化与社会结构》一书中最早提出的，他将人的现代化作为社会现代化的

---

① 陈友松. 当代西方教育哲学[M]. 北京：教育科学出版社，1982.
② 伽达默尔. 赞美理论[M]. 夏镇平，译. 上海：上海三联书店，1988.
③ 何劲松. 池田大作集[M]. 上海：上海远东出版社，1997.

核心。美国哈佛大学教授英格尔斯著有《人的现代化》,其理论更为系统。他认为,一个国家,只有当它的国民是现代人,它的国民从心理和行为上都转变为现代的人格,它的现代政治、经济和文化管理机构中的工作人员都获得了与现代发展相适应的现代性,这样的国家才可真正称之为现代化国家。否则,高速稳定的经济发展和有效的管理,都不会得以实现。即使经济开始起飞,也不会持续长久。1984年,英格尔斯在访问我国时就提出:"希望中国除'四化'以外,进入第五个现代化,就是人的现代化。"英格尔斯认为,现代人具有以下十二种特征:① 现代人准备和乐于接受他未经历过的新的生活经验、新的思想观念、新的行为方式;② 准备接受社会的改革和变化;③ 思路广阔,头脑开放,尊重并愿意考虑各方面的不同意见、看法;④ 注重现在与未来,守时惜时;⑤ 强烈的个人效能感,对人和社会的能力充满信心,办事讲求效率;⑥ 计划;⑦ 知识;⑧ 可依赖性和信任感;⑨ 重视专门技术,有愿意根据技术水平高低来领取不同报酬的心理基础;⑩ 乐于让自己和他的后代选择离开传统所尊敬的职业,对教育的内容和传统智慧敢于挑战;⑪ 相互了解、尊重和自尊;⑫ 了解生产及过程。①德国社会学家贝伦特认为,现代人主要具有以下特征:自觉的人、成熟的人、有创造精神的人、能掌握技术的人和能动的人。美国人本主义心理学家罗杰斯认为,未来的"新人"(现代人)有如下特征:开放的态度、真诚的品质、对科学技术的怀疑态度、对完整性的渴求、对亲密关系的需求、对生活不断变化的敏锐意识、热诚待人的关怀之心、对大自然的亲切感和关怀感、反对因循守旧、信赖自己的内在权威、不看重物质利益、对精神生活的渴望等。②

在整个国家向现代化发展的过程中,人是最根本的因素。实现人的现代化,是建设现代化国家的根本保障,是建设创新型国家的首要前提。教育思想现代化是前提,教育发展水平现代化是标志,教学体系现代化是根

---

① [美]英格尔斯. 人的现代化[M]. 殷陆君,编译. 成都:四川人民出版社,1985:22-33.
② 武斌. 我们离现代化还有多远[M]. 北京:中国经济出版社,1999:271-272.

本，办学条件现代化是基础，教师队伍现代化是关键，教育管理现代化是保证，实现人的现代化则是教育现代化的核心和根本目标。人的现代化是国家现代化必不可少的因素。它并不是现代化过程结束后的副产品，而是现代化制度与经济赖以长期发展并取得成功的先决条件。

### （二）教育全民化是社会发展的时代诉求

1990年3月，由联合国教科文组织、联合国儿童基金会、联合国开发计划署和世界银行共同发起，在泰国宗滴恩召开了"世界全民教育大会"。会上正式提出了全民教育理论。其目标正如《世界全民教育宣言》指出的："就是满足全民的基本教育要求，即向人民提供知识、技术、价值观和人生观，以满足他们能自尊地生活，不断学习，改善自己的生活并为国家发展做出贡献的要求。"这一目标不仅主导了当前教育改革和努力的方向，也代表了未来教育发展和进步的趋势，是世界教育最宏大的目标之一。但这一目标的实现还要面对诸如经费、人口等问题的挑战，因此，实现全民教育目标还需要全世界的共同努力。[①]

《世界全民教育宣言》指出：全民教育的目的是满足基本学习需要，使"每一个人，儿童、青年和成人，都应能够受益于旨在满足他们的基本学习需要的教育机会。这些需要包括人类能够生存、发展其全部能力、有尊严地生活和工作、全面地参与发展、改善他们的生活质量、做出有知识依据的决策以及继续学习所要求掌握的基本学习工具（如读写、口头表达、数字、解决问题等）和基本学习内容"。"这些需要的满足，使得任何社会的个人能够，并且赋予他们一种责任去尊重和依赖他们共同的文化、语言和精神遗产，改善他人的教育、促进社会正义的进程，实现环境的保护，对不同于自己的社会、政治和宗教制度抱以宽容的态度，保证得到普遍接受的人道主义和人权得以维护，以及为一个相互依存的世界的国际和平与团结而工作"。教育发展的另一个同样重要的目的，是共同文化与道德价值

---

① 施晓光. 现代教育思想专题[M]. 北京：当代世界出版社，2001：99.

观的传递与丰富。个人和社会正是在这些价值观念中找到了他们的认同感和价值。此外，基本教育还是终身学习和人类发展的基础。

《世界全民教育宣言》认为，满足所有人的基本学习需要，不仅仅是要求重新负起对现有基本教育的责任，而是要超越当前的资源水平、结构制度、课程和常规的实施体系，并建立在目前最好的实践之上。因此，扩展教育的视野要做到以下几点：① 机会的普及与促进公正。应为所有的儿童、青年和成人提供基本教育。② 以学习获得为重点。基本教育的重点，必须是实际的学习获得和结果，对有组织的计划的继续参与和达到资格要求，而不仅仅是入学率。③ 扩大基本教育的手段与范围。④ 改善学习环境。社会必须保证所有学习者获得他们需要的营养、健康护理和一般的物质与情感支持。⑤ 国家、地区和地方教育当局对为全民提供基本教育负有独特的责任，但不能期望他们满足这一任务的每一人力、财政或组织要求。

《世界全民教育宣言》对实施全民教育提出了三点要求：① 创造一个支持性的政策环境。为全民提供基本教育，取决于适当的财政手段支持和教育政策改革与制度的加强所强化的政治责任与政治意愿。② 调动资源。对提高现有教育资源和计划的效能的高度重视，不仅能产生更大的结果，还能吸引新的资源。满足基本学习需要的紧迫任务，可能要求部门之间的重新分配，如从军事支出到教育支出的转移。首要的一点，正在进行结构调整和面临沉重的外部负担的国家，需要对基本教育给予特殊保护。今天，教育必须比以往任何时候更被视为任何社会、文化和经济计划的一个基本方面。③ 加强国际间的团结一致。全球社会，包括政府间的组织和机构，都负有紧迫的责任以缓解阻碍某些国家实现全民教育目标的限制因素。所有国家还必须共同努力消除冲突和摩擦，结束军事占领，安置流落异国的人口或促使他们返回原来的国家，并保证他们的基本学习需要得到满足。①

1990年9月"世界儿童问题首脑会议"在其制订的儿童身存、保护与发展的行动计划中，规定了到2000年的基础教育目标：普及基础教育，使

---

① 施晓光. 现代教育思想专题[M]. 北京：当代世界出版社，2001：102-111.

至少80%的学龄儿童完成初等教育；把1990年的成人文盲数减少一半，特别重视妇女的扫盲工作。

## （三）教育终身化是人和社会可持续发展的体现

教育终身化思潮自20世纪60年代起在国际上流行，特别是在《终身教育引论》《学会生存——教育世界的今天和明天》两本书出版后，终身教育成为指导未来教育的一种理念和实践。"终身教育是正在使整个世界教育制度革命化的过程中的一种新的观念"。在林林总总的世界教育思潮中，终身教育思潮以其独有的魅力令世人瞩目，以至其产生和发展被视为"世界性的需要"，是"对未来国际社会的大挑战"。①

法国终身教育理论的奠基者保罗·朗格郎以"现代人面临的挑战"为题列举了若干方面的因素。这些因素是：变革的加速、人口的增长，科学技术的发展、政治的挑战，信息、闲暇，生活模式和相互联系的危机，身体、意识形态的危机等。在朗格郎看来，人类正处在一个物质、精神和道德领域的变革不断加速的时代，各种变革的因素具有一个共同的特征，这就是摧毁传统的教学理论以及方法的大厦，使教育和教育工作者面临形形色色的问题与需要。那些时代形成的传授知识的方式与结构，很大程度上失去了它们的效率，以至于教育本身以及传统教育的作用如今成了人们抨击和指责的对象，并使得教育越来越被迫寻找新的出路。由于目前大多数国家面临人口的迅速增长，要求不仅教育的数量，而且它的作用以及职能、性质都要加以改变，而无论传统教育制度的规模有多大，都不具有这种应变性。为了确保人们能得到日益增长的知识以及各类训练，教育工作将不仅仅局限于现在正规的学校教育。

一般认为，终身教育是人们在一生中所受到的各种培养的总和，它包括教育体系的各个阶段和各种方式，既有学校教育，又有社会教育；既有

---

① 联合国教科文组织国际教育发展委员会.学会生存——教育世界的今天和明天[M]. 华东师范大学比较教育研究所，译.北京：教育科学出版社，1996.

正规教育，又有非正规教育。

全球化教育理论家大卫·史密斯认为，终身教育"不过是资本生产的劳动力模式的转义：人们必须学会将自己看作可以不断再培训的对象，以便适应市场的反复无常"①。其实，以全人生化为内涵的终身教育，除纵向追求教育对人生各个时期的贯穿性、以知识和职业技能的及时更新来应对劳动力市场的频繁挑战之外，就横向而言，更由开发智力扩大到发展情意要素诸方面，包括全球化对人的智慧、能力、情操、品德和精神修养等综合要求，是各种形式的教育和自我教育在一生的总和，具有对现实层面的极大超越性。

终身教育开始出现的时候，主要与成人教育、职业培训联系在一起，后来逐渐扩展到所有教育，而且逐渐向终身学习的概念转化。教育终身化的社会意义就在于促进教育社会化——学习社会化的机制与格局的形成和完善。终身学习已经不限于人们为了谋生需要，而是成为人们生活的一部分，成为文明社会的生活方式。关于终身教育的理念，联合国教科文组织的报告《学会生存——教育世界的今天和明天》中讲得很全面，很深刻。党的十六大提出，到小康社会建设成功的时候我国"要形成全民学习、终身学习的学习型社会，促进人的全面发展"。所谓学习型社会，就是以学习求发展的社会，就是创新的社会，就是全民素质高水平的社会，形成学习型社会需要通过终身教育来实现。《国家中长期教育改革和发展规划纲要（2010—2020年）》也把"基本形成学习型社会"作为教育发展的战略目标，提出"构建体系完备的终身教育、学历教育和非学历教育协调发展，职业教育和普通教育互相沟通，职前教育和职后教育有效衔接，继续教育参与率大幅提升，从业人员继续教育参与率达到50%，现代国民教育体系更加完善，终身教育体系基本形成，促进全体人民学有所教，学有所成，学有所用"。所谓教育的全时空性，是指教育已经不限于学校，也没有年龄的限制，逐步做到全民学习，时时能学，处处可学。特别是随着现代传播技术

---

① 联合国教科文组织国际教育发展委员会. 学会生存——教育世界的今天和明天 [M]. 华东师范大学比较教育研究所, 译. 北京：教育科学出版社, 1996.

的发展，人们可以从多种渠道获得信息，因此，教育现代化需要有全时空的大教育观的视野，把正规教育与非正规教育、正式教育与非正式教育统一起来，把学校教育、家庭教育、社会教育、自我教育有机地结合起来。①

### （四）教育民主化是人的平等权利诉求

自 19 世纪末以来，教育平等成为许多国家教育政策的一个主导思想。20 世纪中叶，世界各国更是高举"教育民主化"的大旗，推动本国教育、社会、经济、政治等方面的发展。到 20 世纪中叶，发达国家基本上普及了初等教育与中等教育，各种类型的高等教育也有相当大的发展，各阶层人民受教育的机会显著增加。而在相对意义上，受教育机会不均等的现象依然普遍存在。长期形成的"制度化教育"体系反而加剧了受教育者成功机会的不平等。《学会生存——教育世界的今天和明天》明确指出：好多年来，批评家们指责学校是"充满不公平、极权主义和歧视的蜂窝"，而这种"真正的不平等"，又以"貌似民主的词句"为烟幕。从小学各年级开始，一直进行到以后各个教育阶段，为挑选未来的杰出人才而进行筛选。按照杰出人才论，即使学生人数增加，只会导致选材标准更严，不会改变培养少数人的事实。这种教育模式在稳定而封闭的社会里，为社会提供了一个"安全阀"，使统治阶级问心无愧，也为杰出人才队伍补充了新鲜血液。然而，这毕竟不是民主的教育。这种教育体系不可能解决教育民主化问题。要争取教育的民主（人人受教育），更要谋求民主的教育。只有民主的教育，才能导致教育的民主。而这里所谓民主，又不是旧的"形式的民主"，而是"新的民主"。新的民主意味着"一个人有实现他自己的潜力和享有创造他自己未来的权利"。

从渊源上讲，教育民主化思想是机会均等思想引申而来的。机会均等观认为，不同的结果，并非取决于个人的能力和努力程度，而在于不平等的起始条件，因而主张要为每个人创造公平的机会。我国的孔子早在 2 000

---

① 施晓光. 现代教育思想专题[M]. 北京：当代世界出版社，2001：11-25.

多年前就提出"有教无类"的思想；古希腊雅典的公民教育也隐含了民主教育的思想；在柏拉图《理想国》里，已经闪耀着开放式社会和自由教育的思想。17世纪初，夸美纽斯提出"把一切知识教给一切人"，至18世纪末，教育平等思想开始在一些西方国家（例如美、法等国）转化为最初的立法措施，经过西方资产阶级大革命，终于在法律上否定了教育特权，确认人人都有受教育的权利。

  教育平等观的最重要的发展是马克思主义的教育理论。马克思在1866年提出了一个基本观点：教育是"人类发展的正常条件"和每一个公民的"真正利益"。他说："儿童和少年的权利应当得到保护，他们没有能力保护自己，因此社会有责任保护他们……只有通过国家政权施行的普遍法律才能办到。"恩格斯在1866年更明确指出："国家出资对一切儿童毫无例外地实行普遍教育，这种教育对任何人都一样，一直进行到能够作为社会的独立成员的年龄为止。这个措施对我们的穷兄弟来说，只是一件公平的事情，因为每一个人都无可争辩地有权全面发展自己的才能，而且当社会使愚昧成为贫穷的必然结果的时候，它就对人犯下了双重的罪过。"马克思和恩格斯论述的"教育的平等性"包含了两层深刻的含义：一，教育是每个公民都应拥有的一项平等权利；二，这种平等变现为每个人智力和能力发展的平等。①

  综上，我国的教育民主化包含两个层次的含义：

  第一层含义是受教育者权利和机会的平等。1948年12月10日通过的《世界人权宣言》规定，"受教育权"被普遍确认为一项人权。《世界人权宣言》第26款对受教育权作了界说，规定"教育，至少初等教育以及基础教育应是免费的"，"初等教育是义务的"，"而高等教育的入学，应该根据才能对所有人完全平等地开放"。第14届联合国大会于1959年通过《儿童权利宣言》，更进一步确认了儿童的教育权益，这标志着法律上的教育权利平等在全球实现。然而，法律条文中所确定的教育平等并不意味着人人都

---

① 施晓光. 现代教育思想专题[M]. 北京：当代世界出版社，2001：47-57.

有受教育的机会,人人都能受同样的教育。事实上,教育权利平等的理想并未在现实中实现。为了真正实现法规中所确认的教育平等,自20世纪50年代始,西方各国的社会科学家进行了大规模的实证调查,力求了解机会均等在教育领域中已达到什么程度。随着英国的《普洛登报告》(1966)、美国的《科尔曼报告》(1996)、联合国教科文组织关于各国学生学业成绩差异的系列研究报告等的发表,人们发现,教育平等还广泛受制于影响受教育机会的各种社会因素及其他社会不平等因素。这促成了教育平等观的进一步延伸:教育机会均等概念的演变。20世纪末,中国高等教育已开始由精英化而步入大众主义时代,需要关注的是:今后如何在不牺牲学术品位和教育质量的前提下,按照1998年世界高等教育会议所提出的那样,视个体的努力程度、献身精神、能力、成绩而向任何年龄段的求学者提供均等机遇。至于法定九年制义务教育,尤要强调平等和高质量的兼得,谋求各个地区的相对平衡之发展。

第二层含义是教育管理的民主化。这是全球范围内教育现代化的一个基本走向。在教育制度化、现代化进程中,许多发展中国家普遍存在的"教育垄断"现象,现代的教育被置于国家权力的支配之下,教育行政隶属于国家所追求的目的。国家往往要对接受政府款项和控制的教育,在意识形态上加以干预,这就自然导致教育极端政治化、教育经济化、教育市场化等国家本位主义倾向的蔓延,使作为独立主体的人的个性活力受到相当程度的窒息。在当下中国,伴随着"入世"之转机和由此而形成的对外开放、内部改革的广度和深度之拓展,正在出现一个办学主体以及经费投入多元化和教育管理科学化的新格局,进而将促进办学模式及其内孕文化精神的多元化。人是文化的活标本,民主、和谐与自由的办学模式和教育氛围当会孕育具有相应人格特征的文化人。

(五)教育开放化是全球化催生的结果

教育开放化意味着教育对外面临全球化带来的教育国际化的挑战,对内面临学习者学习方式改变带来的挑战。

全球化实质上已成为整个人类文明现代化的逻辑演绎和必然表现，全球化呼吁着世界范围内的全方位的现代化，而发展中国家的现代化更需要依托全球化的推进。全球化对中国教育的影响是极其广泛、全面和深刻的。首先，全球化市场经济必然要求中国教育市场逐步向世界开放。既然各国经贸市场的发展正快速趋向全球化，那么作为具有供求关系和经济属性的教育市场，自然也承受着向全球充分开放的重大压力。事实上，近年国内教育市场伴随着办学主体多元化，已围绕着生源展开了空前激烈的角逐；而某些发达国家，也通过在北京和东南中心城市举办教育展等形式争抢生源。由于作为世界贸易组织法律体系的《服务贸易总协定》将教育服务列为第五大类服务，故中国"入世"以后，境外著名院校及企业来华独资办学或与中方教育机构合作办学的势头必然有增无减。当然，教育不是纯粹的经济领域，它除了具有经济功能外，还承载着社会、文化和道德等其他功能，因而国家对教育市场的全方位开放会持审慎态度。但全球化所促成的整个经济运作体制的革命性变化，必然要求中国教育市场逐渐开放。问题的严峻性还在于，处在由传统应试模式向现代素质教育模式转型过程中的中国教育，其现代化进程远远滞后于全球市场经济的发展，从教育理念、人才目标、办学体制、课程设置到师资建设等都面临着外国优质教育服务大量进口的巨大挑战。

教育本来是一种国际现象，现代教育制度就是国际化的产物，全球化更是带来了教育国际化的加强。随着科学技术的发展，国际间的交通越来越便捷，信息交流越来越快捷，地球变得越来越小，某一国家的某项教育改革迅速传遍全世界。教育的国际性和开放性表现在国际间的人员交流、财力支援、信息交换（包括教育观念和教育内容）、学分学历互认、教育机构的国际合作和跨国的教育活动等方面。只有坚持开放，才能更好地吸收一切优秀文化，充实和丰富我国的教育。过去我们只讲经济全球化，不讲文化全球化、教育全球化。但是毋庸讳言，全球化不仅影响到经济，也影响到文化和教育。如果认为全球化并非一体化，而是指不可避免地互相交往、互相联系、互相影响的话，那么，教育也不能不纳入全球化的轨道中。

只有加大教育开放力度，我们才能了解世界上的先进科学技术，吸收世界优秀文化成果，为我所用。教育国际化的另一个重要内涵是培养具有国际视野、关心和了解国际形势和发展、了解多元文化、懂得国际游戏规则、具有国际交往能力的人才。没有这种人才，我们很难与别人竞争。日本早在1984年教育咨询报告中就提出要培养"国际"的日本人，韩国也早已提出教育国际化的问题。《国家中长期教育改革和发展规划纲要（2010—2020年）》就有专门一章"扩大教育开放"，提出要"加强国际交流与合作"，"引进优质教育资源"，"扩大留学生规模、培养国际化人才"，"加强与联合国教科文组织等国际组织的合作，积极参与双边、多边和全球性、区域性教育合作"，"加强内地与港澳台地区的教育交流与合作"。

新教育体制应灵活地向所有社会成员平等开放"绿色通道"，满足其更新自我、发展自我、创造未来的教育需求。这种开放型体制应充分具备学历与非学历、长期与短期、一般与专项相结合的内容结构，具备定点定时、多点多时、随时随地的时间结构，具备整合信息渠道、学习途径多样化、调动广播电视、多媒体及计算机等诸多手段的形态结构。与此配套，创设富有活力的教育评价和认定制度，包括校外学习成就认可制、新型职业资格制等，最终克服与开放教育时代格格不入的、高枕在既得文凭上不思进取的唯学历主义价值观。而从世界范围看，开放的中国教育还应促进师生的国际流动和培训、强化科研的全球交流和合作。前者有助于引进代表人类文明走向的现代教育观念、教育技术、教学模式；后者有助于中国教育吸取国际先进的教育科研手段和方法，尽快缩短与发达国家的学术差距，并迅速站到学科理论的前沿。

### （六）教育信息化是教育现代化的制高点

当今世界，国际竞争愈演愈烈，但归根结底是知识、人才和教育的竞争。在新的信息技术环境下，信息化水平已经成为衡量一个国家和地区的核心竞争力、现代化程度的重要标志，以及促进社会生产力发展的重要因素。教育信息化作为国家发展战略要素，成为提升国家竞争力的重要途径。因此，推进教育信息化提升本国竞争力，世界各国纷纷将教育信息化纳入国家发展战略，通过信息化带动教育改革创新。21世纪头二十年是我国现代化建设的战略机遇期，教育信息化发展必须走在国民经济与社会信息化发展的前列，成为率先实现教育现代化的突破口。"信息技术对教育发展具有革命性影响，必须予以高度重视"。

21世纪的社会，经济发展和社会生活的各个方面无处不渗透着信息技术，这极大地改变着人们的生产方式、生活方式以及学习方式。世界各国普遍关注教育信息化在提高国民素质和增强国家创新能力方面的重要作用。《国家中长期教育改革和发展规划纲要（2010—2020年）》正式把教育信息化纳入国家信息化发展整体战略，明确指出"信息技术对教育发展具有革命性影响，必须予以高度重视"，"加快教育信息基础设施建设"，"加强优质教育资源开发与应用"，"构建国家教育管理信息系统"，要超前部署教育信息网络，大力推动信息化教学深入应用与管理信息化，反映了我国追赶教育信息化国际先进水平的决心。《教育信息化十年发展规划（2011—2020年）》进一步明确发展目标是：到2020年，全面完成《国家中长期教育改革和发展规划纲要（2010—2020年）》所提出的教育信息化目标任务，形成与国家教育现代化发展目标相适应的教育信息化体系，基本实现所有地区和各级各类学校宽带网络的全面覆盖，基本建成人人可享有优质教育资源的信息化学习环境，教育管理信息化水平显著提高，教育信息化整体上接近国际先进水平，其次对教育改革和发展的支撑与引领作用充分显现。

随着我国全球化进程的加剧，教育信息化建设的"主动国际化"是不可避免的，教育信息化建设与实践需要全球视野、开放思维和战略眼光。首先，必须积极展开对国外教育信息化情况的研究，了解世界发达国家数字化学习环境发展的态势，明确自己在全球所处的位置和状态，进而借鉴国外的成功经验和失败教训，立足国家实情，发挥自身优势，推动自身发展。其次，积极、主动地参与进国际的交流与合作，促进国际间更加广阔而深入的信息文化互动，不断提升我国教育信息化的影响力。第三，跟踪当前国际上新兴技术和学习支持的发展趋势与应用概况，全面考察技术给学习、教学和研究带来的革命性影响。

事实证明，我国教育改革和发展正面临着前所未有的机遇和挑战，以教育信息化带动教育现代化是当前我国教育现代化发展路径的重要选择。虽然我国在教育信息化建设方面已经取得了一定的成就，但是如何进一步加快推进教育信息化还面临着诸多的困难和挑战。例如对教育信息化重要作用的认识还有待深化和提高；加快推进教育信息化发展的政策环境和体制机制尚未形成；基础设施有待普及和提高；数字教育资源共建共享的有效机制尚未形成，优质教育资源尤其匮乏；教育管理信息化体系有待整合和集成；教育信息化对于教育变革的促进作用有待进一步发挥。

具体而言，我国在信息化建设中应做到：缩小基础教育数字鸿沟，促进优质教育资源共享；培养学生信息化环境下的学习能力，适应信息化和国际化的要求；加快职业教育信息化建设，支撑高素质技能型人才培养；推动信息技术与高等教育深度融合，创新人才培养模式，加强高校数字校园建设与应用，促进高校科研水平提升，增强高校社会服务与文化传承能力；构建继续教育公共服务平台，完善终身教育体系，推进继续教育数字资源建设与共享；加快信息化终身学习公共服务体系建设；整合信息资源，提高教育管理现代化水平，提升教育服务与监管能力；建设信息化公共支撑环境，提升公共服务能力和水平，完善教育信息网络基础设施；建立国家教育云服务模式；建立教育信息化公共安全保障环境；提高教师应用信息技术水平；建立教育行政部门、专业机构和学校，优化信息化人才培养体系；建立教育信息化技术创新和战略研究机制；建立教育信息化产业发展机制；积极吸引企业参与教育信息化，推动教育信息化国际交流与合作；改革教育信息化管理体制，建立健全教育信息化管理与服务体系；学校信息化能力建设与提升行动国家教育管理信息系统建设行动教育信息化可持续发展能力建设行动教育信息化基础能力建设行动，完善政策法规，制定和落实教育信息化优先发展政策完善教育信息化相关法规；支持教育信息化产业发展，做好技术服务，加强教育信息化标准规范制定和应用推广；建立和完善教育信息化创新支撑体系；完善信息安全保障。制完善教育信息化运行维护与技术支持服务体系；落实经费投入，立经费投入保障机制，鼓励多方投入；加强项目与资金管理。[①]

## 三、我国教育现代化的表现与价值追求

《国家中长期教育改革和发展规划纲要（2010—2020年）》指出，"到2020年，基本实现教育现代化，基本形成学习型社会，进入人力资源强国行列"。具体表现为：更高水平的普及教育、惠及全民的公平教育、更加丰富的优质教育、体系完备的终身教育以及充满活力的教育体制等五个方面。这五个方面，是我国在审视世界教育现代化本质、充分分析我国教育发展实际的基础上提出的，反映了我国教育现代化的价值诉求。

### 1. 更高水平的普及教育

教育现代化的目标之一即实现更高水平的普及教育。基本普及学前教育；巩固提高九年义务教育水平；普及高中阶段教育，毛入学率达到90%；高等教育大众化水平进一步提高，毛入学率达到40%；扫除青壮年文盲。新增劳动力平均受教育年限从12.4年提高到13.5年；主要劳动年龄人口平均受教育年限从9.5年提高到11.2年，其中接受高等教育的比例达到20%以上，具有高等教育文化程度的人数比2009年翻一番（见表2-2）。

表2-2 教育事业发展主要目标[②]

| 教育类别 | 指标 | 2009年 | 2015年 | 2020年 |
| --- | --- | --- | --- | --- |
| 学前教育 | 幼儿在园人数/万人 | 2 658 | 3 530 | 4 000 |
|  | 学前三年毛入园率/% | 50.9 | 62 | 75 |
|  | 学前一年毛入园率/% | 74 | 90 | 95 |

---

① 引自于《教育信息化十年发展规划（2011—2020年）》。
② 引自于《国家中长期教育改革和发展规划纲要（2010—2020年）》。

续表

| 教育类别 | 指标 | 2009年 | 2015年 | 2020年 |
|---|---|---|---|---|
| 九年义务教育 | 在校生/万人 | 15 772 | 16 100 | 16 500 |
| | 巩固率/% | 90.8 | 93.0 | 95.0 |
| 高中阶段 | 在校生/万人 | 4 624 | 4 500 | 4 700 |
| | 毛入学率/% | 79.2 | 87.0 | 90.0 |
| 职业教育 | 中等职业教育在校生/万人 | 2 179 | 2 250 | 2 350 |
| | 高等职业教育在校生/万人 | 1 280 | 1 390 | 1 480 |
| 高等教育 | 在学总规模/万人 | 2 979 | 3 350 | 3 550 |
| | 在校生/万人 | 2 826 | 3 080 | 3 300 |
| | 其中研究生/万人 | 140 | 170 | 200 |
| | 毛入学率/% | 24.2 | 36 | 40 |
| 继续教育 | 从业人员继续教育/万人次 | 16 600 | 29 000 | 35 000 |

2. 惠及全民的公平教育

坚持教育的公益性和普惠性，保障人民享有接受良好教育的机会，形成惠及全民的公平教育。建成覆盖城乡的基本公共教育服务体系，实现基本公共教育服务均等化，缩小区域差距。努力办好每一所学校，教好每一个学生，不让一个学生因家庭经济困难而失学。切实解决进城务工人员子女平等接受义务教育问题。保障残疾人受教育权利。

把促进公平作为国家基本教育政策。教育公平是社会公平的重要基础。教育公平的基本要求是保障公民依法享有受教育的权利，关键是机会公平，重点是促进义务教育均衡发展和扶持困难群体，根本措施是合理配置教育资源，向农村地区、边远贫困地区和民族地区倾斜，加快缩小教育差距。教育公平的主要责任在政府，全社会要共同促进教育公平。

3. 更加丰富的优质教育

教育质量整体提升，教育现代化水平明显提高。优质教育资源总量不断扩大，人民群众接受高质量教育的需求得到更大满足。学生思想道德素质、科学文化素质和健康素质明显提高。各类人才服务国家、服务人民和参与国际竞争能力显著增强。

把提高质量作为教育改革发展的核心任务。树立科学的教育质量观，把促进人的全面发展、适应社会需要作为衡量教育质量的根本标准。树立以提高质量为核心的教育发展观，注重教育内涵发展，鼓励学校办出特色、办出水平，出名师，育英才。建立以提高教育质量为导向的管理制度和工作机制，把教育资源配置和学校工作重点集中到强化教学环节、提高教育质量上来。制定教育质量国家标准，建立教育质量保障体系。加强教师队伍建设，提高教师整体素质。

4. 体系完备的终身教育

构建体系完备的终身教育。学历教育和非学历教育协调发展，职业教育和普通教育相互沟通，职前教育和职后教育有效衔接。继续教育参与率大幅提升，从业人员继续教育年参与率达到50%以上。现代国民教育体系更加完善，终身教育体系基本形成，促进全体人民学有所教、学有所成、学有所用。

5. 充满活力的教育体制

健全充满活力的教育体制。进一步解放思想，更新观念，深化改革，提高教育开放水平，全面形成与社会主义市场经济体制和全面建设小康社会目标相适应的充满活力、富有效率、更加开放、有利于科学发展的教育体制机制，办出具有中国特色、世界水平的现代教育。

坚持教育公益性原则，形成以政府办学为主体、全社会积极参与、公办教育和民办教育共同发展的格局。深化公办学校办学体制改革，积极鼓励行业、企业等社会力量参与公办学校办学，扩大优质教育资源，增强办学活力，提高办学效益。改进非义务教育公共服务提供方式，完善优惠政策，鼓励公平竞争，引导社会资金以多种方式进入教育领域。

大力支持民办教育。民办教育是教育事业发展的重要增长点和促进教育改革的重要力量，各级政府要把发展民办教育作为重要的工作职责，鼓励出资办学，促进社会力量以独立举办、共同举办等多种形式兴办教育。支持民办学校创新体制机制和育人模式，提高质量，办出特色，办好一批高水平民办学校。

## 第三节  教育现代化的影响因素及其衡量标准

### 一、影响教育现代化的因素

随着我国教育改革的不断深入，教育的国际化问题日益浮出水面，尤其是在中国加入世界贸易组织后，一些学者开始思考在全球化的背景下，有哪些因素将推动或阻碍教育现代化的进程。

（一）外部因素

1. 全球化背景

从16世纪地理大发现，引发欧洲商业革命，奏响了经济全球化的序曲，到20世纪跨国公司的蓬勃发展，网络经济的推波助澜，进入21世纪，全球化已成为世界经济发展不可逆转的时代趋势。全球化的显著特征是：各国间的合作与开放力度不断加大，而相互的竞争亦随之激化。与此同时，人类文明也正在重构新的表现形式，异质文化间的冲突与融合、传统与现代间的矛盾日益凸显。在这种全球化的背景下，21世纪既充满了发展的机遇，同时又存在着诸多不确定的因素。经济全球化以全球市场化为目标，以全球信息为条件，使世界各国在市场和生产上的相互依存日益加深，全球化推动了人力、资金、商品、服务、知识、技术和信息等实现跨国界的流动，促进了各种生产要素和资源的优化配置。同样，经济全球化也推动了教育的国际化，加强了各国之间在教育资源方面的交流，迫使各国的教育市场向全球开放，从而各国都可能利用全球的教育市场。①

经济全球化直接导致对教育的依赖与日俱增：无论是为了加强国际经济间的合作，还是为了增强国际竞争实力；无论是为了机遇，还是为了克服不确定因素，一切都离不开教育。而教育，则必须应对全球化对自己提出的挑战：必须意识到自身所肩负的历史使命，必须适应时代发展的要求不断关注世界，必须为人类文明发展做出自己的贡献。

在全球化背景下，我们需要明确意识到，经济全球化是教育国际化的物质基础，经济全球化要求学校加强国际交流，要求学校必须培养高素质人才，同时经济全球化促进了国际教育产业的发展。因此全球化背景下的教育现代化，应该要树立教育国际化的观念，要确立教育国际化的培养目标，要构建教育国际化的课程体系，加强学术、教师之间、学生之间的国际交流，要发展国际合作办学。②

2. 科技进步水平

现代教育是现代生产的产物，而现代生产又是建立在科技和生产力高速发展的基础之上的。"科学技术的发展给人类带来的最大的变革就是生产工艺的变化。新的技术在生产中的应用使生产不断变革，造成产业结构的变化，行业的变化和工人的全面流动。这就对教育从制度上、目标上、内容上、方法上提出了不同于传统教育的要求"。③顾明远先生在《新的科技革命和教育的现代化》一文中详细论述了新科技革命对现代教育产生的影响：新的科技革命要求增加智力投资，提高投资的经济效益，培养适应新的科技革命的人才；加强教育同现代生产和现实生活的联系，把教育同生产劳动结合起来；教育的概念需要扩大；继续进行教学改革，进一步实现教育的现代化；重视对学生德智体的全面培养；提高师资的水平是实现教

---

① 赵烁. 全球化与教育[J]. 河北大学学报（哲学社会科学版），1999（9）：114-116.
② 杨德广. 经济全球化与教育国际化[J]. 中国高教研究，2002（3）：25-27.
③ 顾明远. 教育与需求——现代教育发展中的主要矛盾（上）[J]. 比较教育研究，1995（3）；顾明远. 教育与需求——现代教育发展中的主要矛盾（下）[J]. 比较教育研究，1995（4）.

育现代化的保证。①

3. 社会经济发展

联合国教科文组织国际教育发展委员会《学会生存——教育世界的今天和明天》报告指出："多少世纪以来，特别是在发动产业革命的欧洲国家，教育的发展一般是在经济增长之后发生的。"经济发展为教育发展提供了物质保证。一般而言，经济发达国家和地区的教育投入在绝对数量和占国民经济的比例均较高，政府、社会、个人投资教育的能力具有相当的潜力，相反，大多数发展中国家和经济欠发达地区，经济基础薄弱，虽然在政府引导的情况下教育可以得到一定程度的发展，但难以形成教育与经济之间的良性互动机制。教育现代化要想得到长足的发展，必须建立起与经济交互友好的相互促进关系。②

4. 区域文化差异

单纯从经济、科技的角度看，很难解释为什么一些国家经济发展程度相当、社会意识形态相同，但其教育体制却各具特色。因此，一些学者开始尝试从民族文化传统中寻求答案。1995年，顾明远先生与高益民博士在《现代化与中国文化传统教育》一文中系统地探讨了文化传统与现代化的关系。1998年，顾明远先生主持编写的《民族文化传统与教育现代化》一书则更为详细地论述了中、日、美、英、德、俄六个不同国家民族文化传统对教育现代化的影响。顾明远先生2001年的《民族文化传统与教育的现代转化》一文和2004年的《中国教育的文化基础》一书也是这一思想的延续。③文化对课程的价值取向、教育观及人身心发展特点的影响决定了文化是教育的"生态环境"。教育现代化的步伐不可避免地要受到社会文化的影响。

---

① 顾明远. 新的科技革命和教育的现代化[J]. 北京师范大学学报（人文社会科学版），1984（4）.
② 谈松华，王建. 教育现代化区域发展模式研究[M]. 北京：北京师范大学出版社，2011：545.
③ 滕珺. 关于中国教育现代化的理论探索——顾明远的教育现代化思想探析[J]. 教育研究，2008（28）：32-40.

首先，文化决定了课程的价值取向。课程与文化有着天然的血肉联系，一方面，文化造就了课程，文化作为课程的母体决定了课程的文化品性，并为课程设定了基本的逻辑规则及规范来源，抛开文化，课程就成了无源之水。从课程发展史来看，由于不同民族由相同或不同时代积淀而成的文化传统迥异其趣，因而各种文化传统影响下所形成的课程也便各具特点。中国课程的发展平缓而缺少更迭，从未有过西方文艺复兴和技术革命等导致观念变革的宗教、文化和科学运动，从而使中国文化成为一个最为完整的延续体。中国文化的核心在于其社会伦理观念，表现为人与人的相互依存，进而把个人的命运与家庭、国家的利益融为一体，使爱国主义、集体主义具有了坚实的基础。但另一方面，由君臣、父子等推演出来的诸多关系，也压抑了人的个性，使人无法充分自如地发展。这种以伦理为中心的基本价值观成为中国几千年来课程的核心内容，传播伦理观念的各种经书成为课程的主体。

其次，文化对人身心发展特点具有重大影响。文化对人身心发展的影响首先来自跨文化心理学的研究领域。在这方面颇值一提的是20世纪初文化人类学代表之一玛格丽特·米德的研究，她在萨摩亚从事区域研究，在其《到达萨摩亚的法定年龄》一书中，她尝试以青春期为例证明人的文化形成，并尝试驳倒发展心理学的这种观点：青年在发育阶段产生的不安、好攻击性、对权威的反抗、他们的困惑、争斗等现象是这一年龄阶段生理及心理的反应，因此必然要统统爆发出来。萨摩亚人在成长过程中不受权威的压力、不受家长的严格约束，没有妒忌、性禁区、暴力、对抗和攻击，因此他们在青春期中也就没有明显的危机和冲动。在米德看来，正是萨摩亚人的这种特殊文化环境改变了通常人们在青春期受生理和心理作用而产生的危机性行为特征。米德的论点很清楚，文化对于人的影响力甚至超过人的某些生理和心理的压力。虽然米德的观点遭到了尖锐的批评，有人通过自己的实地调查驳斥了她的上述说法，但是，大家对文化影响力的巨大作用并不因此而加以否认。1966年，认知发展研究的权威之一皮亚杰指出："在我们这种以一定语言为特点的环境中形成的心理学，如果不以必要的跨文化材料加以参校，就基本上是一种猜想。"

再次，文化影响人们的教育观。每个民族团体都具有有关学术性的学习或传统意义的学习的固定而又不言而喻的价值观。这种价值观的传播途径主要有：文化中的神话和传说，教育方面的政治性立法、教师的地位和待遇、主要宗教、家长为孩子做的入学准备，以及在建立与学校的关系中所寄予的期望等。文化也在很大程度上决定了学生的学习追求和期望的目标。近几十年来，在美国意外地出现了非洲和太平洋籍的美国人获得高学术成就的现象，其数量远远超过他们在美国这个社会人口的相应比例，这与他们文化中固有的教育观、学术观不无关系。例如，教育成功在日本具有重大意义。学业成绩被认为与个人的品德有着密切的关联。这个观点在日本文化价值体系中已经根深蒂固。当一位学生在学业的追求上尽了最大努力，人们就不但对学生本人，同时也对学生所在的家庭投以尊敬的目光。与这种重要的信念体系相对应的是，日本父母们从孩子的胚胎开始就投入大量的时间和精力，重视对孩子们进行正式与非正式的教育。所以，对孩子们进行教育是日本社会中的头等大事，教师也由此从他们那里获得极大的尊重和支持。这样，对日本学生来说，日本文化中存在着由家庭、学校和社会组成的一个支持联合体。①

顾明远先生认为，民族文化传统与现代化存在着相矛盾、相冲突和相对立的一面，这是人所共知的。一方面，现代化急速地消解文化传统的固有体系，把不适应现代社会的传统剥离开来；另一方面，文化传统的某些内容又阻碍了现代化进程。造成两者对立的原因，是它们总体上代表了不同的时代，但必须看到，民族文化传统与现代化的对立只是相对的，两者之间还有相适应、相协调和相促进的一面。从民族文化传统的角度说：第一，民族文化传统是现代化的基础、前提、立足点和出发点。第二，民族文化传统的合理内核能促进现代化进程。民族文化传统中既有反映时代的内容，也有反映民族性和人类性的内容，后者代表了这个民族乃至整个人

---

① 雷兵. 教育学的文化观[J]. 云南民族学院学报（哲学社会科学版），2002（5）：109-112.

类的发展方向，它们虽然存在于旧文化当中，但却不属于旧质文化，相反，它们能在现代化潮流的冲刷下焕发出更加旺盛的生命力。第三，民族文化传统是一个民族发展的动力与源泉，它能形成一种民族精神，激发民族活力，从而使民族在复杂曲折的现代化道路中获得新生。[①]教育作为文化的一部分，总是受整个文化传统的影响。在实现国家现代化的过程中，教育与民族文化传统交织成了一个十分错综复杂的关系：教育要发挥选择、传播、发现、创造文化的功能；为了创造新文化就要认真吸收世界文明的一切优秀成果，对西方文化传统也有一个选择和创造的过程；教育传统作为文化传统的一部分，其本身也具有进步的一面和保守的一面。教育现代化就是教育传统向现代化转化的过程。[②]顾明远先生特别强调："今天存在的教育传统已经不是过去教育传统的简单重复，而是经过改造了的；我们不能简单地抛弃教育传统，而需说明它在今天得以存在的历史背景及其对当前教育改革的影响。"[③]

## （二）内部因素

从教育自身运转的角度来看，以下因素是影响教育现代化步伐的关键：

### 1. 教育经费投入

根据现代西方经济学的基本理论，在以市场为资源配置主体的社会中，市场机制具有天然的合理性，并在经济运行中起重要作用。但也存在所谓市场失灵，而市场机制失灵的领域，就是需要政府发挥作用的领域。公共产品和劳务是市场机制发生失灵的一个重要领域，即公共产品和公共服务需要由政府提供。教育是重要的公共产品，需要政府投资，是政府发挥作

---

① 顾明远，高益民. 现代化与中国文化传统教育[J]. 北京师范大学学报（人文社会科学版），1995（5）.
② 顾明远. 民族文化传统与教育的现代转化[J]. 杭州师范大学学报（社会科学版），2001（11）.
③ 顾明远. 教育：传统与变革[M]. 北京：人民教育出版社，2004：5.

用的重要领域。①

1993年,我国《教育发展规划纲要》首次提出了财政性教育经费占GDP 4%的目标,直至2012年这一目标才得以实现。教育现代化是一项长期性的工程,没有大量经费投入做保障,"教育现代化"的理想就不能顺利实现。我国教育经济学奠基人王善迈教授认为:"从长远来看,要保障教育优先发展战略的实施和增加政府对教育投入需要建立健全教育财政制度,以制度保障政府教育投入,避免因政府换届、政府领导人的更替等导致政府教育投入的随意性。同时要严格按照国家规定,规范财政性教育经费的统计范围和统计口径,制止在财政性教育经费统计中弄虚作假,做数字游戏,形式上增加教育经费,而非实质性增加教育经费的行为。"②同时他提出了从财政制度上保障政府教育投入的途径,包括:进一步推进国家财政预算体制改革,做大财政预算蛋糕;制定各级各类教育生均经费标准和财政拨款标准,将其全部纳入中央和地方预算;明确界定各级财政教育支出责任;教育财政和学校财务公开化;规范政府教育投入计算范围和口径。③

2. 教师专业发展

教师的素质是任何教育改革成功的关键所在,尤其是学校教育改革,所有的改革方案是由具体执行者——教师来承担的。因此,只有当教师的知觉和态度有了明显的变化,而且当他们得到帮助来发展必要的新技能时,才能取得教育改革的具有重大意义的成功。正如联合国教科文组织所警示的那样,"没有教师的协助及其积极参与"或"违背教师意愿"的教育改革,从来没有成功过。④

拥有现代化的师资队伍是教育现代化的内涵之一。追求教师群体的现代化离不开对于教师专业发展的探寻。1996年,第45届国际教育大会以"加

---

① 陈赟. 1978年以来我国教育投入研究[J]. 清华大学教育研究,2006(4):23-30,46.
② 王善迈. 以制度规范保障财政教育投入[J]. 教育与经济,2012(3):1-3.
③ 王善迈. 以制度规范保障财政教育投入[J]. 教育与经济,2012(3):1-3.
④ 谢翌. 教师信念:学校中的"幽灵"——一所普通中学的个案研究[D]. 东北师范大学,2006:42.

强变化世界中的教师的作用"为主题,强调教师在社会变革中的作用,并建议从四个方面予以实施:第一,通过给予教师更多的自主权和责任提高教师的专业地位;第二,在教师的专业实践中运用新的信息和通信技术在"知识创造力"成为决定实践成功的;第三,通过个人素质和在职培养提高其专业性;第四,保证教师参与教育变革以及与社会各界保持合作关系。①在探索教师专业发展的过程中,国内外学者对教师的专业结构进行了解构与细化,在现有的关于教师专业结构构成的分析中,有代表性的四种观点如表 2-3 所示。教师的教育信念、知识、能力、专业态度和动机、自我专业发展需要和意识被认为是教师专业发展的主要维度。

表 2-3　几种教师专业结构的不同分析②

| 研究者 | 教师专业结构 |
| --- | --- |
| 叶澜 | 1. 专业理念；2. 知识结构；3. 能力结构 |
| 艾伦 | 1. 学科知识；2. 行为技能；3. 人格技能 |
| 林瑞钦 | 1. 所教学科的知识（能教）；2. 教育专业知识（会教）；3. 教育专业精神（愿教） |
| 曾荣光 | 1. 专业知识；2. 服务理想 |

学者们在探讨教育现代化的实现目标时,无一例外地认为人的现代化是教育现代化的根本价值诉求,同时,也非常一致地认为,人的现代化离不开教师队伍的现代化,而教师队伍的现代化关键在于教师是否具备了自我专业发展的内在主观动力。意味着教师具有"把自身的发展当作自己认识的对象和自觉实践的对象,理智地复现自己、筹划未来的自我、控制今日的行为",使得"已有的发展水平影响今后的发展方向和程度,使得未来发展目标支配今日的行为"。③

---

① 叶澜,等.教师角色与教师发展新探[M].北京:教育科学出版社,2001:205.
② 叶澜,等.教师角色与教师发展新探[M].北京:教育科学出版社,2001:230.
③ 叶澜.教育概论[M].北京:人民教育出版社,1991:217-218.

## 二、关于教育现代化的评价指标研究与实践

教育现代化既是一种教育的价值追求,也是一种教育改革行动、教育事业发展的导向目标。由于管理的需要、教育现代化的推动和可操作性的需要,对一个国家、一个地区其教育现代化状态、差距需要评估,需要断定是真现代化还是假现代化,教育现代化程度如何,教育现代化举措是否有效等,就涉及教育现代化的评价及其评价指标体系问题。

### (一)国外关于教育现代化评价指标体系

一些国际机构和发达国家通用的衡量教育发展水平的指标及其主要内容,某种程度上代表了对教育现代化程度的衡量,为我们提出教育现代化的衡量指标、标准提供了借鉴和启示。

1. 联合国教科文组织(UNESCO)的"世界教育指标"

联合国教科文组织每年度编撰的《世界教育指标》共包括11个方面的内容:人口和国民生产总值;识字率、文化和通讯;学前教育入学率和正规学校教育的年限;义务教育和小学教育年限、小学学龄人口和入学率;小学教育的内部效率;中等教育年限、学龄人口和入学率;学前教育、小学教育和中学教育的教师;第三级教育的入学率、按国际教育标准分类;第三级教育按学科大类分类在校生和毕业生;私立学校在校生比例和公共教育经费;公共经常性教育经费投入。这一指标确立了世界教育指标体系的三个理论框架:一,教育与政治、经济、社会、文化、人口的关系是总的理论前提;二,教育供给和需求是决定一个国家和地区教育发展水平的直接因素;三,在教育资源供给与需求的均衡过程中,教育质量与公平是教育走向现代化必然要解决的至关重要的两个问题。这个指标体系分教育供给、教育需求、入学和参与、教育内部效率、教育产出5个部分21项指标。

2. 经济合作与发展组织(OECD)的"教育指标"

经济合作与发展组织自1991年以来,每年发布OECD教育指标。2001

年的指标体系包括6个部分：教育的背景；教育的经费投入和人力资源投入；入学机会和教育的参与和进步；学习环境和学校的组织；教育对个人、社会和劳动力市场的影响结果；学习的成果。这6个方面包括了教育的背景、投入、过程、结果，可以认为OECD的指标是综合运用"背景、投入、过程和成果"（简称CIPP模式）分析教育与人力资源发展的典型代表，用一系列指标动态地显示出来，进行从微观到宏观、简单到复杂的投入产出式分析，由人口背景、教育经费、受教育机会参与和进步、学校的学习环境和组织管理、个人产出和社会产出以及劳动力市场产出、学生成绩6类31项指标构成。

3. 世界银行（World Bank）的"世界发展指标"

世界发展指标主要内容包括概况、人口、环境、经济、政府与市场和全球的联系等6个部分。与教育和人力资源直接相关的是人口部分的指标，由人口动态，劳动力结构，按经济活动划分的就业，失业，工资与劳动生产率，贫困，与贫困有关的社会指标，收入分配或消费结构，对易受伤害程度的评估，改善保障程度，教育投入，受教育的机会、教育效率，教育成果，卫生保健支出、服务和使用，疾病防治，体育卫生，健康和死亡率等19个方面的84个指标。

4. 联合国开发计划署（UNDP）的"人文发展报告"

联合国开发计划署编撰的《人文发展报告》包括8个方面的指标：人类发展指数、寿命与健康、获取知识、获取资源和高质量的生活、可持续发展、保护人的安全、实现男女平等、人权和劳动权利。这8个方面下又包含29个项目，每个项目由若干指标构成。

5. 美国教育部：教育统计和教育状况

美国教育部国家教育统计中心每年出版多种统计报告，其中使用最为广泛的有《美国教育统计摘要》《美国教育状况》《美国州教育指标》《教育统计季刊》《教育统计预测》等。这里我们择要介绍两种。

《美国教育统计摘要》从1962年开始出版，至2001年是第37次。2001

年的《美国教育统计摘要》由 7 个部分构成：各级各类教育概况，初等和中等教育，中学后教育，联邦教育项目及相关法律，教育的结果，教育的国际比较，图书馆和教育技术。统计数据涉及的范围很广，包括学校数、学生数、教师数、毕业生数、人口的文化程度分布、教育经费、联邦政府对教育的资助、图书馆、以及国际比较数据等。此外还包括一些非数量的事实性内容，例如列出了美国 1787—2000 年颁布的所有教育法令及其主要内容。

《美国教育状况》共由 6 个部分构成：教育的参与，学习的结果，学生的努力和教育的进步，小学和中学教育状况，中学后教育状况，社会对学习的支持。每个部分包括若干指标，一共有 44 个指标。

目前国际上对教育现代化进行评估衡量的指标体系比较权威的是前三种指标。[①]仔细比较可以看出，三个指标体系共同关注的问题有：教育投入、教育的参与和受教育机会、教育的成果及产出。但由于各个指标体系制订的出发点不同，所以其关注的重点也不同，其中世界经济合作与发展组织的指标体系最为完善，世界银行的指标体系则比较直观且针对性强，易为社会公众理解和接受。[②]

## （二）国内教育现代化评价指标体系研究

从国内来看，众多学者对教育现代化指标体系的构建提出了很多颇具启发的见解。李健宁、潘苏东以开放的复杂巨系统理论及方法论为指导，将教育现代化系统（EMS）和压力—状态—响应框架模型结合起来，提出教育现代化指标体系框架与政策工具矩阵的基本构想，把教育现代化指标体系分为三个系统（教育现代化动力系统、教育现代化质量系统和教育现代化公平系统），每个系统通过压力—状态—响应框架模式再细分出各级子指标；同时还讨论了设置教育现代化指标体系中硬评价与软评价的结合、

---

[①] 徐玲. 国际教育指标体系的分析与思考[J]. 教育科学，2004（2）.
[②] 熊明，刘晖. 教育现代化指标体系理论研究综述[J]. 江西教育科研，2007（8）：11-14.

参照标准和动态标准的确定两个急需解决的难题。[①]浙江大学教育系杨明教授提出现在国际上有一套对教育现代化比较通行的量化标准,这套标准主要有 11 个指标与参数:① 公共教育经费:国际标准为每年 100 亿美元。② 公共教育经费占国民生产总值的比重:世界平均水平为 4.9%,发达国家为 5.1%,欠发达国家为 4.1%,国际标准为 4.7%以上。③ 人均公共教育经费:国际标准为 100 美元。④ 留级生百分比:国际标准为 4%以下。⑤ 学前教育毛入学率:国际标准为 4%以上。⑥ 小学净入学率:国际标准为 95%以上。⑦ 中学净入学率:国际标准为 90%以上。⑧ 大学毛入学率:发达国家 70 年代先后走向高等教育大众化,经过近 20 年发展,其高教入学率基本超过 40%。国际标准为 30%以上。⑨ 预期的正规教育年数:目前大多发达国家已达 14 年以上。国际标准为 13 年以上。⑩ 每万居民中大学生数:多数发达国家超过 3 000 人。国际标准为 2 000 人以上。⑪ 成人识字率:美国经济学家明瑟认为 80%的成人识字率是经济起飞的条件,95%是经济持续起飞走向高消费社会的必要前提。国际标准为 95%以上。他还指出,虽然随着时代变迁,指标的参数会变化,但这些参数依然是现代化必经的"门槛",在今后十数年内依然具有几百年的参考价值。[②]

谈松华、袁本涛撰文指出,由于教育现代化具有整体性、结构性和层次性(阶段性)特征,它是一个相对的发展程度,不存在一个衡量教育现代化实现与否的绝对值,因此把教育现代化分为初级、中级、高级三个阶段,不同阶段的教育现代化应有不同的衡量标准。其中定性指标包括教育制度、教育思想与教育观念、教育内容和教育手段与设备、教育管理的制度化和理性化及教育决策的科学化、教师队伍强大且整体师资水平高;定量指标则参照美国社会学家英格尔斯提出的现代化量表,并考虑信息化的

---

① 李建宁,潘苏东. 关于教育现代化指标体系设置的构想[J]. 现代大学教育,2004(1).

② 杨明,欧自黎. 我们需要什么样的县域基础教育现代化[J]. 浙江外国语学院学报,2011(5):79-84.

因素，选定了8个方面的指标（见表2-4）。①

表2-4 谈松华、袁本涛选定的教育现代化指标

| 指标 | 级别 | | |
| --- | --- | --- | --- |
| | 初级 | 中级 | 高级 |
| 15岁以上人口的识字率 | 85%以上 | 90%以上 | 95%以上 |
| 平均预期受教育年限 | 不低于11年 | 13年左右 | 大于15年 |
| 中等教育的毛入学率 | 大于85% | 大于95% | 100%以上 |
| 高等教育毛入学率 | 30%左右 | 50%左右 | 60%以上 |
| 每万人大学在校生人数 | 100人以上 | 300人以上 | 500人以上 |
| 公共教育经费占GDP的比例 | 4% | 5% | 大于6% |
| 人均公共教育经费 | 大于300美元 | 1 000美元 | 大于1 500美元 |
| 教育信息化水平 | 123人/每台计算机（美国1983年数据），少部分教室连通Internet | 12人/每台计算机,5%的教室连通Internet（1996年欧盟数据） | 9人/每台计算机,14%的教室连通Internet |

董焱等人将教育现代化的评价指标体系进行了内容上的细化，从教育理念、教育公平、教育质量、保障水平、管理制度、教育体系、教育普及、服务贡献8个方面分别探讨并建构指标要素（评价点）②

值得一提的是，当人们热切关注教育现代化应建立一个什么样的标准和指标评估体系时，有学者却从另外一个视角考虑，应如何建立或者采用什么方法建立教育现代指标体系。这在确立指标体系的量化方法论方面，给我们提供一种全新的思维方式。浙江大学尹文耀认为，传统的确定现代化的标准存在两个缺陷：一是根据世界银行以人均GDP为参照标准，这有

---

① 谈松华，袁本涛.教育现代化衡量指标问题的探讨[J].清华大学教育研究，2001（11）：14-21.
② 董焱，王秀军，张珏.教育现代化发展评价指标体系研究[J].教育发展研究，2012（21）：55-58.

悖于现代化全面发展的内涵；二是以历史或当前某一年度的指标值为参照标准，这实际上是一种静态标准。有鉴于此，他运用位序-水平法建立教育现代化指标体系，并以预期受教育年数一个指标为例予以说明。通过建立预期受教育年数-人均 GDP 数学模型、预期受教育年数推算值-位序百分比数学模型、未来各年预期受教育年数-位序百分比数学模型三个数学模型，并结合我国实际情况调整模型预测值，确定反映人口受教育程度的综合性指标——预期受教育年数的现代化标准。①

### （三）我国部分省区构建教育现代化指标体系的尝试

2000 年左右，国内发达省市就提出了在 2010 年率先基本实现教育现代化目标。推进区域教育现代化的主要典型省市有广东、上海、江苏等，这些省市制定了相应的现代化指标体系。对国内发达省市的现代化指标体系的分析，将有助于我们进一步思考基于我国国情的教育现代化的发展侧重点、评估方法与模型、路径选择等。

2004 年，广东省颁布《广东省教育现代化建设纲要（2004—2020 年）》。2008 年广东省出台《广东省教育现代化指标体系及评估方案（试行）》，指标体系包括教育现代化保障、教育现代化实践和教育现代化成就等 3 项一级指标，14 项二级指标，43 个主要观测点。②在指标设置上，3 项一级指标按照从静态到动态、从结构到能力、从动力到结果、从现实能力到未来发展的可能逻辑，形成了评估县域教育现代化评估指标体系，分别表征县域教育在现代化的保障、实践、成就等不同方面的特征，分别用于对县域教育的发展保障、发展实践、发展成就等不同方面开展专项评估。14 项二级指标的其中 7 项为必达指标，用★标出，该 7 项必达指标具有一票否决意义，即必达指标如果不能达到 A 级水平，县域教育就不能被评定为"实现

---

① 尹文耀. 中国教育现代化标准量化方法研究——以中国人口预期受教育年数现代化标准为例[J]. 人口研究，2004（6）.
② 中山大学教育现代化研究中心. 广东省县域（市、区）教育现代化指标体系及评估方案（试行）[EB/OL]. http://emrc.sysu.edu.cn/zgjyxdhyj/zgjyxdhyjnsjd/qt/77610.htm

现代化"。43个主要观测点是对二级指标更为详细的界定,并确定了相应的A、B、C、D不同的等级标准。在评价方法上,以接受评估的县域自评(根据指标体系撰写详细的自评报告、并为各项二级指标给出自评等级)为基础,强调县域自评与专家、领导小组的复评相结合,借助自评与复评的互动,坚持"以评促建、以评促改、以评促管、评建结合、重在建设"的原则,最终实现县域教育的发展和现代化水平的提升。这个指标体系基本依据 CIPP(背景、投入、过程、产出)评估模式设计,教育现代化保障、实践、成就,分别对应投入、过程、产出。①

2007年江苏省颁布了《江苏省县(市、区)教育现代化建设主要指标》,江苏省成为全国首个启动县域教育现代化建设和评估的省份。江苏省政府2013年初出台了省域层面的《江苏教育现代化指标体系》,2014年江苏省已有90%的县(市、区)通过评估验收,基本实现教育现代化。江苏省教育现代化指标体系由8个一级指标、16个二级指标、46个检测点组成。在指标设计上,8个一级指标凸显教育的普及度、公平度、质量度、开放度、保障度、统筹度和满意度等,指标权重能够很好地与江苏教育发展实际的情况结合起来,对教育普及、教育公平、教育资源配置等常规指标所占权重较低,相反,诸如学生综合素质、现代教育制度建设、社会对教育的满意度等非常规指标的赋值权重较高。整个指标体系凸显江苏教育内涵发展的趋势,这是江苏教育现代化指标的亮点所在。

2009年上海市教委公布《上海市2010年教育现代化指标体系》。该指标根据指标的敏感性和重要性以及国际通用性,分别确定了10项市级一级指标及28项二级指标与10项县级一级指标及28项核心指标。②主要反映上海市教育事业规划的科学、合理程度,政府对公共教育事业发展所需资金的保障情况,青少年受教育机会公平程度,教育信息化水平,教育国际交流的活跃程度与开放水平,判断教育资源转化为人力资源的有效程度,

---

① 诸宏启. 构建教育现代化指标体系的思考[J]. 中国高等教育, 2013(11).
② 上海市教育委员会. 关于转发《上海市2010年教育现代化指标体系及说明》
[EB/OL]. http://www.shmec.gov.cn/html/xxgk/200904/308062009001.php

学生全面而有个性发展的状况、社会对学校教育总体效果的接受程度等。在指标设置上，省级指标更加注重了省域现代化的国际性、全民性、信息化，宏观指标所占权重更大，凸显省级政府的责任主体及支持力度。区县一级指标凸显以县域为单位的区域现代化的整体推进，指标较之省级指标更为微观，有利于观测和具体操作，尤其凸显了学生全面而有个性发展的状况；在评价方法上，一级指标下二级指标权重的赋值可根据各区县的情况确定，但权重的赋值要突出核心指标的权重。指标实现程度的评测，采用刚性指标和等级判据评估方法。刚性指标采用统计数据加以评测，软性指标采用等级化描述加以评测（如，很满意—满意——般—不满意—很不满意）。在指标体系创新上，在区县一级指标中，增设了特色指标部分，特色指标主要体现了中小学的社会责任，如农民工子女入学比例、中小学中外合作办学、中小学教育科研能力等。值得一提的是，在区县一级指标中还增加了两个自选指标，鼓励各区县根据各自的实际发展情况推动教育差异化、特色化发展。

苏南地区和珠三角地区是较早启动省内跨区域的教育现代化联动式研究与实践的地区，广东、上海、江苏的三个指标体系代表着我国教育现代化政策实践的较高水平，为进一步的学理研究及经验借鉴奠定了基础。从上述指标体系的内容看，省市级层面的教育现代化指标体系都涉及了基础教育、职业教育、高等教育和继续教育，县域层面的教育现代化指标不涉及高等教育；从指标体系的结构来看，均以 CIPP 模式为评估框架，基本涉及了教育的投入、过程与结果三类指标，需要注意的是，因为投入类和产出类指标容易衡量，操作性更强，但过程类指标的设计及操作的效度还有待商榷，尤其是如何将定性的过程类指标与定量的投入类和产出类指标进行无缝对接，是整个指标体系开发中必须予以重视的问题；从现代化的推进范围看，均以分步推进，分步实施为基本原则。各省市根据教育发展的实际情况，逐步推进实现县域教育现代化转向以市乃至以省为单位推进教育现代化，明确了各个阶段全省教育现代化和分区域教育现代化建设达成度，以此增强教育现代化建设的可操作性；在指标体系的价值建构上，省级教育现代化的建设着力点始终以教育公平为主线，从改善硬件水平转向更为注重内涵提升，并根据不同的发展实际，关注教师专业发展水平的提升注重学生的全面而有个性的发展，大力鼓励和支持学校特色发展。

由于教育现代化的动态性、复杂性和文化背景的多样性，力图建构一个放之四海皆准的指标评估体系的努力显然困难重重。当然这并不妨碍我们对关键因素和主要指标达成共识，并在区域教育现代化领域进行探索。

## 三、教育现代化的评价指标体系的基本要素

国内外学者对教育现代化的评价指标体系均做出了持续性的关注和研究，特别是国内一些走在教育现代化前列的地区，已经建构了比较完备的教育现代化评价指标标准。在国内外指标探索实践的基础上总结分析教育现代化指标体系中的核心要素，[1][2]有助于我们把握教育现代化可持续发展的方向，有助于后续研究者在批判性借鉴的基础上进一步完善教育现代化指标体系，并提出适合当地区域教育现代化发展的指标参考。

1. 规模指标

首先，教育现代化需要有一定规模的保证，它涉及教育内部结构之间的数量分布以及教育服务与功能的对象数量，更离不开整个城市人口的文化和劳动者文化等因素。教育规模指标中涉及学前教育、义务教育、高中教育、职业教育、成人教育、高等教育和民办教育的评估内容有：学前教育校均规模；学前教育班级规模；小学校均规模；小学班级规模；初中校均规模；初中班级规模；高中教育入学率；职业教育入学率；职业学校与学院的比例；职业教育人数占总量的比例；职业教育在校女生占在校生总人数的比例；成人教育人数占总量比例；成人教育在校女生占在校生总人数的比例；高等教育入学率；大学在校生占高等教育在校生总人数的比例；

---

[1] 成媛. 西部地区教育现代化指标体系的构建[J]. 北方民族大学学报（哲学社会科学版），2010（6）：133-136.

[2]《上海高等教育现代化指标研究》课题组. 上海高等教育现代化框架及其指标的展望[J]. 教育发展研究，2007（2B）：17-23.

大学在校女生占高等教育在校生总人数的比例；民办学校的比例；民办教育人数占总量比例。

2. 经费指标

教育投入指标应包括教育经费和教育从业人员两项评估内容。教育经费的评估内容有：财政性教育经费支出占 GDP 的比重；政府公共教育投入占义务教育投入总额比重；各级各类教育经费占教育经费总额的比例；各级各类教育生均支出占人均 GNP（国民生产总值）的比例；教师工资占教育经费总额的比例。教育从业人员的评估内容有：每千人中各级教师的人数；每千人中各级女教师的人数；教师的学历达标（体现教师专业发展水平）；特级教师的比例；教辅人员与教师的比例；教师平均年教学时间；各级各类学校的师生比（反映教学效率）。

3. 质量指标

质量是教育现代化的本质性内涵，只有质量得到保证，数量与规模才能产生显著的意义。与教育质量相关的因素首先是教师队伍的发展状况，其次是教与学的过程，更主要的是学生的学习质量，尤其是学生最终适应社会经济发展需求和获得个体全面发展的程度。在教育质量指标中，有关教师队伍、课程与教学模式的评估内容有：各级各类学校教师学历的达标率；使用国家、地区与本校教学材料的比重；教学软件的使用率；学具的使用率；各级各类学校教育中生均计算机数；双语教学的学校比例；各级各类学校教育的留级率；初中毕业生接受中等教育人数占总数的比例；高中毕业生接受高等教育人数占总数的比例；职业学校、学院毕业生的一次就业率；本科毕业生的一次就业率；本科毕业生接受硕士学位学习的人数占总数的比例。

4. 成就指标

在教育成就指标中涉及基本统计、成人教育水平、教育公平度、教育信息化和国际化程度的评估内容有：各级各类学校的入学率；成人识字率；社会劳动力平均受教育年限；适龄人口受高等教育的人数；每万居民中接受高等教育的女学生人数；每万人中具有高中以上文化程度的人数；新增劳动力受教育的年限；适龄流动儿童少年的就学率；残障儿童的就学率；家庭贫困学生的就学率；少数民族学生的就学率；留级与辍学率；教育信息网络校校通的学校比例；社会劳动力掌握市民英语百句的人数比例。

5. 管理指标

在知识经济社会中，政府的管理角色需要发生转变，建立现代化教育的治理结构，是教育现代化发展的关键。学校则拥有更多的办学自主权，有责任为教师与学生提供尽可能全面的服务和帮助，确保学生能正常入学或者学习。在教育管理指标中涉及学校管理水平、学校内质量保证系统、外部监测评估体系的评估内容有：基于绩效的政府经费拨款制度和基于结果的政府管理模式；政府、社会和学校等利益相关者共同参与的监测与评估制度；学校自主管理模式和教育教学质量管理系统；以学生为本的学习支持服务体系包括资助、弹性学习和跟踪等。

# 第三章　农村小学的发展、特点及其价值

农村小学，亦即处在以农业（包括牧业、海业、林业等）为主导经济产业结构、居民居住较为分散的乡村地区的小学，是乡村教育、农村教育的主要形式。本书所指农村小学专指校址在我国乡镇及其以下地区、完成义务教育小学阶段教育教学任务的学校教育机构。我国目前多为乡镇寄宿制中心小学以及乡村小规模小学（不足100人的村小学和教学点）。

## 第一节　农村小学的概念及其产生与发展

### 一、农村小学的概念及其表现形式

#### （一）农村小学的概念

说简单些，农村小学就是在农村地区办学的小学。但如果深入梳理，其内涵要丰富得多。

从词源上讲，"农村"，又称为乡村，是相对于城市而言的区域，其中"农"是经济结构形式，"村"就是村落，居民居住的形态。在现代汉语字典中，"农村"是指从事农业生产的人居住的地方。[①]另据中国百科大辞典的解释，农村就是乡村，"区别于城镇的一类居民点总称。居民以农业为经济活动的基本内容，村落是村民的生活场所和生产活动基地，一般没有服

---

[①] 中国社会科学院语言研究所词典编辑室. 现代汉语字典（第六版）[Z]. 北京：商务印书馆，2012：995.

务职能，或只在中心村落有日常生活需要的低级服务，即最低的中心地职能"①。

从行政区划等现实管理层面讲，农村是一个管理对象，具有很强操作性的概念。比如，从社会发展统计数据采集需要角度看，为了保证统计口径的严谨，且更具操作性，在概念界定时更为精准。1999年，我国国家统计局在关于"城乡"概念界定时做了这样规定：乡村指城镇地区以外的其他地区，包括集镇和农村。集镇是指乡、民族乡人民政府所在地和经县人民政府确认由集市发展而成的作为农村一定区域经济、文化和生活服务中心的非建制镇；农村指集镇以外的地区。2008年，国家统计局又再次做了调整，但依然分为城镇和乡村。

此外，在现实行政结构分层中，"村"的属性是"农"是没有争议的，但"镇"的成分有点复杂。在我国，"镇"有三种存在形式：一是县城内的镇，一般都称为城关镇，居民从事的职业有农、工、商等；二是县城以外的独立建制镇，即乡级镇，居民以农业和经商为主，或亦农亦商，三是非独立建制的村镇，则主要以农为本。

本书所指农村，限定在县城以外的（乡）镇、村地区，居民以农业户籍为主，主要从事农业生产，兼顾打工。

学校是国家教育事业的重要组成部分，是按照国家意志所兴办的有计划、有组织、有目的培养人的专门教育机构。小学，则是一个国家学校组织系统的基础，又称为初等教育，与中等教育和高等教育相对应。在我国，西周时已有小学，其后各代均设立，但名称不一。小学有官学与私学之分。近代小学始于清代末年，称为小学堂。中华人民共和国成立后，我国小学一直是国民教育的基础部分，也是义务教育的重中之重。

综上所述，农村小学是指在乡镇及其以下农村地区办学的初等教育，是义务教育的组成部分，是国家教育事业的基础。

---

① 中国百科大辞典编委会. 中国百科大辞典[Z]. 北京：华夏出版社，1990：766.

## （二）农村小学的表现形式

目前，我国农村小学的表现形式，可以从不同角度分类。

（1）从学校所有制性质上看，有公办和民办。

农村公办小学属于义务教育，按照《中华人民共和国义务教育法》规定，"县级以上地方人民政府根据本行政区域内居住的适龄儿童、少年的数量和分布状况等因素，按照国家有关规定，制定、调整学校设置规划。新建居民区需要设置学校的，应当与居民区的建设同步进行"。公办农村小学由县级及其以上人民政府设立和管理，历史曾经有过"村办小学"，但由于办学条件和教学质量不能保证，1986年之后农村小学统一由县级及其以上人民政府主办。农村民办小学，一般由符合《中华人民共和国民办教育促进法》规定的法人办学，也属于义务教育阶段，但有收费，从这一点来讲，并不是严格意义上义务教育。目前，民办小学一般集中在县城及其以上城市地区，乡镇及其以下农村地区民办小学并不多见。

（2）从办学规模和学生生活方式上有乡村小规模学校和乡镇寄宿制小学，这是我国农村小学存在的主要形式。

2018年5月公布的《国务院办公厅关于全面加强农村小规模学校和乡镇寄宿制学校建设指导意见》把目前广泛存在我国农村地区的小学形式称为"两类学校"。乡村小规模学校是指不足100人的村小学和教学点，原则上，小学1~3年级不寄宿，就近走读上学，路途一般不超过半小时，4~6年级学生以走读为主，在住宿、生活、交通、安全等有保障的前提下可适当寄宿；乡镇寄宿制小学，一般办学规模相对较大，机构年级课程等设置较全，学生基本上寄宿。

（3）从学校组成成分上讲，有单纯型和混合型。

单纯型就是小学校舍及其设施只是用于小学生的教育教学活动；混合型小学是近年兴起的一种根据生源较少且不稳定的一种小学存在方式，是小学与幼儿园、村行政、村成人教育、职业教育、科技活动、卫生机构等功能共享的一种场所。

（4）从与校外合作、资源共享角度，可以分为联盟学校和非联盟学校。

联盟学校是近年兴起的一种广泛存在乡村地区的小规模小学，实行自愿联盟、资源共享、教师走教的方式，动态配置教育资源，是我国农村小学教育工作者的创新。

（5）从所设年级多寡来分，分为完全小学和非完全小学。

完全小学指小学一年级到六年级各年级齐备的小学，一般设立在乡镇中心小学或者规模较大的一个或几个自然村小学；非完全小学主要是设置1~3年级或3~6年级的村小学或村教学点。

可以预见，随着经济社会形势变化，特别是农村信息化普及、社会主义新农村建设、土地流转、城镇化等的纵深发展，我国农村小学的存在形式会再次发生变化。

## 二、农村小学的早期发展

自古以来，教育活动就和人类的生产生活紧密相连。农业生产一直是我国的主导产业，直到现在也不例外。因此，分布在广大农村地区、承担着新一代教育培养任务，并承担文化传承的儿童启蒙教育的农村小学就一直存在。

### （一）古代农村小学的发展

1. 原始社会农村启蒙教育的发展

在原始社会漫长的时间里，城镇和阶级尚未形成。原始社会生产主要是狩猎，后期有农业生产，生产力水平低下，没有专门的学校，也没有专门的教职人员。但生产生活经验必须向下一代传递，于是教育开始萌芽，这就是广义的教育。原始部落所有儿童必须接受原始形态的教育，主要学习原始部落习俗、宗教、生产生活知识，一般由老人或成人承担。因此，从广义的教育角度上讲，原始社会已有农村启蒙教育，且早于城市教育。

2. 奴隶社会的农村小学教育

奴隶社会时期，农业开始发展，阶级已经分化，居民居住相对比较集中，为专门的农村小学的产生提供了客观条件。据考证，我国农村小学教育产生于夏商时代，当时的小学教育形态有国学与乡学之分，国学主要在天子王都和诸侯都城设立，对天子诸侯奴隶主子弟进行教育，乡学是在城郊之外设立的地方学校，依照行政区划分布、设立，接收地方贵族和士人学习。据《孟子·滕文公上》记载："夏曰校，殷曰序，周曰庠，学则三代共之。"南宋朱熹的《四书集注》中考证认为庠、序、校均为乡学。经过夏商的积累与发展，到西周时，我国农村小学教育已经具备雏形。《礼记·学记》中记载："古之教者，家有塾，党有庠，遂有序，国有学。"但是，此时的"乡学"，只是相对于"国学"而言，虽说学校设立的地方可能远离都城，设在城外甚至偏远山区，但受教育对象都是奴隶主子弟，平民子弟依然没有接受学校教育的机会。尽管到了春秋战国时期，"天子失官，学在四夷"，私学在民间兴起，"百家争鸣"，也有了以孔子为代表的教育家以及教育思想，甚至有了以《学记》为代表的教育学萌芽，但"小学"教育的存在形态依然没有改变在"学在官府"的局面，最底层普通民众是无权接受这种有系统、有组织的小学教育的，他们只能在家里、在劳动中接受非系统的家庭教育和社会教育。

3. 封建社会的农村小学教育

公元前 221 年，秦灭六国，统一中国，标志着中国封建社会的形成。直到1840年鸦片战争，中国封建社会历经 2 000 多年。在世界上，我国封建社会历史相对漫长，社会治理体系完善，历史文化成果丰硕，是世界封建社会典型形态，也是人类文明的鼎盛时期代表之一。我国封建社会小学教育体系是比较完善的。

（1）我国农村小学体制的初创巩固阶段。

秦汉至唐是我国农村小学的初创巩固阶段。秦代持续时间只有十几年，采取的文教政策是不利于文化发展的、较为极端的"书同文""行同伦""颁挟书令""禁私学""设三老以掌教化""以吏为师"等。从文化教育繁荣角度来讲，这些措施无疑是消极的，甚至是倒退的，比如"禁私学""以吏为师"等，扼杀了农村教育发展的萌芽，取消了教师职业。但是这些政策在加强封建政府中央集权控制，使学校教育制度化、官学化、规范化方面却提供了制度保障，特别是在乡设三老，以掌教化，即负责向乡民宣教封建统治阶级的思想、制度、法律、伦理等行为规范，凸显在农村地区对底层民众进行政治思想教育的必要性并纳入国家管理体系，与"行同伦"相辅相成，使秦王朝的政治理念、国家法度落在每一个统治对象身上并从童年抓起。这为农村小学纳入国家治理体系、为乡村教育存在奠定了制度基础和政治基础。

两汉时期农村初等教育有官学和私学。政府在基层的乡、聚设学校。"郡国曰学，县、道、邑、侯国曰校。校、学置经师一人。乡曰庠，聚曰序，庠、序置《孝经》一人"①。同时，汉代沿用秦制，设三老对百姓进行教化。汉代私学有家学、书馆、乡塾、精舍四种形式。家学一般在条件优越的家庭中由父辈指导进行启蒙教育、诵经以及道德教育；书馆主要是以识字为主要任务的启蒙教育；乡塾，主要是初步学习经书，粗知大意；"精舍"，也叫"精庐"，是带有研究性质的专经教育。②可见汉代的初等教育，不管是官学还是私学，在广大农村地区不但已经存在，而且开始有所规范，并且能够根据儿童实际进行启蒙教育、道德教育，只是普及程度非常有限。

此后三国、两晋、南北朝、隋朝阶段，虽然国家处在分离动乱之中，但一些开明的统治者对农村启蒙教育还是重视的。

唐朝是我国封建社会最为繁荣的时期，文化教育事业也比较发达，有当时世界上先进的农村教育体系。唐代采取"尊崇儒术"亦倡道佛的儒释道三位一体的比较宽容的文教政策，并通过科举制加以强化，使官学、私学非常发达，形成了较为完善、相对公平的人才选拔机制。在严格的等级

---

① 曲钦华.中国教育发展史纲[M].长春：东北师范范大学出版社：2006：31.
② 毛礼锐，沈灌群.中国教育通史（第二卷）[M].济南：山东教育出版社，1986：109.

制下，庶民子弟优异者经考核可以汇送中央入四门学读书，使普通民众子弟通过读书、科举考试，也可以实现社会地位的晋升。唐高祖武德七年（624年）下诏学办学校，令"吏民子弟有识性明敏，志希学艺，亦具名申送量其差品并即配学，州县及乡各令置学"（《旧唐书·王恭传》），设立国子寺，掌管全国教育行政。唐代私学和官学长期并存，并有所创新，私学分为村学（家塾）、家学、学者授徒、寺院讲学和书院。村学和家塾属于启蒙教育，广泛存在于农村地区，这和农业经济发达有着密切联系。自此，在我国农村重视儿童启蒙教育，并纳入国家教育体系，同时以私学作为补充，逐步成为统治者和民众的共同认知。

（2）宋代至明清是我国古代农村小学教育的进一步发展完善进而由盛转衰的阶段。

宋代有三次由著名文人倡导的兴学运动，即范仲淹主持的庆历三年（1043年）开始的庆历兴学、王安石主持的熙宁二年（1069年）开始的熙宁元丰兴学、蔡京主持的崇宁元年（1102年）开始的崇宁兴学。频繁开展的三次兴学本身说明宋朝对学校教育的重视，特别是崇宁兴学一度使学校教育代替科举考试，显示学校的人才选拔功能，并利用行政力量组建了较为完备的学校教育系统。但从官学体制来讲，只设学到州、县。在广大的农村地区教育方面，庆历四年（1044年），宋朝政府规定，凡立学者可赐学田，鼓励乡村教育办学者；南宋时，农村设立设乡学、村学和冬学，较有代表性的私学有两种，一是由宗室私人的义学和富家家塾，主要教授识文断字、日常生活知识、蒙学，二是为年龄较大的青年设立的具有研究和科举应试的书院和经馆。

元代首设社学。至元七年（1271年），元政府在全国设立新的行政层级——社，社以自然村为基础编社，每社设立学校一所，选择通晓经书的人担任教师，农闲时使农家子弟入学，学习文化知识和农桑耕种等技术知识。在我国，社学是由中央政府强迫在农村基层设立初等教育机构的开始，且兼具文化知识与生产技术知识的学习。

明朝建立之初，就由政府颁布政令由政府在农村基层设立社学，每五十家设社学一处，此外还有乡学、村学、义学、家塾以及私设的经馆和书院。清代也在乡村地区设有社学。雍正元年（1723 年），政府要求各省设义学，招收民间孤寒子弟，义学取代社学成为农村地区初等教育主要形式，清代的私学教育主要是私塾。至清末，伴随着新式学堂建立，我国封建社会农村小学教育走向瓦解。

## 三、农村小学的现代发展

从 1840 年鸦片战争爆发到 1949 年中华人民共和国成立，这近 100 年的时间里，我国封建制度瓦解，进入半殖民地半封建社会，农村小学教育也经历着传统与现代、东方与西方、封闭与开放的痛苦演变。

### （一）清末现代小学的萌芽

从 1840 年到 1911 年，从政权上看我国仍是由清朝政府继续统治，但其政权摇摇欲坠。已经确立的农村教育体制虽还在支撑，但西方传教士在农村进行宗教教育、设立教会学校，还有太平天国在农村地区进行儿童中进行的政治教育、思想教育和群众教育，这段时期是封建的、宗教的、革命的教育合奏和交织时期。到清末，"中学为体，西学为用"的洋务运动尝试打破我国封建传统的农村小学教育系统，建立新式学堂。1901 年，清政府实行新政，1902 年颁布了带有资本主义国家色彩的《钦定学堂章程》，没有实行，1903 年又颁布《奏定学堂章程》，实行四年义务教育，规定在农村每四百家应设初等小学校一所，此外还有初等农业学堂及农业教员讲习所。但这些举措，伴随着清政府的很快灭亡，设想只是停留在文字上，并没有付诸实施。

### （二）民国时期我国农村小学体系的初建、乡村教育思潮运动以及无产阶级农村教育

民国时期，是我国现代农村小学教育体制初创时期，也是对乡村教育价值审视与乡村教育改革实践的重要时期。从农村教育管理体制层面讲，

国民政府借鉴美国、日本等先进的资本主义国家经验，重视教育事业在整个国家政治经济中的地位，实行义务教育，并通过法律予以保障。1911年，南京临时政府成立，蔡元培任教育总长，1912年7月，临时政府教育部召开第一次中央教育会议，确立实行"注重道德教育，以实利主义、军国民教育辅之，更以美感教育完成其道德"的教育宗旨。1912年9月颁布壬子学制，实行义务教育，农村地区设立蒙养院、初等小学堂四年、高等小学堂三年等。此后，虽然当时国民政府于1922年、1928年以及抗日战争时期，都对教育体制做了修改，但重视农村教育的基本精神没有变化。

乡村教育运动，是民国时期中国农村教育思想的大碰撞，也是中国知识分子试图通过发展农村教育，进而实现"教育救国"的一场悲壮的社会实践，产生了诸如黄炎培、余家菊、陶行知、晏阳初、梁漱溟等文化名人倡导的著名乡村教育思想及其乡村教育实践运动，这些思想和实践运动对中国农村教育思想乃至世界农村教育思想都有很重要的影响。黄炎培指出："吾尝思之，吾国方盛倡普及教育，苟诚欲普及也，学校十之八九当属于乡村；即其所设施十之八九，当为适于乡村生活之教育。"[①]陶行知认为："中国以农立国，十之八九住在乡下，平民教育是到民间去的教育，就是到乡下去的运动。"受杜威"教育即生活""学校即社会""做中学"教育思想的影响，陶行知先后在南京郊外小庄（后改名为晓庄）创办实现其乡村教育理论的晓庄学校、上海的山海工学团、重庆合川的育才学校，实践着杜威的实用主义教育思想。这些思想及其实践即便在21世纪的今天，也依然不过时。晏阳初认为中国农村存在"愚、贫、弱、私"四大社会弊病，这些问题解决了，中国农村的问题就解决了，中国的问题也就解决了，而解决这四大社会疾病的药方是四大教育，即文艺教育、生计教育、卫生教育和公民教育，教育方式是学校式、家庭式和社会式。[②]梁漱溟认为，对中国问题的化解，必须从文化入手，以中国固有文明融汇现代文明、使中华文化

---

① 周谷平，陶炳增. 20世纪乡村教育思想形成的历史回顾与思考[J]. 河北师范大学学报，2004（9）.
② 宋恩荣. 晏阳初文集[M]. 北京：教育科学出版社，1989：100.

发扬再造，在这个过程中，教育是切入点，在社会改造中处于核心地位，而乡村教育和乡村建设是两个重要问题，密不可分，乡村建设是目标，乡村教育是手段和方法。为践行自己的社会文化改造理论，实现中华文明的复兴，从1931年开始，他亲自到山东邹平开展一系列实验活动，包括成立山东乡村建设研究院，建立乡村建设实验区和县政实验区，设立村学、乡学、乡农学校。①

此外，中国共产党始终重视农村基础教育。李大钊在《晨报》发表《青年与农民》一文中敏锐指出，中国是农业大国，知识青年应当去开发农村，用教育去解除农民的痛苦。②毛泽东、澎湃等都曾试图通过农村教育传播革命思想。在中国共产党领导的江西和延安革命根据地，都把农村教育作为革命教育、干部教育、文化教育的基础，为中华人民共和国成立构建社会主义新的农村基础教育奠定了思想基础。

### （三）中国现代农村小学教育的发展

1949年，中华人民共和国成立。面对多年内战和抗日战争留下的千疮百孔、经济濒于崩溃、文盲率超过80%的现状，我国发展农村教育任务繁重。1950年9月20日，第一次全国工农教育会议召开，会议通过了相关决议，决定推进以扫盲教育和技能训练教育为重点的农村教育。1951年，中央人民政府颁布了《关于改革学制的决定》，该学制继承了老解放区的经验、1922年国民政府的学制以及苏联的经验，充分保障工农群众子女的受教育权，并同时注重职业教育、工农干部速成教育和工农群众的业余教育，实行五年制小学教育。1958年，国务院发布《关于教育工作的指示》，提倡改革实验，儿童6岁入学，缩短年限，进行中小学十年一贯制改革，有急躁冒进的倾向，但农村小学教育的普及化程度得到大幅提升。此后的"文化大革命"十年，我国农村小学教育受"学制要缩短""教育要革命"的冲击，

---

① 马秋帆. 梁漱溟教育论著选[M]. 北京：人民教育出版社，1994：80-85.
② 李大钊. 李大钊选集[M]. 北京：人民出版社，1959：146-149.

虽然普及率较高，但教育教学质量严重下滑。1978年改革开放后，我国的农村初等教育才又得到恢复和发展。1985年，中共中央发布《关于教育体制改革的决定》，提出加强基础教育，有步骤地实行九年义务教育。1986年，《中华人民共和国义务教育法》颁布，标志着农村小学儿童入学接受九年义务教育成为国家意志，纳入法律保障。到20世纪90年代末，我国基本普及九年义务教育，农村小学教育规模、质量都有大幅提升。

## 第二节 农村小学教育发展的特点

从人类教育发展史角度来讲，针对童年期儿童的小学教育是整个教育事业的基础和起点，其存在形态、对其作用的认识也是伴随着时代进步而不断变化和深入的。通过历史考察可以发现，农村小学教育的产生、发展是有规律的。

### 一、农村小学教育的产生发展是依赖于一定的主客观条件的

人类教育发展史表明：教育，包括学校教育，是人类社会经济文化发展到一定阶段的产物。人类社会文明程度越高，对教育的期望越高，教育的规模越大，个体受教育时间越长，教育系统本身的复杂程度也越高。作为学校教育系统最基础、最底层的一环，农村小学教育的发展是受许多主客观因素制约的。

（一）客观条件

教育是影响人、培养人的社会活动，是建立在许多现实客观条件基础上的。在阶级社会，教育属于上层建筑，受经济基础、自然环境基础、人口数量等条件的制约。农村小学教育的产生与发展也不例外。

1. 社会经济整体发展水平

教育，包括学校教育，与一定社会发展水平紧密相连。社会水平是一个复合概念，或者说是一个客观存在系统，包括社会生产力水平、政治经济制度、文化环境、人口状况、地域等各种客观存在的因素。社会生产力水平决定了教育的水平、规模和速度，制约着一定时期教育目的、培养目标和教育结构，甚至决定教育教学内容、教学方法、教学组织形式，并不断推动着教育的变革；社会政治经济制度属于上层建筑，决定了教育的性质、宗旨、目的，决定着教育的领导权、受教育权，也决定着教育内容、教育结构和管理体制；文化对教育的影响则更是具有广泛性、基础性、深刻性与持久性；人口及其生育水平也决定教育的规模与结构。因此一定时期社会发展水平决定了该时期学校教育的战略布局和教育理念，是这一时期教育发展的大背景、大环境。

2. 区域农村经济发展水平

在一个时期内，教育发展有其大的社会环境，这个大环境是相对而言的，它可能是全球性的，也可能是一个国家的社会环境，即使一个国家，也有国家大小之分、国内民族多寡之分。对某地或某所具体农村小学教育发展而言，其发展水平除受国际教育发展的社会环境、一个国家的社会经济水平影响外，还要受更为微观的省、县域经济社会发展水平的影响。以我国为例，同样是农村地区，经济发达的东部农村地区和经济欠发达的中西部地区，其农村小学的发展水平、规模等就有很大差别。东部地区农村小学明显优于中西部地区，特别是在教育现代化水平方面，会得到综合反映。根据教育现代化十大核心指标（预算内教育经费占政府财政支出比例、中小学专任教师本科及其以上学历比例、中小学师生比、6岁及6岁以上人口平均受教育年限等）数据加权计算，发现华北地区最高，2003~2007年依次是0.5977、0.6266、0.6546、0.6740、0.6964，最高的省市区是北京市，2003~2007年依次是0.88、0.93、0.95、0.97、0.98，最低的是西藏，2003~2007年依次是0.31、0.36、036、0.37、0.41，陕西省2003~2007年依次是

0.49、0.5、0.53、0.54、0.58，地区差距非常大。2007年各省市区教育现代化水平排名次序靠前主要在东部地区，各省市区中北京0.98，上海0.94，天津0.78，浙江0.77，江苏0.73，靠后的主要在西部地区，其中西藏0.41，青海0.45，甘肃0.52，贵州0.53，广西0.53，内蒙古0.53，宁夏0.54，四川0.55，云南0.55，陕西0.58，重庆0.61，新疆0.63。[①]省域的经济社会现代化水平影响了域内教育现代化水平，也毫无疑问影响到域内农村小学教育水平与规模。

3. 区域农村自然环境

农村小学教育倡导的是儿童就近入学，因此，农村小学的设立、生源、教学模式等，一般会和区域农村的自然因素联系更为紧密，诸如地貌特点、人口密集、民族组成等。人口密度小、交通不便的山区，其小学分布必然分散，学校规模相对较小，师资力量相对较弱。由于远离城镇，学生、教师离"农"更近，这些小学的教学资源、管理模式等可能更为松散化、趋农化，教育的制度化、规范化程度相对较差。用城镇化教育质量评价体系去评价农村小学教育，其教育教学质量很可能相对较差，从而影响管理者、家长对农村小学教育的信心与热情。

（二）主观条件

主观条件是在客观条件制约下产生的人们对教育的理想、价值追求，是一定时期的思想家、政治家、教育家、管理者、教师、家长、学生等对教育的一种理性认识，或者可以称之为教育理论或教育思想。只不过，这些理论或思想，有的是有体系的，有的比较零散，有的持续时间很久，成为一种教育文化传统，有的非常短暂，只成为一种教育思潮。对学校教育，特别是对农村小学教育发展影响比较大的教育思想主要有国家层面对农村教育的政策，区域农村文化生态环境特别是教育文化环境以及村民的现实

---

① 胡卫，唐晓杰. 中国教育现代化进程研究[M]. 北京：教育科学出版社，2010：113-120.

教育愿望。

1. 国家政策及宏观的人文环境

教育，特别是学校教育，是伴随着国家、阶级而产生的，所以，学校教育从一产生就成为国家管理事业的工具，也成为构成社会治理的基本元素。因此，成熟的政治集团及其代言人都有相应的国家教育理想，并转化为政策，久而久之，这些政理想和政策成为一个国家的国家意志、管理传统并成为一种主流文化。在我国，孔子为统治阶级提出了国家治理的基本路径，即"庶"—"富"—"教"，也就是说，一个国家要想繁荣持久，分三步走，首先要由充足的人口，人口数量决定了劳动力数量，第二步让民众富裕起来，有一定的经济基础，第三步就兴办教育，"富而不教，则近于禽兽"。春秋战国时期的《礼记·学记》是我国阶级社会教育思想的承前启后之作，也是世界上最早的教育学萌芽阶段代表作，提出"化民成俗""建国君民"，必须通过教育来达成国家治理，这些思想成为我国历代统治者治理国家的基本理念和传统，他们一旦取得政权，就把教育列入国家大事进行设计和管理，甚至历史上存在时间不长的农民起义政权也不例外。也正因为如此，中国才被称为文明古国，也才有相对稳固长久的封建时代。在西方，从古希腊开始，到中世纪，到文艺复兴，再到资本主义的启蒙、兴盛，都离不开相应的教育理想和学校教育体系。

2. 区域农村文化生态

文化，是一个非常宽泛的概念，有广义和狭义之分。广义的文化指人类后天获得并为一定群体所共有的一切事物，包括物质文化（工具、武器、自然环境、衣物、建筑物等）、制度文化（法律、政治、组织等）和精神文化（语言、文学、艺术、宗教、道德、仪式、心理）。狭义的文化指人类后天所获得并为一定群体所共有的一切观念和行为。生态，是指生物有机体及其群体与其周围环境的关系。文化生态，是指文化存在和发展的环境和状态。文化生态学是 20 世纪 50 年代兴起的一门交叉学科，是把生态学的理论和方法运用到文化学研究领域，重点研究文化的存在和发展的资源、环境、状态及规律，即主要研究文化适应环境的过程和由这种适应性所导致的文化习俗之间的相互适应性，研究的范畴包括文化系统、文化环境、文化状态和文化规律等方面。

教育，是区域文化的重要组成部分，是区域文化生态圈的一个重要元素，同时，又是一种独特的文化，它一方面受区域文化传统的影响，另一方面又有有传承、更新文化的功能。一般来说，农村学校是农村文化中心，是农村文化的象征，优化、传承着农村文化。在偏远的农村，学校不单是儿童学习、朋辈交流的场所，还可能是农村信息传播、村民成人教育活动、村落议事等活动的场所，更可能是村民的期望、村落的未来，是一个充满希望和活力的场所。然而，这种希望和活力，受到农村文化大环境的制约，比如，农村的自然环境、建筑风格、交通工具等物质文化影响着农村学校的布局、生源、教育资源，甚至作息时间。这种希望和活力也离不开农村对教育的重视程度、一个村落知识分子的数量及其社会影响力、读书人的示范作用、农村治安状况、教育传统等精神文化的影响。这也就是民国时期许多知识分子追求从乡村文化入手，从乡村教育入手的理想逻辑。

3. 村民的教育愿望

村民是农村教育的主体，村民对教育的认识、对教育的积极性，决定了农村教育投资热情、送子女接受教育的主动性程度。一定程度上，即使在普遍实行义务教育的现代社会，国家的政策法律、区域农村文化生态，往往通过村民的思想和行为才能得以体现。因为不管从传统、感情、法律层面讲，儿童受不受教育、受什么样的教育、受多长时限的教育、在什么地方受教育等比较实在的教育决策行为，村民家长具有自主选择权。如果家长认为"学而优则仕"，那么，孩子一定会读书，且一定会让孩子接受"离农"教育；如果家长认为"读书无用"，那么孩子很可能不读书或者只是读非常有限的义务教育；如果家长认为"女童不必读书"，那么，该家长女儿上学的梦想很可能落空。此外，由于我国人口众多，国家财力有限，在20世纪90年代以前，农村小学教育往往有村民集体投资或者个人投资兴办，有"人民教育人民办,办好教育为人民"的传统,所以,每一位村民可能肩负乡村教育"投资人"的角色。因此,村民对教育的主观认识,是决定其投资教育的主动性程度和投资额度。提升农村居民的文化自觉、教育投资自觉是非常必要的。

## 二、农村小学教育发展的实践离不开科学的农村小学教育发展理论引导

纵观古今中外教育发展史,成功的教育往往离不开科学的教育理论指导。我国乃至世界农村教育发展滞后,一定程度上与农村教育发展理论没有或者不成熟有很大关系。

### (一)理论和教育理论概说

"理论"往往与"实践"相对应,是人们关于客观世界规律的理解和论述,是对客观事物本质属性和规律系统的理性认识。教育理论,是"教育现象和规律理性认识的成果、教育科学知识的总和,与'教育实践'相对应,表现为以独特的范畴、术语、逻辑、描述教育事实或教育现象,揭示教育特征或教育规律,论述教育的价值取向或行为规范","科学的教育理论对教育决策有指导作用,对教育实践有规范和促进作用"。[①]因此,理论也是人们的思想认识,但思想认识不一定就是"理论",能称得上"理论"的思想认识,必须是"系统的"而不是零散的,有独特的术语、逻辑和范畴,是对现象和事实进行持续研究而形成的科学认识。国家对教育的价值追求、区域文化生态、村民的教育愿望和教育理想,是教育认识和观念,但不一定是教育理论。科学的教育理论对教育实践有促进作用,而错误的教育理论就是谬论,可能误导教育实践,会给一个国家的教育甚至整个国家的社会发展造成灾难。因此发展农村小学,必须有农村教育、农村小学教育发展理论做指导。民国时期,我国乡村教育运动、整个国家农村教育

---

① 顾明远.教育大辞典(简编本)[M].上海:上海教育出版社,1999:231.

的初步发展，与乡村教育理论、乡村教育思潮有很大关系；中华人民共和国成立后，我国农村教育大发展，和中国共产党的一直重视农村、农民工作，重视人民群众当家做主的政治理想有很大关系。进入2000年之后，以"撤点并校"为标志的农村教育弱化，是教育的公益化理论与现代城镇化理论、教育经济学理论在教育领域冲突的反映。2012年之后，开始调整农村小学教育布局、重视乡村教育、重视乡村教师，则是对教育公平理论的再次关照，也是义务教育均衡发展理论的实践呼应。2017年，中国共产党第十九次全国代表大会召开，把乡村振兴作为国家战略。作为乡村振兴战略的重要组成部分，农村教育问题，特别是农村小学教育问题引起了国家高度重视，相应的农村小学教育价值理论将会被重新审视、发展和创新。

### （二）农村小学教育理论的体系

农村小学教育理论，是对农村小学教育现象和教育事实的规律性的系统的认识，是关于农村小学教育目的与价值、农村小学教育要素、农村小学教育内容与方法、农村小学教育管理与评价等问题的科学认识。农村小学教育的理论认识，涉及政治学、教育学、社会学、心理学等学科知识，只有从多个学科角度研究，才能科学认识农村小学教育规律。

1. 农村小学的多学科角度理论研究

农村小学教育涉及多个领域的理论问题。

第一，从政治学角度来讲，这是一个公民权利的问题，也是一个涉及政治稳定、治理有效性的问题。因此，政治家或政治集团建立一个什么性质的政权，有什么样的政治诉求，可能就决定了其对农村教育的关注程度。比如，孔子的"庶"—"富"—"教"国家政治和治理理论，就决定了其"有教无类"的教育主张；封建社会"化民成俗"的治理策略，决定了基础教育逐步下移，直到农村；欧洲资产阶级思想家卢梭的"天赋人权"的政治理论，决定了夸美纽斯的普及教育思想、班级授课制以及"义务教育法"被世界各国普遍采纳。

第二,从教育学角度研究农村小学的教育。农村小学属于整个国民教育系统中的基础阶段。其作为教育,必然受普遍的教育教学规律制约。同时,对农村教育及农村小学教育价值理论的理性认识,又是普通教育学研究的一个薄弱环节,所以,从教育科学角度研究农村小学教育规律,既是普通教育学的任务,也是农村小学教育理论研究与创新的重要内容。

第三,农村小学的社会学研究。农村是一个产业结构、居住环境、行为习惯、文化风俗等完全不同于城市的社会组织系统,它有着自己的价值、文化和传统,形成一个相对封闭的社会生态环境。处在这一生态环境中的农村小学,势必受其影响,使其教育理念、教育组织、师生关系、组织方式等打上本乡村文化的烙印。因此,从社会学角度对农村社会发展动力结构进行研究,可以深入理解农村小学教育的发展走向。

第四,农村小学的心理学研究。心理学是研究人的心理与行为的新兴科学。在农村环境中成长生活的学生及其家长、在农村环境中从教的教师,农村文化心理势必影响教育教学效果,比如普遍存在的留守儿童及其心理问题,就制约着师生的道德关系、心理关系、情感关系以及教育关系。

2. 农村小学自身发展规律的应用研究

农村小学与城镇小学相比,有共同的地方,遵循小学教育基本规律。但是,由于教育环境、风俗习惯、教育愿望、学校规模、班级规模等完全不同于城镇,因此,他又有自己特殊的规律,只有不断研究总结适合农村小学教育教学发展规律,才能使农村小学走向可持续发展道路。

我们认为,农村小学发展的规律有以下几条:一是农村小学发展受区域经济社会发展条件制约,并反作用于区域农村经济社会发展;二是农村小学发展受国家对农村的政策、区域农村教育文化传统以及家长的教育思想的制约,并反作用于国家农村发展政策、区域农村教育文化传统以及家长的教育理念更新;三是农村小学有其自身的教育教学规律,相对于城镇小学而言,农村小学具有许多特点包括教育价值功利化、教育投资主体多元化、班级规模小班化、师生关系亲密化、教学内容乡土化、教学组织多元化等。

  这三方面的特点或规律并不一定全面，但只有承认农村小学有不同于城市小学的特点，有自身办学规律，研究总结农村小学教育教学规律，构建农村小学教育教学理论体系，用这些理论培训指导农村小学教育管理者、农村小学教师，才能避免盲目照搬城镇小学教育教学方法。不用城镇小学的办学标准裁量农村小学、农村教师、农村小学教学质量，也才能真正办好农村小学，使农村小学走"内涵发展""特色发展""有质量保障的"新型农村小学教育之路，为中国乃至世界农村小学教育做出贡献，也为普通教育学理论做出贡献。

## 三、农村小学教育的自我发展能力脆弱，离不开国家政策法律的扶持

  教育是需要投资的，是需要经济和社会成本的。如果单从经济学角度考察，规模越大，成本越低。一般而言，与城镇相比，农村地区经济条件、生活条件、农民对教育的主观愿望等都比城镇地区有先天不足，依靠其经济基础、自身的文化自觉、教育价值的理性自觉是不现实的。如果单纯从经济效益入手，农村小学根本无法存在，没有存在的合理性，这也是近几年许多民营资本不愿投资农村民办小学的根本原因。但如果从政治角度、社会发展角度、个体发展角度看，农村小学教育，不但应该存在，而且必须办好，但只有依赖国家的政策法律支持，才能实现农村小学教育的生存与发展。

### （一）农村经济自身的脆弱，农村基层组织和个人无力支撑农村小学教育

  经济发展水平决定教育发展水平、规模、速度以及人们对教育投资的积极性。一般而言，农村地区经济发展相对滞后，在我国更是如此。据国家统计局公布的《中华人民共和国 2017 年国民经济和社会发展统计公报》显示，2017 年全年全国居民人均可支配收入 25 974 元，比上年增长 9.0%。按常住地分，城镇居民人均可支配收入 36 396 元，比上年增长 8.3%。农村

居民人均可支配收入 13 432 元，比上年增长 8.6%。①农村居民可支配收入是全国居民人均可支配收入的 51.7%，是城镇居民人均可支配收入 36.9%，在国家贫困地区，其经济状况更为薄弱，农民依然是中国社会经济收入方面的弱势群体，广大中西部地区农村的经济状况普遍较差。

与城镇相比，广大农村地区，特别是中西部贫困地区，由于人口居住分散，儿童入学读书路途遥远，没有规模效益，不管是政府还是农户，其教育投入的成本可能更高。加之原本经济落后、思想观念陈旧，有"愚""弱""贫""私"等经济文化负面因素叠加，使得农村教育必然滞后于城镇，甚至"出力不讨好"，投入农村教育很难立竿见影，这也可能正是民国时期乡村教育运动归于失败的原因之一。因此，办好农村教育必须有政府的思想、政策、经济等强力保障，才能真正支撑农村教育发展。我国历史上农村教育繁荣的时期，都有政府的强力助推。

### （二）农民对教育期望不高，主动性不强

人力资本理论认为，教育投资回报率最高。即使在古代奴隶社会、封建社会，统治阶级早已经意识到教育可以保持阶级的统治地位，在广大的农村地区，一些较早觉知的农村人也意识到教育是社会底层改变命运走向社会上层的通道，所以，对教育有较大的投资热情。在资本主义社会，正是对有文化的劳动力需求、对人力资本的觉悟，教育被统治阶级和民众所关注，教育投资热情持续高涨。

然而，一直没有摆脱贫困阴影的广大农村农民，被长期的经济贫困所困扰，形成了思想的贫困、文化的贫困、教育愿望的贫困并代际相传，使他们形成了对教育的漠视，各种"教育无论"在村民中蔓延，其原因在于贫困背景下，已经形成的"学来的无助感"。

对于有远大理想的人来讲，贫困可能激发一个人的意志，并为摆脱贫

---

① 中华人民共和国统计局. 中华人民共和国 2017 年国民经济和社会发展统计公报. http://www.stats.gov.cn/tjsj/zxfb/201802/t20180228_1585631.html

困而不懈奋斗。但是，贫困，特别是长期处于贫困之中不能脱贫，或者经过抗争而结果以失败告终的时候，就容易形成一种"贫困的文化"和心理上的"学来的无助感"。据人类学家刘易斯的观点，"贫困文化"的特征是，人们有一种强烈的宿命感、无助感和自卑感；他们目光短浅，没有远见卓识；他们视野狭窄，不能在广泛的社会背景中去认识他们的困难。这对由物质贫困所造成的文化贫困无疑是有一定的说服力的。①德国伦理学家弗里弗德兹·包尔生也曾经指出："贫困同样不利于经济生活中德性的发展。世代继承下来的贫困会削弱人的占有意识，在极其贫困的家庭里长大的孩子不会具有获得和占有的欲望。他们的愿望超不出日常需要的范围，或者即使表现出了某种超出常需的愿望，这种愿望也不过是一种痴想，永远也不会发展为强烈的意志力量。当这种状态变成一种习惯的时候，人们就会变的没有远见，满不在乎，苟且度日。"②心理学研究也表明，人和动物如果长期处于无奈的生存环境中就会有"学来的无助感"。"学来的无助感"首先是心理学家在动物的实验中发现的。实验的过程是，给狗以电击，狗就急速逃避。然后把狗放在一个不能逃避的笼子里，同样给狗以电击，开始几次，狗还像以前那样企图逃避，乱窜乱跳，但是经过几次无法逃避的电击后，狗干脆躺下来哀鸣，接受电击。根据这种现象，实验者塞利格曼认为，当动物（甚至是人）已经知道不能控制它所处的环境时，就会出现"学来的无助感"。这一现象在人类当中也进行了实验，验证了这一结论。③要尽快设法让西部农村尽快脱贫，政府的心情往往是迫切的，愿望是真诚的，但农民却不一定买账，不一定迫切。有的甚至以贫困为荣，反而认为贫穷光荣，"为富不仁"；也有一些农户，特别是一些年轻人，面对自己所处的贫困，开始雄心勃勃，敢于与大自然抗争，但在与大自然用传统的方法抗争，越来越感到自己的渺小，有的甚至不但没有脱贫，反而破坏了环境，于是

---

① 转引自倪国良. 中国西北地区现代化中的经济与文化关系[M]. 兰州：甘肃人民出版社，1998：35.
② [德]弗里弗德兹·包尔生. 伦理学体系（中译本）[M]. 北京：中国社会科学出版社，1988：463-464.
③ 刘亦农. 新编普通教育学辅助教材[M]. 西安：陕西人民教育出版社，2000：233.

他们茫然了,产生了"学来的无助感",便安于现状,听天由命。因此,正是长期的贫困,使人们越来越可能保守,再加之自然、经济、历史等方面原因,使农村长期陷入贫穷的恶性循环中。

(三)农村小学教育自我更新发展动力不足

农村经济基础的薄弱,使农村小学发展缺少最基本的经济基础;村民对教育功能的认识不足,导致其被动的教育愿望甚至"不作为"、不履行义务教育。这两个要素是制约农村教育发展的关键因素。当然,如果农村小学自身有强大的经济支撑、强烈的人才培养愿望,有良好的自我发展愿望和能力,也可以支撑农村教育的发展,甚至与城镇教育一拼高下。比如,在一个偏远的农村,有一位亿万富翁投巨资办了一所小规模村小,校舍是现代的,设备是一流的,高薪聘请教学名师,并向学生家长承诺:孩子读书期间(小学到大学)一切费用由富翁承担并给学生发放同龄人不上学打工的平均工资,大学毕业后安排工作。这所学校没有办不好的道理!很显然,这是教育的现代乌托邦!

现实情况是:农村教育由国家(曾经是村民办学)投资,但人力和财力资源配置要么低于城镇学校,要么与城镇学校同一标准。与城镇同一标准,似乎城乡平等,但由于农村小学规模小,"人均"的结果是乡村小学师资不齐、经费奇缺,质量难以保障,使得政府不满、家长批评、学生有怨言、教师自身也有苦难言。这样一来,农村小学生存都有问题,教育教学改革无动力,教育教学质量提升无办法,办人民满意的教育无信心,"关门大吉"就是一种必然的结局。

因此,国家政策法律是支撑农村小学教育的基本保障,而对提升农村小学教育国家价值的认识是前提,通过对保障农村小学教育保底的政策法律倾斜是根本,这是被古今中外教育发展经验教训所证明的真理。

(四)农村小学教育的发展还必须符合自身的特点

一是民间的教育投资愿望是影响农村小学教育的重要因素。不可否认,农村小学教育投资的主渠道是政府，特别是在义务教育法普遍实行的现代社会已经明确。但是，历史上，在经济还不发达、经济社会发展对教育的依赖性程度较低的古代社会，民间资本是农村小学投资的重要渠道，这是传统的农村小学教育特点，它仍然具有现实意义。在经济飞速发展的现代社会，农村小学教育投资主体以国家为主的前提下，重视吸纳民办资本，鼓励私人、教育集团投资农村小学教育，可以大大促进农村小学教育的发展。

二是谅解村民的经济能力，尊重村民选择愿望，决定农村小学发展的规模。农村小学是为发展农村经济，服务农民、服务国家的基础教育，因此，在义务教育法框架下，尊重农村文化，尊重农民在城、镇（乡）、村读书的权力，办村民满意的教育。而不是农民"被动"选择在农村小学读书。

三是乡土物质和文化是农村小学教学活动的重要资源。农村小学必须走与城镇小学不一样的办学模式，积极利用挖掘农村教育资源，才能传承农村文化，改造农村文化，建设社会主义新农村。

## 第三节　教育现代化进程中农村小学的价值

自从学校教育产生后，乡镇及其以下的农村小学就一直作为学校教育系统中的一部分发挥作用，其规模、水平、规范化程度等方面有很大差距。其独具中国特色的教育观念、教育方法改革等反而逆向影响着都市、城镇小学教育，这充分证明农村小学存在的价值。

### 一、农村小学价值概说

#### （一）价值、价值观、价值取向

价值，是一个哲学概念，也是经济学、心理学等有关以人的心理、行为问题为研究对象学科常用的术语和研究范畴。一般认为，价值是对象性客体对主体需求的满足程度。也就是说，价值是客观事物功能属性在主体主观上的反映，是主客体关系的体现。客观事物的价值取决于它满足主体需求的性质与程度，而主体的需求又是变化、多样和有层次的，这就是价值观的问题。价值观，是指主体按照客观事物对其自身及社会的意义或重要性进行评价和选择的原则、信念和标准，是个体或群体行为驱动的内在动机体系。价值观决定着行为和动机的性质、方向和强度。[①]价值取向是一定主体基于自己的价值观在面对或处理各种矛盾、冲突、关系时所持的基本价值立场、价值态度以及所表现出来的基本价值倾向。[②]

### （二）教育价值

教育价值，是教育对人和社会的意义或作用，具有主观性与客观性的统一，绝对性与相对性统一，历史性、阶级性与客观性统一的特点。[③]教育价值的分类，可以从不同角度分为教育的工具价值和内在价值，教育的理想价值和现实价值，教育的产品价值和教育过程价值，教育中的价值和教育的价值，教育的社会价值和个人价值等；教育价值观，是教育主体基于自身的特定需求、主体所处的不同情景等对教育活动的"有用性"、重要性做出的主观判断；教育价值取向是"教育主体在教育活动中根据自身需求进行教育选择时所表现出的一种价值倾向"[④]。

### （三）农村小学的价值

以农业为主导的产业、居民居住较为分散的农业地区，依然是世界上许多国家，特别是发展中国家主要的区域形态，在我国更是如此。经过多年城镇化、城市化发展，"农村""农业""农民"依然是我国经济社会的基本底色，也正因为如此，"三农"问题也一直是党中央高度关注、定期研究

---

① 彭聃聆. 普通心理学[M]. 4版. 北京：北京师范大学出版社，2012，278.
② 徐贵权. 论价值取向[J]. 南京师范大学学报（社会科学版），1999（4）：40-45.
③ 顾明远. 教育大辞典（简编本）[M]. 上海：上海教育出版社，1999：226.
④ 刘旭东. 论教育价值取向[J]. 青海师范大学学报（社会科学版），1992（1）：94-99.

部署的热点问题。乡镇及其以下的农村小学教育问题是与"三农"问题相伴随的社会问题,其独特的教育价值是值得研究的。

农村小学的价值,是农村小学教育活动相关主体根据自己的需要及目的产生的对农村小学的价值认知体系,包括价值取向和价值观等,决定着在处理农村小学存废、优劣、冲突等问题时的行为选择倾向。农村小学的相关主体包括国家、社会、家庭、村民、学校、教师、学生等,主体不同、价值标准不同,针对农村小学的价值取向也不同,且随着主客观条件变化,价值取向也产生相应的变化。

农村小学的价值及其取向是比较复杂的,为了研究的方便,往往从农村小学的社会价值和个人价值两个维度分析不同教育主体的价值判断。

## 二、农村小学的社会价值

一方面,教育发展受社会发展制约,另一方面,教育又反作用于社会,教育具有一定的社会价值。"社会",来源于英语"society",严复曾译为"群",日本人则译为"社会",我国借以日本译法沿用至今。它有广义和狭义之分。狭义的社会,也叫"社群",指群体人类活动和聚居的范围,例如聚居点、村、镇、城市等。广义的社会,则指一个国家、一个大范围地区或一个文化圈。人类社会具有许多特点:第一,是有文化、有组织的系统,是由人群通过一定的文化模式组织起来的;第二,生产活动是一切社会活动的基础,任何一个社会都必须进行生产,生产力是社会赖以存在发展的基础;第三,历史上,国家是人类共同生活的最大社会群体;第四,具体社会有明确的区域界限,存在于一定空间范围之内;第五,有连续性和非连续性,任何一个具体社会都是从前人继承下来的一份遗产,同时又和周围的社会发生横向联系,具有自己的特点;第六,有一套自我调节的机制,是一个具有主动性、创造性和改造能力的"活的有机体",能够主动地调整自身与环境的关系,创造适合自身生存与发展的条件。

教育是人类社会特有的现象,是社会功能得以存续发展的基础,其具体价值表现在政治、经济、文化等方面。对农村小学教育而言，其社会价值主要表现在对国家及村落的政治、经济和文化价值。

### （一）政治价值

任何社会都有自己的政治理念、意识形态、社会的主导舆论和规范等，这是维护政治集团利益的思想基础，是保持统治集团利益、维护社会稳定的有效手段。这些政治主张不可能在民众中，特别是新生代中自然形成，必须通过学校教育形成，并且越早越有效，这就是教育的"化民成俗"功能，也是教育存在的最直接价值。在古代社会，农村、农业、农民是社会存在的主体，所以，教育的价值体现主战场就在农村、农民当中，农村小学教育的主要价值就是政治教化功能。再则，由于经济的水平的限制，受教育年限不长，农村小学教育就是统治阶级政治意志最具体、最关键的渠道。

农村小学教育对统治阶级政治价值具体体现在以下四方面：一是通过传播一定社会的政治意识形态，进行年轻一代的政治社会化，培养统治阶级利益的维护者、公民和接班人；二是为国家培养具备政治素养的管理人才；三是提高全民素质，培养符合时代潮流的"时代人""现代人"；四是形成社会舆论、影响政治格局；五是传播乡规民约、宗族亲情，维护宗族威信。

### （二）经济价值

教育的经济价值在于通过培养具备社会生产知识和技能的劳动者、管理者和专门人才，使在自然人口转化为社会生产的人力资源，促进社会生产力发展。马克思主义经济理论认为，社会生产力是一切社会赖以存在发展的物质基础，生产力发展水平决定了政治经济制度、文化结构等，而构成社会生产力有三大要素，即劳动者、劳动资料和劳动对象，其中劳动力者是决定性因素，劳动者必须是智力和体力的高度结合，才能成为合格的劳动者。劳动者的体力是先天具有的，只要是健康的生物人，随着年龄的增长，其体力是自然形成的，而智力则必须借助教育的培养和挖掘。从宏观层面看，对一个国家或经济集团来讲，在现代工业化、信息化时代，人的智力因素所起的作用越来越重要，使得社会生产对高智能的劳动力依赖程度越来越高，教育的经济价值就显得更加明显，人力资本理论就是对现代工业化生产特点、对教育的经济价值的科学描述。而大量高素质的劳动者来源于对充足人口资源的培养和选拔，农村是高素质人力资源的起始阶段；从微观层面看，如果把乡村作为一个经济体，其农村经济的发展，依赖于农业现代化、农业的附加值、农业的技术含量，这是现代村办经济发展的捷径和方向，而这一发展方向依然需要受过良好教育的劳动者。现代西方国家现代农业以及我国发展势头好农村经济体，都是得力于农村经济发展的技术、思路和人才。低素质的"打工者"只能涌入城市，从事劳动密集型产业，最终会被产业发展大趋势所淘汰。

### （三）文化价值

文化是一定社会社会文明程度的体现。文化由人创造并影响制约着一个人，使其成为"文明人"，教育的文化价值就在于传递文化、选择文化、改造文化。农村小学教育具有独特的文化价值。一是传递着乡村的传统文化。乡村社会有着独特的价值观、风俗习惯、行为方式等文化模式，这些模式是民族特色的彰显，也是人类社会进步的长期积累，更是人类社会健康发展的经验精华，这些精华不会因为社会制度的更迭而过时或者中断，因此，它必须通过教育加以传播和继承。农村小学就是保持和传承这些传统文化的基地。二是选择同一时代符合人类文明的优秀文化，过滤掉消极文化，培养新时代的文化自觉。文化具有复杂性。同一时代的文化有先进与落后、积极与消极、精华与糟粕之分。先进文化、积极文化、精华文化可以激励人、促进人的发展，利于社会文明程度的提升，否则可能危害社会，也危害个人幸福。只有培养学生的鉴别力，"主动"选择文化，才能培养学生的文化自觉力，这是农村小学的重要价值。三是改造不符合人类文明进步落后文化。中国农村有"贫""弱""愚""私"的特点，"贫""弱"

是客观的经济状况，而"愚""私"则是农村文化特质，是糟粕，必须加以改造才能真正形成农村传统文化，优化农村文化生态环境，农村小学就是嵌入农村文化圈的清新动力。因此，从一定程度上讲，农村小学本身就是一种文化，一个文化传承、优化的场所。

## 三、农村小学的个体价值

农村小学教育中的相关个体，包括小学校长、教师、学生以及学生家长等，而最主要的是农村小学对学生个体发展而言，农村小学教育在农村儿童发展中起主导作用，具有为其持续发展打好基础的价值作用。

### （一）农村小学教育使学生成为社会合格一员

马克思主义认为，人是具有社会属性的高级动物，从现实性来讲，人是一切社会关系的总和；从心理学角度来讲，社会归属感是人的一种高级需要。对儿童来讲，培养社会归属感，才有亲社会情感与需要，也才能使其有安全感，同时，也才能被社会所接纳。当一个人远离社会，就会产生孤独感甚至形成反社会人格。农村小学教育通过有目的、有计划、系统的思想政治教育，培养社会所需要的人，完成集体人格的塑造，实现人的"社会化"过程，使其成为社会合格一员。否则，当儿童游离于这种专门的"社会化"场所，其成年后会"游离"于社会之外，无法接受更加系统的学校教育，成为社会的弃儿。历史上，当个体受教育程度低于同龄人甚至文盲时，他的未来发展许多机会就会丧失，甚至成为危害社会的个体的概率会大大提高。

### （二）农村小学教育为学生成为合格劳动力打好基础

个体必须成为合格的劳动力才能维持其生存、生活。在现代社会，要成为一位合格的劳动者，必须具备一定的智力和体力，并且社会对智力的要求越来越高。如果一个个体没有接受足够的学校教育，其劳动的机会会减少、劳动岗位的质量会不高、劳动报酬会趋于低端、劳动岗位变迁的适应性会降低等。而接受更高级教育的基础是小学阶段的普及教育。

### （三）农村小学教育为学生全面发展、开发潜能，为其幸福人生打好基础

人的全面发展、潜能开发是现代教育发展的理论研究成果，也是个体生命价值所追求的终极目标。学生只有德、智、体、美全面发展，才能体验到劳动的成就感、休闲时的愉悦感、社会交往时的价值感，也才能有健全的自我意识、自我评价、自我实现，为幸福的一生打下认知和情感的基础。

# 第四章 我国教育现代化进程中的农村小学发展及其现状

人类文明发展历程告诉我们，不管是从人类已经走过的经验看，还是从未来实现现代化的需要看，每一所村落办一所适度规模的学校，是村落文明的标志，也是社会治理结构的基本元素。但是，2001—2012年的十年间，为了优化农村教育资源配置，我国政府放弃了多年来形成的"村村办学"的小学结构布局，对农村小学进行资源合并，形成了"城挤、镇弱、村空"的基础教育异常格局，乡村小规模、超小规模甚至零规模小学与城镇大规模、超大规模且寄宿学校并存，许多"村小"黯然消失，尚未撤并的小规模小学也风雨飘摇，朝不保夕，造成农村小学的"断崖式"、非可持续发展，甚至改变了农村的文化生态环境。考察这一异常现象的成因，研究农村小规模小学发展的规律，寻求破解这一难题的对策，对实现教育的可持续发展、实现我国的教育现代化是非常必要的。

## 第一节 现代化进程中的农村小学教育

基础教育是国民教育的基石，也是教育现代化的主体。基础教育的布局，特别是小学的科学布局和规模，是保障教育教学质量、体现教育公平的重要标志。农村小学的存在与否，以及以什么样的形式存在、质量如何，是一个国家、一个地区现代化水平考量的"窗口"，这是由现代化的本质及其发展趋势所决定的。

## 一、现代化的含义、特点及其研究

### （一）现代化的含义

关于现代化的概念，目前并不确定。著名现代化史研究专家，美国普林斯顿大学布莱克教授指出："如果有必要定义，那么'现代化'或许可以被界定为一个过程，在这一过程中，历史上形成的制度发生着急速的功能变迁——它伴随科学革命而到来，反映了人类知识的空前增长，从而使人类控制环境成为可能。"[①]罗兹曼教授也指出："我们认为，现代化是人类历史上最剧烈、最深远并且显然是无可避免的一场社会变革。是福是祸暂且不论，这些变革终究会波及到与业已拥有现代化各种模式的国家有所接触的一切民族。"[②]我国学者胡鞍钢把现代化定义为："全社会范围，一系列现代要素以及组合方式连续发生的由低级到高级的突破性的变化或变革的过程。"[③]

### （二）现代化的特点

我们认为：现代化兴起于大工业运动，主要指大工业革命后传统农业社会转向现代工业社会的历史进程，即一种社会制度、社会文化以及经济体系由古代转向现代的全面社会变革的历史进程。其特点表现为以下几点：

（1）现代化一定是历史的概念、发展的概念。由于"现代"本身是一个相对概念、时间概念，所以，现代化的形态因时间、空间、人的认识水平不同而不断变化，比如，历史上曾经把工业化程度、国民生产总值作为衡量现代化的标准，但到 20 世纪末，随着环保意识的增强，人们对现代化的理解发生了变化，把所有人的素质、环境保护、社会公平等也纳入现代

---

① 布莱克. 现代化的动力——一个比较史的研究[M]. 景跃进, 张静, 译. 杭州: 浙江人民出版社, 1989: 6.
② 吉尔伯特·罗兹曼. 中国的现代化[M]. 国家社会科学基金"比较现代化"课题组, 译. 南京: 江苏人民出版社, 1995: 4-5.
③ 胡鞍钢. 中国现代化之路（1949-2014）[J]. 新疆师范大学学报（社会科学版）, 2015（3）: 2.

化的范畴。

（2）现代化是在全社会范围内的现代化，包括社会构成的政治、经济文化等所有领域、所有人口、所有地域的现代化。

（3）现代化是现代要素（土地、资源、能源、资本、劳动、教育、科学、技术、文化、信息、知识和制度、法律）以及组合方式。

（4）现代化是一个连续积累的发展和建设过程，没有终点，世界上也没有完美无缺的现代化标杆国家。

（5）现代化是全方位的变革过程，涉及思想、制度、体制等各个方面。

（三）现代化研究及其理论流派

关于"现代化"问题的研究，始于第二次世界大战之后。伴随着现代化的不断加速，实现现代化国家的不断增多，加之现代化过程中出现的新特点、新问题以及人们认识水平的提高，先后形成了不同的现代化理论流派。概括起来，影响较大的现代化理论有20世纪70年代前的经典现代化理论（农业向工业的转变，第一次现代化，主要强调工业化程度）、70年代到90年代新现代化理论（关注人类幸福和生活质量）、90年代之后的第二次现代化理论（工业时代向知识时代转变，出现网络化、智能化、民主化、平等化、人与自然和谐、生活质量等特点）。[①]

## 二、我国现代化的进程及其创新

现代化是伴随工业化进程而产生并持续发展的变化过程。我国封建社会历史很长，虽在明朝已经有资本主义萌芽，但是封建社会强大的治理体系、文化传统，使得资本主义经济及其现代化制度并没有在中国扎根、开花、结果。中国的现代化历程是从鸦片战争开始的。近代中国在西方坚船利炮攻击下被迫打开国门，历经多次动荡，先后经历了两次鸦片战争后的西方侵略与文化"西化"、太平天国后期的改革、洋务运动、国民党时期的

---

① 胡卫，唐晓杰. 中国教育现代化进程研究[M]. 教育科学出版社，2010：5-8.

资产阶级革命。中华人民共和国成立后开始从政治、经济、文化、教育等全领域进行现代化建设，并不断创新丰富人类现代化的内涵。

中国共产党及其领导的中华人民共和国，从成立之初就把实现现代化作为自己的奋斗目标，对现代化的认识理解不断深化，即由经济现代化向全面现代化、由外源性现代化向内源性现代化转化。

### （一）由经济现代化向全面现代化的转变

实现现代化始终是中国共产党领导下的全国人民的发展愿望。我们对现代化的理解在不断深入，信心不断增强，尽管在实现现代化的进程中有过波折。

1949年，中华人民共和国的主要缔造者毛泽东向全世界宣布中华人民共和国中央人民政府成立，中国人民站起来了。他预言："随着经济建设的高潮的到来，不可避免地将要出现一个文化建设的高潮。中国人被人认为不文明的时代已经过去了，我们将以一个具有高度文化的民族出现于世界！"[1]中国共产党对新中国的建设规划是，先兴起经济建设高潮，再带动"高度文化"，使中国进入"文明"时代，这实际上是中国共产党人对实现中国现代化设计的最早路线图。

回顾70年来我国的现代化之路会发现，我们正在一步一步践行伟人的预言，建设具有中国特色的社会主义现代化。

经济发展上的工业化，是现代化发展的核心指标，中华人民共和国成立伊始党和国家就把经济建设作为当务之急，而实现工业化的路径就是学习借鉴苏联模式。1953年，党中央提出了国家工业化目标："党在这个过渡时期的总路线和总任务是要在一个相当长的时期内，逐步实现国家的社会主义工业化，并逐步实现国家对农业、手工业和资本主义工商业的社会主义改造。""把现有的非社会主义工业变为社会主义工业，使我国由工业不发达的落后的农业国变为工业发达的先进的工业国，使社会主义工业成为

---

[1] 毛泽东.毛泽东文集（第五卷）[M].北京：人民出版社，1996：345.

我国整个国民经济发展的起决定作用的领导力量。""苏联过去所走的(国家工业化)道路正是我们今天要学习的榜样。"①1956年,中国共产党第八次全国代表大会修订的《中国共产党章程》中首次提出了"四个现代化"目标,即使中国具有强大的现代化的工业、现代化的农业、现代化的交通运输业和现代化的国防。但1958年的"大跃进"使中国现代化的进程受到了十分严重的挫折。1964年底,第三届全国人大一次会议正式提出了新的"四个现代化",即在20世纪内全面实现农业、工业、国防和科学技术现代化。②1966年"文化大革命"的发生,使这一设想再次受到了严重挫折。1975年1月,四届全国人大一次会议又重申了"四个现代化"目标,努力使我国经济发展走在世界前列。但同年11月的"反击右倾翻案风",使这一设想受到了短暂挫折。不过,实现现代化始终是中国共产党的目标。1977年,中国共产党第十一次全国代表大会再次将"四个现代化"的目标写入《中国共产党章程》。

改革开放之后,以邓小平为核心的我国领导人一方面重新认识中国国情,另一方面积极"走出去",富有远见地但实事求是地意识到,到20世纪末,我国无法实现"四个现代化"的目标,提出更加符合中国国情的现代化目标和路线图。1978年12月,中国共产党十一届三中全会的中心议题就是把中国共产党的工作重点转移到社会主义现代化建设上来,并提出了改革开放的基本国策。1982年,中国共产党第十二次全国代表大会又一次将实现"四个现代化"作为现阶段的总任务写入《中国共产党章程》。

进入21世纪之后,随着中国现代化的社会实践以及对世界性现代化的深入了解,我国高层对中国现代化的内涵不断扩展,逐步形成"五位一体"的现代化总体布局。2007年,党的十七大首次提出了经济建设、政治建设、

---

① 中共中央. 为动员一切力量把我国建设成为一个伟大的社会主义国家而斗争——关于党在过渡时期总路线的学习和宣传提纲[C]//中共中央文献研究室. 建国以来重要文献选编(第四册). 北京:中央文献出版社,2011:602-603,607.
② 周恩来. 发展国民经济的主要任务[C]//中共中央文献研究室. 周恩来选集(下卷),北京:人民出版社,1984:439.

文化建设、社会建设的"四位一体"的总体布局;2012年,党的十八大报告首次提出了经济建设、政治建设、文化建设、社会建设和生态文明建设的"五位一体"的总体布局;2017年党的十九大报告继续坚持"五位一体""四个全面"(四个全面,即全面建成小康社会、全面深化改革、全面依法治国、全面从严治党)和"四个自信"(道路自信、理论自信、制度自信、文化自信)。

## (二)由外源性现代化向内源性现代化的转变

中国的现代化道路是一个由被动到主动、由模仿到创新、由局部到全面的过程。中华人民共和国成立之前,中国现代化虽然已经起步,但是它是在西方国家坚船利炮攻击下的被动行为,没有自己的思想,更谈不上自己的体系,且被战乱所冲击。中华人民共和国成立后,中国共产党人一直把现代化建设作为治国理政的目标,但早期依然是学习苏联或学习欧美。进入21世纪后,中国的现代化视野逐步开阔,开始形成"基于经济但不局限于经济",学习他国经验但更加注重国情,并且开始创新丰富"现代化"的内涵。到2017年党的十九大时,我党已经形成了思路明晰、理念前瞻、具有引领作用的"现代化"思想。党的十九大报告指出:"新时代中国特色社会主义思想,明确坚持和发展中国特色社会主义,总任务是实现社会主义现代化和中华民族伟大复兴,在全面建成小康社会的基础上,分两步走在本世纪中叶建成富强民主文明和谐美丽的社会主义现代化强国;明确新时代我国社会主要矛盾是人民日益增长的美好生活需要和不平衡不充分的发展之间的矛盾,必须坚持以人民为中心的发展思想,不断促进人的全面发展、全体人民共同富裕;明确中国特色社会主义事业总体布局是'五位一体'、战略布局是'四个全面',强调坚定道路自信、理论自信、制度自信、文化自信;明确全面深化改革总目标是完善和发展中国特色社会主义制度、推进国家治理体系和治理能力现代化;明确全面推进依法治国总目标是建设中国特色社会主义法治体系、建设社会主义法治国家。""推动构建人类命运共同体。"①这些规划、理念在当代世界现代化建设中是独具创新性的。

### （三）城镇化、县域经济发展是中国现代化的原动力

1. 城市化是现代化的重要标志

城市化是现代国家发展必由之路，也是西方资本主义所经过的发展道路。城市化的实质是，随着社会经济发展，农村要素不断转化为城市要素的"量化"过程和城市要素不断向农村扩散的"同化"过程的有机统一。城市要素包括物质要素和精神要素，即城市化是经济水平和文化水平的统一。城市化的核心标志是城市人口比重上升，农村人口比重下降。世界城市化发展的进程表明，工业化是城市化发展的动力，两者呈明显的正相关：工业革命之前，到1800年时，世界城市人口占世界总人口的3%，以后每50年翻一番，1850年为6.4%、1900年为13.6%、1950年为28.2%、2000年超过50%。②根据钱纳里的研究，当一国人均GDP达到200美元时，城市化水平达到37%；超过800美元时，城市化水平超过60%。③

2. 中国的城镇化概念及其进程

在国内，城市化和城镇化往往是混用的，不做严格的区分。"镇"就是以非农业生产为主，但与农村联系十分紧密的人口聚居区，城镇化就是就是中国特色的城市化。我国学者在借鉴20世纪70年代西方国家兴起的"城市化"理论基础上，根据我国农业人口向城镇不断转移的现象，于20世纪90年代提出一个经济学概念：城镇化是指农村人口不断向城镇转移，第二、三产业不断向城镇聚集，从而使城镇数量增加、规模扩大的一种历史进程。④也有学者认为，"城镇化是人类生产和生活由乡村向城市转化的历史过程，

---

① 习近平. 决胜全面建成小康社会 夺取新时代中国特色社会主义伟大胜利——在中国共产党第十九次全国代表大会上的报告[M]. 北京：人民出版社，2017：19.
② 姜爱林. 论城镇化与工业化的关系[J]. 社会科学研究，2002（6）：27.
③ 中国教育与人力资源问题报告课题组. 从人口大国迈向人力资源强国[M]. 北京：高等教育出版社，2003：47.
④ 姜爱林. 论城镇化与工业化的关系[J]. 社会科学研究，2002（6）：30.

表现为乡村人口向城市人口转化及城市不断发展完善的过程"①。简言之，我国所谓的城镇化，就是西方国家的城市化，它是一个动态形成过程，主要标志是：农村人口和劳动力向城镇转移、第二三产业向城镇转移、城市文明与文化兴起等，其核心是职业结构、产业结构及社区结构的变迁。本书对城镇化和城市化概念不准备做严格区分，行文中具有指代的同一性。

我国城镇化进程始于20世纪80年代，其进程与我国区域经济发展基本同步：1978—1984年间，主要是农村经济开放搞活、集贸市场兴起，一部分农民进入城镇经商、到乡镇企业打工等，属于最早的向城镇人口流转。1992年前后，沿海地区引进外资，在一些小乡镇组成"工业化"地区，大量农民工涌进城镇。从1980年到2006年，中国城镇化水平以年增0.9%的速度发展，截至2006年年底，全国城镇化水平达43.9%。②最新数据显示，到2017年年末，全国（不含港澳台地区）总人口139 008万人，比上年末增加737万人，其中城镇常住人口81 347万人，占总人口比重（常住人口城镇化率）为58.52%，比上年末提高1.17个百分点。户籍人口城镇化率为42.35%，比上年末提高1.15个百分点。③

国家对我国农村经济社会发展城镇化问题的关注并将其作为发展战略导向始于20世纪末。1998年，在《中共中央关于农业和农村工作若干重大问题的决定》中，开始把城镇化作为解决中国农村工作乃至整个国家经济和社会问题的一个"大战略"，党的十七大进一步明确城镇化战略的建设思路："走中国特色城镇化道路，按照统筹城乡、布局合理、节约土地、功能完善、以大带小的原则，促进大中小城市和小城镇协调发展。"党的十九大进一步提出"以城市群为主体构建大中小城市和小城镇协调发展的城镇格局，加快农业转移人口市民化"。可以预见，在未来相当一段长的时间里，城镇化是中国农村社会发展的一项基本战略，也是解决"三农"问题的基

---

① 李少元. 城镇化对农村教育发展的挑战[J]. 中国教育学刊，2003（1）：15.
② 胡勇. 以城镇化为支撑促进区域经济协调发展[J]. 福州大学学报（哲学社会科学版），2008（6）：40.
③ 国家统计局. 2017年全国国民经济和社会发展统计公报. http://www.stats.gov.cn/tjsj/zxfb/201802/t20180228_1585631.html

本选择路径。

**3. 县域治理及其现代化，是我国农村地区实现城镇化、现代化的关键**

中国的城市化建设中，县域现代化治理及其经济具有举足轻重的作用，是区域现代化的切入点和现代化程度的标志。

在我国"郡县治，天下安"早已成为社会治理的共识。从历史上看，我国"县"的建制始于春秋时期，于秦朝推行并得到进一步发展。自秦以来延续2500余年的县域，一直是我国历朝历代国家治理的基本单元，起着沟通城乡、稳定基层的作用。虽然政权在不断更迭，但"县"的国家治理单元没有变，"县"域的范围变化不大。"郡县治，天下安"包含两层含义：第一，"郡"与"县"同样重要。在中国古代，"郡""县"都是社会管理的行政单元，大体相当于今天的省与县，自秦朝以后，"郡"都比"县"大，因此，"郡县治"，指的是"郡"和"县"（即省和县）的统治与管理。毫无疑问，"县"的治理是基础，但"郡"比"县"的发展与稳定更加重要。从某种意义上讲，县域是基础，是手段，是为"郡域"服务的。所以，司马迁在《史记》中说"县集而郡，郡集而天下，郡县治，天下无不治"。第二，"郡县治，天下安"指的是作为行政区划的"郡"和"县"在政治、经济、社会等各个方面的系统的"治"。在清代，县令由吏部直接任命，属于"中管干部"，任前须到朝廷报道，接受皇帝接见，虽属吏制，足见中央政府对县域的重视。可见，"县"级行政机构在我国传统社会管理系统中具有举足轻重的作用。

中华人民共和国沿用了我国"郡县制"管理传统，保持了县域管理的基础作用。尽管在"省""县"之间有地级行政单位，但其作用是很有局限性的，县域治理在中国国家政权稳定及经济社会发展中依然具有举足轻重的地位。由于县域单元相对稳定，长期的历史积淀，形成了县域内相对独立的经济、文化、教育传统。2002年党的十六大第一次提出了"县域"这个概念，2007年十七大发出了"壮大县域经济"的号召，县治的作用得到进一步强化。2015年初，中共中央总书记习近平同中央党校第一期县委书记研修班学员座谈时就充分肯定了县域治理在我国国家治理中的基础性作用以及县委书记的巨大责任。县委书记官虽不大,但"郡县治,天下安",事关国家整体治理。

在国外,虽然,"县"在世界主要国家普遍存在,但只是以一级行政区划和行政管理组织形式存在,社会治理功能并没有中国强大。比如,美国作为联邦制国家共分 10 大地区 50 个州和 1 个直辖特区,共有 3 042 个县或郡(county,路易斯安那州的郡为 parish),国家结构相对松散。县在美国的实际作用是很小的,根本起不到沟通城乡的作用,因为美国的乡村和县城区没有直接的关系,只是根据规模的大小而分出的城市空间结构而已,是一种地理空间分布而不是行政区域结构。由于国家行政体制的不同,我国"郡县制"的政权组织形式稳定,但灵活性不足。而英、美、法、日等国则十分灵活,"郡县"制下的隶属关系是单向性的,只有纵向隶属而无横向隶属关系。另外,州议会有权决定县建制的设置、撤销或合并,因此各地差异很大。得克萨斯州有 254 个县,但特拉华州却只有 3 个。不难看出,美国县的划分是根据政府职能和公共事务管理的需要来划分的,县域治理功能与中国是不可同日而语的。

## 三、我国农村现代化及其对小学教育的冲击

### (一)农村现代化的新特点

中国是一个农业大国,国土面积的 90%以上是农村地区;中国的每一次现代化进程,都会影响到农村的经济社会文化,都会促进农村的现代化,只不过 20 世纪末 21 世纪初,中国的现代化进程对广大农村地区的冲击是史无前例的、是深刻的,甚至是翻天覆地的。由中国社会科学院农村发展研究所组织研究的年度系列报告《中国农村发展报告》(2018)总报告指出:"农业农村现代化是一个有机的整体,应该包括农村产业现代化、农村生态现代化、农村文化现代化、乡村治理现代化和农民生活现代化。""改革开放以来,在快速城镇化进程中,乡村发展受到思想观念障碍、国家支农

体系相对薄弱、城市偏向政策长期延续等因素影响,面临着三大困境。一,现代农业发展乏力,城乡二元经济结构转化滞后。二,农村环境问题突出,老龄化、空心化日益严重。三,农业劳动力人力资本水平较低,农民增收难度加大。""在推进乡村振兴战略的实施过程中,面临着四大难点:一是农民增收难,持续缩小城乡收入差距是短板。二是农业农村投入资金不足,实现城乡基本公共服务均等化是薄弱环节。三是农村生态环境遭到破坏,实现农业农村绿色发展任务艰巨。四是各类人才短缺,提高农民素质和科学文化水平是关键。"①

我们认为,中华人民共和国成立后的农村现代化,使中国农村产生了巨大变化,特别是1978年改革开放以来变化非常显著,但同时也存在一些发展不充分、不平衡的问题,甚至产生了新的问题。这些问题在已经完成现代化的欧美国家没有产生或者问题产生了,但并不突出,主要表现在以下几方面。

1. 产业上的"弃农化"

长期以来,农业是我国的主导产业,农民就是以从事农业生产为职业、常住农村地区的人。由于工业化是现代化的主导产业标志,所以,现代化的过程就是工业化的过程。因此,中华人民共和国成立后,一直把工业化作为现代化建设的方向,使得农业在国民经济结构中的比例逐年下降,并且,现代化程度越深入,农业的比重越低。据国家统计局公布的数据,2017年,全年国内生产总值 827 122 亿元,比上年增长 6.9%。其中,第一产业增加值 65 468 亿元,增长 3.9%;第二产业增加值 334 623 亿元,增长 6.1%;第三产业增加值 427 032 亿元,增长 8.0%。第一产业增加值占国内生产总值的比重为 7.9%,第二产业增加值比重为 40.5%,第三产业增加值比重为 51.6%。②对现代化程度高、成为农村现代化典范的村级经济来讲,直接表

---

① 魏后凯,闫坤. 中国农村发展报告(2018):新时代乡村全面振兴之路[M]. 北京:中国社会科学出版社,2018.

② 国家统计局. 中华人民共和国 2017 年国民经济和社会发展统计公报[EB/OL]. 国家统计局网. http://www.stats.gov.cn/tjsj/zxfb/201802/t20180228_1585631.html

现就是发展乡镇企业、第三产业、观光农业等,比如华西村、南街村等典型。而仍然以传统农业为主导产业的乡村,农业生产摇摇欲坠,农田"撂荒"现象非常普遍。

2. 人口流动上的"离农化"

从事传统农业生产得到的回报不高,且又脏又累又苦,加之不可控自然灾害、市场波动等风险,告别亲人、离乡进城务工成为20多年来农村年轻劳动力的普遍选择。乡村常住人口数量骤减。1997年年末全国总人口为123 626万人。其中,城镇人口36 989万人,占29.9%,乡村人口86 637万人,占70.1%;2017年年末,全国总人口139 008万人,其中城镇常住人口81 347万人,占总人口比重(常住人口城镇化率)为58.52%,户籍人口城镇化率为42.35%,比上年末提高1.15个百分点。乡村常住人口57 661万人,占41.48%(见表4-1)。二十年间,城镇常住人口比重已经远远超过了乡村,并且幅度很大。

表4-1 1997年、2017年全国城乡人口数及其比例

| 年度 | 人口总数/万人 | 常住城镇人口 | | 常住乡村人口 | |
|---|---|---|---|---|---|
| | | 总数/万人 | 占总人口比例/% | 总数/万人 | 占总人口比例/% |
| 1997年 | 123 626 | 81 347 | 29.9 | 86 637 | 70.1 |
| 2017年 | 139 008 | 81 347 | 58.52 | 57 661 | 41.48 |

注:根据国家统计局公布的1997年和2017年《国民经济和社会发展统计公报》数据整理。

3. 社会结构上的断层化

多年来由于实行严格的计划生育政策以及青壮年农民进城务工,进而实现"常住地""身份""职业"城镇化,乡村常住人口不单从数量上大幅减少,而且结构上发生了巨大变化,"留守"者以老人、儿童以及体弱多病者为主,这些人在体力和智力方面存在不足,直接导致劳动力素质低,增收困难。据国家统计局公布的《2016年中国农民工监测调查报告》显示:

2016年农民工总量达到28 171万人,比上年增加424万人,增长1.5%,增速比上年加快0.2个百分点;在全部农民工中,男性占65.5%,女性占34.5%;农民工仍以青壮年为主,从平均年龄看,2016年农民工平均年龄为39岁,从年龄结构看,40岁以下农民工所占比重为53.9%,1980年及以后出生的新生代农民工已逐渐成为农民工的主体,占全国农民工总量的49.7%,农民工受教育水平不断提高。也就是说,进城务工的农民工以男性、青壮年人、文化层次较高的为主。相应地,留守在农村的必然是女性、儿童、老人和文化层次较低的青年人。伴随着儿童进城读书,学业完成后无心回乡,未来农村劳动者"后继无人",出现断层。

2011—2016年中国农民工规模及增速如图4-1所示。

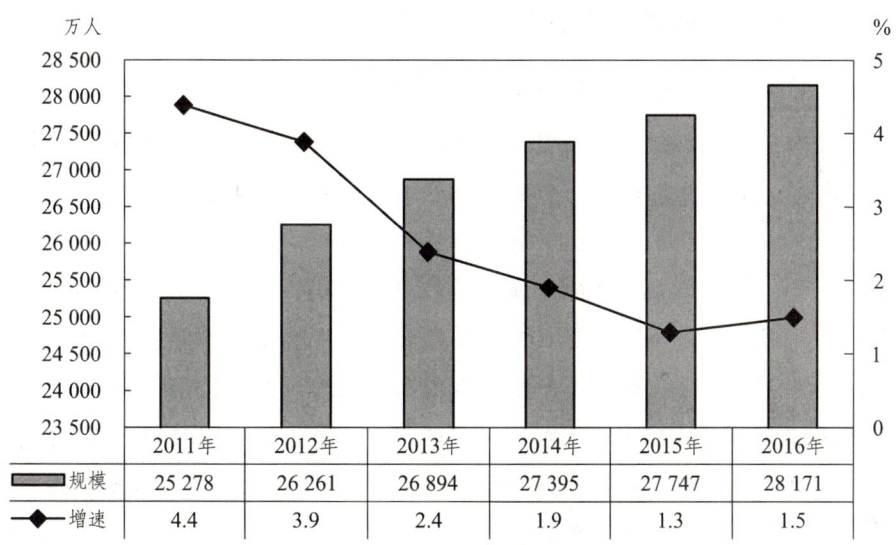

图4-1　2011—2016年中国农民工规模及增速

数据来源:《2016年农民工监测调查报告》http://www.gov.cn/xinwen/2017-04/28/content_5189509.htm#1

4.文化生态上的"空壳化"

文化,是人类生产生活中创造的物质、精神以及制度;农村文化是在广大乡村地区,由世代农民所创造并受其影响的物质环境、风俗习惯、价值观念、制度体系等的总和。我国有着悠久的农业文明,对一个具体的乡村而言，虽然政治环境经常变化，但乡村的乡村文化代代相传，具有很强的惯性和生命力，这也可能是中国文明一直延续的原因。传统的农村文化必须进行现代化改造，可以说，农村文化现代化也是农村现代化的重要内容，也是中国文化现代化不可或缺的部分，甚至是制约中国现代化的关键因素。中国农村文化，既有精华，需要年轻一代传承，也有糟粕，更需要年轻人进行改造。但是年轻一代"离农化""弃农化"以及人口结构上断层，使这种农村文化既无传承者，也无改造者，成为文化上的"僵尸"。目前，农村封建迷信抬头、婚丧嫁娶的陋习回流、人际关系世俗化等，就是农村文化现代化滞后的表现。

## （二）现代化冲击下的农村小学教育

### 1."进城打工"成为家长的教育愿望

"孩子为什么读书"，是教育的目的、教育价值在家长身上的直接反映。比较而言，由于生活范围以及受教育程度的局限，中国农民思考问题往往比较功利、直接，关注眼前的利益，或者盲目从众。在中国古代，对农民而言，要么不读书，要么读书就是识数识字，或者参加科举，具有良好教育背景的"耕读之家"只是乡绅或失落文人的一种生活理想。20世纪40年代，中国的乡村运动试图从根子上提高中国农民的文化素质，把乡村教育作为拯救中华民族的切入点，一大批有现代意识的知识分子在农村进行了教育实验，虽然最后似乎都失败了，但却引起了对中国农村积弊的反思。著名教育家陶行知一针见血地指出："中国农村教育走错了路！他教人离开乡下向城里跑；他教人吃饭不种稻，穿衣不种棉，做房子不造林；他教人羡慕奢华，看不起务农；他教人分利不生利；他叫农夫子弟变成书呆子；他教富的变穷，穷的变得格外穷；他叫强的变弱，弱的变得格外弱。"[①]中华人民共和国成立后，我国学习苏联的教育模式，采取城乡有别、"农村支援城市"的城乡二元结构，坚持农村教育为城市建设服务的"离农"倾向。

---

① 陶行知.中国教育改造[M].北京：人民出版社，2008：69-70.

"文化大革命"中，这种教育取向被批判，学校实行"开门办学"，"土专家""民间知识"引进课堂，农村教育实现了与农村生活的结合，但是农村教育走上了知识实用主义的狭隘路径。

20世纪80年代，政府和行政部门推行"三教统筹""农科教"结合的农村教育政策，旨在"为当地培养建设人才"，但随改革开放和市场经济的深入，这一政策并没有达到应有的效果。2007年之后，"城乡一体化"逐步成为中国实现现代化的战略选择，中国共产党十七大报告中首次提出了"形成城乡经济社会发展一体化新格局"的历史任务。在这样一种背景下，培养社会所需要的适应城乡一体化公民，就是我国城乡教育的共同目标。

然而，从目前情况看，农民对子女接受教育的最理想期望是获得高学历，然后进城，脱离农村，大部分则满足简单地从农民"多认识几个字"或者"将来学个技术，干着轻省活儿"，渗透着"读书无用"论思想，[①]对竞争的无助感、对教育的失望可见一斑。

2. 在城镇受"优质教育"成为普遍的选择

从20世纪末开始，伴随着城镇化、现代化进程加快，村民在子女接受教育问题上开始"舍近求远"，不再把村小作为孩子上学的首选学校，而是选择镇或县城里的学校，甚至选择学费昂贵的民办学校，该趋势愈演愈烈，到2000年之后，许多村小难以为继。其原因有三点：一是新时代农民的教育愿望发生了变化。随着农村生活水平的提高、独生子女的普遍化、进城务工后视野的拓宽、对现代化发展与人才关系的切身体悟，农民的教育主观愿望发生了变化，他们不但要接受教育，更在乎接受"优质教育"，不能使孩子输在起跑线上。二是"趋城化"创造了离村求学的机遇。在许多农村地区，房子再多再漂亮，也不足为奇，再帅气的小伙子也找不到媳妇，在县城买房结婚成为普遍时尚，移居县城、孩子在县城接受教育成为现实。三是原本农村教育质量无保障。由于我国长期实行城乡二元结构，国家在

---

[①] 曹晶. 农村基础教育目标定位的审思——基于河南省农村教育的田野调查[J]. 南阳师范学院学报（社会科学版），2014（1）：71.

农村学校投入不足，使得农村学校校舍、设备、师资等明显劣于城镇。尽管从 20 世纪 80 年代开始，国家通过各种途径在乡村建立了"希望小学"，但"希望小学"只是硬件环境，而师资队伍、教学设备等关键资源并没有优化。农民群众对城乡教育的巨大差距是非常清楚的，当条件允许后，从居住地、受基础学教育学校选择、文化环境等根子上"逃离"乡村，就成为一种必然、理想的选择。

3. "留守"儿童被"留守"老人隔代监护

从 20 世纪 80 年代开始，随着现代化、城镇化持续推进，中国出现了规模大、持续时间长、社会影响深的人口迁徙，其最大特点是大规模"离乡趋城"。"进城务工"成为新生代农民的普遍选择，"留守"儿童、"留守"老人成为农村人口的主要结构。进城农民打工挣钱后，再在县城买房，或者带着孩子在不同城市流动，成为"流动人口"，使得农村学校"门庭冷落"。农村儿童基础教育阶段求学的模式无外乎三种：一是就在本村读小学低年级，由"留守"老人监护，这是中国义务教育阶段最底层农民子女受教育的模式，这种类型占 20%左右；二是家庭条件相对较好的，儿童在乡（镇）中心小学寄宿制读书，每日或周末由"留守"老人接回监护，这种类型占 60%左右；三是家庭条件好的，在县城买房或租房，儿童由"留守"老人陪读，周末回乡村住两天，来回奔波。但不管哪种模式，儿童不是由父母看护教育，而是由"留守"的爷爷奶奶监护。

4. 教师是农村文化的局外人

历史上，农村小学教师与农民有着天然的联系。在古代社会，村学、村塾里的教师往往就是土生土长的知识分子。中华人民共和国成立后，"民办教师"曾经支撑着中国的农村教育，他们生于斯，长于斯，服务于斯，对乡村熟悉、有感情，也参与农村分粮、参与村务，其实就是部分"脱农"的农民。20 世纪末之后，随着教育制度化、教师专业化步伐加快，民办教师退出历史舞台，农村小学教师均由毕业大学生代替，或由县乡统管调配，不再具有农民身份，也不参与村务管理，教学任务完成后，居住在县城，属于在乡下工作的城里人,与农村、农民的感情处于剥离状态,是农村文化的局外人。农村小学教师的农村文化"局外人"身份,必然渗透在农村小学的城市化、离农化,使农村小学成为城市小学教育的翻版和末流模仿者,造成无特色、无内涵、无根基的农村小学教育。

## 第二节 我国农村小学"撤点并校"政策及其后果

农村小学在一个国家文明进程中、在现代化进程中起到了不可替代的作用,是构成了一个国家学校教育体制的基础。现代化有一个重要特点就是城市化,它使得全社会生育率下降,有限的新生儿童伴随父母流向城市,农村地区人口大幅减少,进而导致农村地区小学生源萎缩。从20世纪末、21世纪初开始,我国也面临着同样的冲击,并采取了"撤点并校"政策,打破了农村教育生态。

### 一、农村小学"撤点并校"的背景

从清朝末年开始兴办学堂,我国一直开展扫盲教育以保障人民群众的教育权,到20世纪80年代末,我国基本上每个自然村都存在小学。"村村有小学""人人有学上"曾经是我国引以为豪的教育布局。从规模上看,小学之间规模差异不大,且规模不小,甚至许多农村小学一度达到300~500人。从20世纪90年代开始,特别是2001—2012年间,由于计划生育的"一孩化"政策、农民工进城、城镇化、择校等因素,我国农村适龄儿童持续减少。

面对农村小学生源不断萎缩的现实,为了提高办学效率,2001年,国务院出台了《国务院关于基础教育改革与发展决定》,要求各地因地制宜合理规划和调整学校布局,农村中小学和教学点在方便学生就近入学的前提下适当合并。在此背景下,教育部和全国各地人民政府陆续出台了"撤点并校"的政策。尽管国务院的文件规定农村小学的"合并"是"适当"合并，且是"方便入学的前提下"实施，但"合并"的势头非常迅猛，原来一村一校的格局被彻底打破。

## 二、"撤点并校"政策实施的结果

### （一）农村小学数量骤减，多地完全"村小"消失

根据教育部网站公布的统计数据发现，1997年全国小学总数62.88万所，2010年为28.02万所，减幅达55.44%。其中农村小学数量从1997年的51.30万所降至2010年的23.42万所；超过62%的农村教学点被撤并，数量从18.70万个降到7.10万个。[①]总量减少了一半多，平均每天减少学校数为64所。21世纪教育研究院发布的报告指出，2000—2010年，在我国农村，平均每一天就要关闭63所小学、30个教学点、3所初中。也就是说，几乎每一小时就要消失4所农村学校。[②]据教育部公布的数据，截至2017年年底，全国共有小学16.70万所，比上年减少1.06万所，下降5.98%；另有小学教学点10.30万个，比上年增加4 561个，增长4.63%。[③]小学数量依然在减少，而教学点在增加。

农村小学数量减少的同时，学校规模也在不断萎缩。据中国农村教育发展研究院完成的《中国农村教育发展报告2016》显示：2015年，我国不足100人的乡村小规模学校共有111 420所，占乡村学校总数的一半以上。其中，不足10人的农村校点达3.39万个。另据《中国农村教育发展报告2017》显示，我国乡村学校数量持续减少，城镇学校数量缓慢增加。乡村小学数量由2012年的15.50万所减少到2016年的10.64万所，减少了31.35%；镇区小学由2012年的4.74万所减少到2016年4.46万所，减少了

---

[①] 单丽卿."强制撤并"抑或"自然消亡"？——中西部农村"撤点并校"的政策过程分析[J]. 河北学刊，2016（1）：171.

[②] 赵婀娜. 各地暂停农村学校撤并[EB/OL]. http：//politics. people. com. cn/n/2012/1123/c1027-19669582. html.

[③] 教育部. 2017年全国教育事业发展统计公报[EB/OL]. http：//www. moe. gov. cn/jyb_sjzl/sjzl_fztjgb/201807/t20180719_343508. html

5.91%；城区小学由 2012 年的 2.61 万所增加到 2016 年的 2.66 万所，增加了 1.92%；农村教学点数量持续增加，小规模学校占比稳定。2016 年，全国共有教学点 9.84 万个，较 2012 年增加 2.86 万个，增长了 40.97%，其中，乡村教学点有 8.64 万所，较 2012 年增加了 2.43 万所，占教学点总数的 88.21%。全国不足百人的小规模学校共计 12.31 万个，比上年减少 0.37 万个，占小学和教学点总数的 44.59%；其中，乡村小规模学校有 10.83 万个，比上年减少 0.31 万个，占乡村小学与教学点总数的 56.06%，占全国小规模学校总数的 87.98%。全国有无人校点 10 033 个，比上年增加 366 个；1~10 人的乡村校点 2.58 万个，比上年减少 0.81 万个。乡村小规模学校依然普遍存在。

2009—2010 年，华中师范大学课题组对全国 11 省农村学校、家长、教师等群体进行问卷调查，获取 3 075 个农村学校样本，其中在校生不超过 100 人的农村小学 1 161 所，占样本总数的 38.9%。[①]陕西省的情况也基本类似，陕西农村小学数量在减少的同时，规模也在持续萎缩。据《陕西教育事业统计年鉴 2012》显示：2012 年全省共有小学 7 994 所，比上年减少 873 所；2012 年陕西省小学在校生总数 2 346 152 人中，其中城区 665 475 人，校均 730 人，镇区 1 120 830 人，校均 441 人，乡村 559 847 人，校均 123 人，镇区和乡村小学共 1 680 677 人，校均 237 人，占 71.6%。[②]

地处陕西南部秦巴山区的汉中市，也有类似变化（见表 4-2）：伴随在校生持续下降，小学数也在下降，但下降的主要在农村，而城市小学反而在增加。而作为农村小学标志的教学点，消失最快。从校均规模上可以有趣地发现，小学总数减少，但校均规模在增加，其原因在于趋城化导致的县城及其以上超规模小学的产生，规模在 4 000 人左右的小学有多所。"平均"的结果是县城的大规模小学掩盖的一校（教学点）几人、几十人的小规模小学。

---

① 雷万鹏，张雪艳. 农村小规模学校师资配置政策研究[J]. 教育研究与实验，2012（6）：8.
② 陕西省教育厅. 陕西教育事业统计年鉴 2012[M]. 西安：陕西人民教育出版社，2013：213.

表 4-2　陕西省汉中市小学变化统计表

| 年份 | 小学校数 | | 在校生数/万人 | 校均人数/人 |
| --- | --- | --- | --- | --- |
| | 总数/所 | 其中教学点/个 | | |
| 2000 年 | 3 603 | — | 38.6 | — |
| 2005 年 | 1 909 | 367 | 29.229 7 | 153 |
| 2014 年 | 742 | 70 | 19.712 8 | 265 |
| 2016 年 | 489 | 195 | 19.74 | 403 |

数据来源：根据《汉中市国民经济与社会事业统计公报》《汉中年鉴》及其他途径收集资料整理。

有学者研究表明，大规模学校并不符合教育规律。中国教育科学研究院研究员储朝晖认为，比较合适的基础教育各学段规模是：幼儿园，每班30个学生以内，每园平行班3~4个；小学每班40人以内，每校平行班5个以内；初中每班40人以内，每校平行班6个以内；高中每班40人左右，每校平行班8个以内。超过上述规模的学校都属于超规模学校[①]，也就是说，只有学校规模适当，才能保证教育的可持续发展。就基础教育而言，幼儿园在120左右，小学200人左右，每班不超过40人，初中240人左右，高中300人左右，每班学生人数30~40人是比较科学的。超过该规模，叫大规模学校、大额班或超大规模学校、超大规模班；而低于该规模称为小规模学校或者小规模班。

## （二）"城挤、镇弱、村空"是县域内小学教育新结构形成，趋城化依然持续

经过2001—2012年的"撤点并校"政策推进，我国目前小学特别是地处广大农村地区、山区的镇区和乡村小学的现状是，其规模、质量等很不稳定，有持续向县城乃至更上端城市流动的趋势，可持续发展问题突出。导致的现实状况是：农村小学数量不断减少，在校生数和班级规模严重萎

---

① 储朝晖. 超大规模的中小学校太危险! [EB/OL]. [2010-11-29]. http://chuzhaohui.blogchina.com/1052592.html.

缩，甚至因没有生源而成空校，乡镇中心小学虽然暂时没有消亡的危机，但相对县城小学来讲，比较薄弱，而县城小学人满为患，部分县城小学在校生规模超过 5 000 人，不得不办分校。同时，由于小学生源不断涌入县城，政府不得不新办小学，老百姓到城里上学难成为新的民生问题。

此外，"城挤、村空、镇弱"的小学教育结构布局本身也是违背教育规律的，是一种异常的小学教育存在状态，势必会影响我国小学教育，乃至整个国民教育的健康发展。

### （三）"村小"消失后的联动效应陆续呈现，人民群众负担增加，不满呼声加剧

农民为什么宁愿放弃家门口的村小，托关系、花更多的经济投入和精力投入，把适龄儿童送到县城小学读书？除了部分学生家长在城镇化进程中，职业和居住地已经进城，还有相当一部分家长要么在外地打工，要么从业和居住地还在农村也要想办法让孩子进城读书。根本原因在于孩子家长希望孩子不但能有学上，还要上好学，上优质学校。而家门口的村小则无法满足其接受优质教育的强烈愿望，送孩子进城读书是不得已的选择。这使原本并不富裕的农村家庭增加了经济和精力投入，加重了经济和心理负担。因此，人民群众对教育的不均衡、优质教育资源的稀缺、农村小学教育的现状是极为不满的，这些问题已经成为呼声最高的民生问题。

## 三、反思

自从 2001 年国家启动"撤点并校"政策开始，政府、教育工作者、学者等已经发现该政策可能存在的问题。2004 年，教育部开始警觉，对农村地区过度的"撤点并校"进行纠偏，先后颁布《教育部关于进一步加强农村地区"两基"巩固提高工作的意见》《教育部关于实事求是地做好农村中小学布局调整工作的通知》，要求为避免因就学路程遥远造成小学生失学、辍学，对于地处偏僻的教学点予以保留；纠正简单化、一刀切、脱离实际、增加农民负担的撤并小学和教学点，到 2012 年彻底叫停撤点并校。学者的

批评、担忧的声音更为强烈，并开始研究如何应对农村小学可持续发展的"中国方案"。

### （一）政府对"撤点并校"政策的评估与反思

不可否认，持续十年的撤点并校，对优化教育资源配置、提高办学效率、"满足农民群众接受优质教育的愿望"、适应城镇化需求、改善教师生存条件和专业发展需要、小学的标准化建设、教育强县达标等有重要意义。政府及其官员肯定"撤点并校"成绩的同时，也承认存在的问题。2012年9月，国务院发布《关于规范农村义务教育学校布局调整的意见》指出撤点并校"改善了办学条件，优化了教师队伍配置，提高了办学效益和质量"；认为存在的问题是"部分学生上学路途遥远、交通安全隐患增加，学生家庭经济负担加重"。2013年3月8日，时任教育部部长袁贵仁在十二届全国人大一次会议第二次全体会议结束后接受了媒体的采访。当有媒体询问农村"撤点并校"是否已经失败时，袁部长表示，农村"撤点并校"是客观需要。一是因为人口政策造成学龄儿童大幅减少，二是部分农村孩子随父母进城上学，造成农村学生人数在减少。"撤点并校"总体上是好的，并不是失败的。但在撤并过程中出现操之过急的情况，有些应当保留的教学点没有保留。所以，教育部要求，做好规划，再来考虑。在没有做好规划之前，暂时停下来，并不是说这件事做错了。①

可见，政府对"撤点并校"政策执行的效果总体是肯定的，但肯定的同时也是有所反思，并及时采取了补救措施。

### （二）教育学术界对"撤点并校"政策的反思

一般而言，政府决策更多考虑"现实"价值取向，较少考虑理想价值、理论价值和未来价值。因此，政府的上述政策评估结论无可厚非。至于学术界，质疑的声音远远压过肯定的声音，比较有代表性的观点有以下几方面。

---

① 袁贵仁. 农村撤点并校并未失败[EB/OL].[2013-03-09]. http://lianghui.people.com.cn/2013npc/n/2013/0309/c357183-20734915.html

1. 有悖教育现代化的价值追求，与可持续发展主旨不符

教育现代化是传统教育向现代教育转化的动态发展过程，特指教育观念、制度、内容、设备和手段、方法、管理以及师资队伍等方面的现代化。《国家中长期教育改革和发展规划纲要（2010—2020年）》对未来我国"教育现代化"的外延规定为：更高水平的普及教育、惠及全民的公平教育、更加丰富的优质教育、体系完备的终身教育以及充满活力的教育体制等五个方面。保障公民普遍的、平等的接受一定年限的义务教育，满足民众接受教育的愿望，这既是现代公民的诉求，也是一个国家文明程度的象征，更是教育现代化的核心指标。对于农村地区、特别是偏远的农村地区而言，实现教育民主化，保障民众的受教育权，可能比在其他地区促进教育公平、教育民主化上更加具有现实意义。因为人口趋城化流动、办学效益等市场因素经常会冲击教育民主化的目标。因此，对农村地区而言，要实现教育现代化，保障民众的受教育权，必须树立科学的教育观。如果单纯从经济效益角度来讲，农村小规模学校撤并似乎理所当然，如果从现代化等于城镇化的逻辑出发，似乎农村小规模学校消失是教育现代化必然结果。但是，如果从教育现代化的本质、价值追求的理想化角度看，农村小规模学校不但不该撤并，而且必须办成优质教育。因为，村小承载了传统文化的期望、最底层民众的期望、教育改革的期望。如果家门口有优质的村小，哪怕规模再小，老百姓也会把孩子放心地交给村小。

长期研究我国农村教育发展问题的东北师范大学农村教育研究所邬志辉曾发出乡村教育现代化三问，在社会现代化、人口城镇化的今天，"我们还需不需要乡村教育现代化？需要什么样的乡村教育现代化？怎样才能实现乡村教育现代化？"[①]这三问，实际上就是要回答教育现代化的价值追求在农村的体现。我国是一个农业大国，农民、农村、农业被称为"三农问题"，是中国最大的国情。教育现代化，如果缺失了农村教育现代化或者农村学校消失，学龄儿童一律进城读书（表面上看，实行义务教育免去学杂

---

① 邬志辉. 乡村教育现代化三问[J]. 教育发展研究，2015（1）：53-56.

费,但进城读书的经济代价是学费的若干倍,且背井离乡),那中国教育现代化会成为世界笑柄,也会给中国教育、中国社会可持续发展埋下严重的隐患。

2. 造成了乡村文化生态失衡

从社会学角度讲,村小不单纯是一所"学校",更重要的是行政村落的文化中心,是保留、传播传统文化的最基层单位,是村落的文化堡垒。村小迅速"消逝"现象的出现拷问着村落文化的生存价值与政府的公共文化建设职责。村小撤并是新文化的撤离,是社会对村落文化的一次放弃。村小撤并破坏了"新文化内嵌式"的村落文化生成结构,打破了城乡间的文化均衡,危及农村文化自然生态的延续。村小撤并不只是一个教育成本计量问题,更是一个事关国家核心文化利益的社会问题。因此,应坚持村小的"文化公益组织"属性,坚持学校布局与文化布局兼顾的村小布点原则,坚持将文化收益评估作为村小撤并的基本依据,是国家顺利履行其公共文化建设职责的理性之举。[①]长期以来,由于城乡二元结构,山区县农村小学教育的目的不是为了农村的发展,而是为了离开农村,过去是"脱农皮",现在可能是为了进入城市,成为打工者或者城市边缘人,农村的发展诉求经常被边缘化,处于"离农"状态。孩子进入初中后,许多家长,甚至老师发现,一旦孩子上大学、上好大学无望,孩子往往就自暴自弃,成为"问题学生",家长也束手无策。学生长大后,回到农村发现自己没有掌握任何现代农业技术,但是又不甘心做传统农民,于是只能游离于城市与乡村之间,成为谁也说不清的社会"边缘人"。这是农村教育现代化的最大困境。其根源在于乡村教育的城市化导向,乡村教育中很少有乡村自己的内容,甚至提出"城乡一体化"的模式,并不断强化这种导向,似乎表面上促进了城乡教育的均衡发展,实际上乡村特色、传统文化特色已经被逐步消解。

3. 加重了农民负担,引发新的社会问题

教育现代化是我国的一项基本国策,而农村教育,特别是农村小学教

---

① 龙宝新. 村小"消逝"现象的文化学思考[J]. 中国教育学刊, 2012(6): 12-16.

育是我国教育的薄弱环节，是我国教育体系的低端，是制约我国"基本实现"教育现代化的瓶颈。由于历史欠账太多，农村教育、农村小学教育，特别是中西部农村小学教育、农村小学教育中的村小，存在的教育教学质量问题一直是"三农"问题的表现形式之一，也是老百姓意见最大的问题。始于2001年、止于2012年的"撤点并校"，使农村小学教育结构布局发生了重大变化，现代化、城镇化的强力推进，又使得我国农村小学处在全新的教育生态环境之中，旧的问题尚未破解，新的问题又开始出现，诸如乡村孩子上学难、家长负担增加、去乡村文化和民族传统文化、县城和乡镇小学大班额、寄宿制、亲情缺失、乡镇中心小学可能再度弱化等问题，使得农村小学教育处在新的发展危机之中。因此，深入农村小学教育一线，从大数据的技术，搜集农村小学教育面临的环境和生存状态，分析制约农村小学教育可持续发展的深层次问题，特别是价值追求、教育理念、心理状态等深层次的原因，是破解农村小学教育发展的现实基础。

4. 其他国家的普遍做法和经验

在教育现代化进程中，农村小学的布局和可持续发展曾经是美国、日本等发达国家普遍经历过困境。他们早期的普遍做法是撤并小规模学校，并一直持续到现在，但现在撤并更为谨慎，对偏远乡村、小岛依然保留小规模学校，甚至一人一校，并且这些小学校办学质量高、特色鲜明。比如日本，为应对农村学校规模过小的问题，日本采取了合班、合校的方式，但依然保留了大多数的小学校或班级，小规模学校或班级依然是偏远地区基础教育的主体。同时，通过农村小学校服务地域经济文化，形成有特色的农业教育、地域文化教育，培养地域性综合人才，已经成为日本乡村学校教育的一大特色，实现了农村小学教育的可持续发展。[①]在美国，"撤点并校"有着深刻的教训，和我国相似，从20世纪初开始，为了提高办学效率，应对农村人口减少问题，美国开始撤并农村小规模学校，到20世纪60

---

[①] 李文英，刘云. 日本农村中小学"撤点并校"及其启示[J]. 外国中小学教育，2013（11）：34-37.

年代达到高潮。但伴随着教育民主化、现代化进程的推进，特别是大规模学校未必有高质量的教育，出现了"乡村复兴"运动，城市居民向小城镇迁移的热潮，到 90 年代，美国出现了小规模学校运动。[①]在发展中国家俄罗斯，面对农村人口不断减少，俄罗斯政府没有撤并小学，而是规定农村小学无论其学生人数多少均予以保留，并加大扶持力度，对农村教育的结构、经费、师资、管理进行统筹布局，推进农村教育的整体现代化。[②]反之，拉美国家和东南亚国家曾经出现的"中等收入陷阱"，主要原因在于这些国家在推进城镇化进程中忽视了农村和农村教育，从而制约了现代化进程，并且一蹶不振。[③]总之，西方许多国家在应对农村适龄儿童减少的情况下，没有一刀切地裁减学校，而是适度撤并，如有必要，哪怕一人一校也与保留；同时，在教育政策支持、教育质量、办学特色等方面进行了不懈努力，已经积累了农村小学可持续发展的经验。

## 第三节　农村小学未来发展的矛盾与冲突

　　简单地从民意出发、从民生角度出发，毫无疑问，农村小学必须存在，现有的农村小学必须办好，这也是符合世界现代化、教育现代化的大趋势的。但是，在如何办好农村小学的问题上，我们还存在许多矛盾和纠结。尽管国家政策已经明朗化，但在如何发展农村小学教育问题上，还有许多矛盾和冲突，表现在国家战略、农村小学自身发展道路、政各级政府的政策执行力度以及教育科学理论研究的引领与服务等方面。

---

① 吉云. 让"撤点并校"少走弯路——中美农村学校合并的比较研究[J]. 教育探索，2010（8）：146-148.
② 于海波. 俄罗斯农村教育现代化及其启示[J]. 外国教育研究，2007（12）：34-38.
③ 凡勇臣，邬志辉. 农村教育现代化的解释逻辑和价值定位[J]. 教育科学研究，2015（7）：10-15.

## 一、农村小学地位的矛盾与冲突——公平与效益、理想与现实的纠结,国家能否正确战略抉择

农村小规模学校的存废问题,是教育事业决策时的理想和现实的问题,是不同的教育价值的选择问题,也是一个令人纠结的问题。表面上看,"撤点并校"是政府的教育决策,是根据人口现实的学校布局问题。学校如何布局的决策主体是政府,政府决策更多倾向于"效益原则""现实原则",包括我国在内的世界各国在现代化进程中,面临农村人口趋城化、农村适龄儿童减少的客观实际,都遵循这两条原则对农村小规模学校进行撤并。只不过中国政府力度更大、更彻底,尽管 2012 年叫停"撤点并校",但"村小"已经消失殆尽,农村小规模学校由原来的"村小"上移到镇中心小学,或者撤乡并镇后原来"乡"中心小学,并且,这些原本中等规模或大规模的"中心"小学的生源却在持续萎缩,学生又持续涌向县城,给县城学校、给家长、给政府管理带来巨大的压力。仔细研究还会发现,政府决策"撤点并校"的"现实原则",其实有着丰富的内涵和深层次原因:除农村小学客观上人数减少的现实外,长期的城乡二元结构导致的农村教育质量低、师资队伍不稳定、教学条件差等,导致了老百姓"主动"放弃家门口的村小,付出托关系、掏腰包、租房、专人接送等巨额成本,送孩子进县城。所以,从这个角度讲,"撤点并校"似乎满足了"人民群众接受优质教育的强烈愿望",顺应了时代潮流。罗建和调查显示,有 64.9%的家长对村小合并表示支持,只有 23.0%的家长不支持,3.4%的完全不支持。[①]但是,"支持"的背后,是对"现实"的无奈接受,是"被"主动。而造成"现实"的深层次原因是我国长期的教育非均衡发展,是决策者对农村教育价值的认识缺位。

近几年,研究者"恢复村小"的呼声不绝于耳。学者们更多考虑教育自身的价值、村落文化的坚守与创新、教育现代化的价值追求、国外的经验等,更多是从一种理性的角度、教育自身可持续发展的角度来考虑。面对目前我国农村小学布局趋城化、小规模化以及村小的渐亡趋势,"城挤、

---

① 罗建河. 家长眼中的村小合并[J]. 中小学管理,2011(8):45.

镇弱、村空"的现实并没有带来原来设想的效益，反而引起了教育的更加不公平、家长负担加重、大班额学校、新学校建设、农村学校闲置、村落文化消亡等新问题，国内许多学者把研究的视野更多集中在批判"撤点并校"的政策、论证村小存在的价值，甚至有学者提出"村小恢复重建"。[1]也有学者认为，"撤点并校"固然是目前中国社会各种利益的博弈，给农村小学教育提出了巨大挑战，但农村小规模学校也面临着发展契机：经过"撤点并校"运动，教育决策开始"从非理性到理性的跨越，发展农村小规模学校成为社会共识；农村小规模学校有独到的天然优势，'小班化'是未来发展的趋向；党和国家的高度重视也为发展农村小规模学校带来历史转机。在新的背景下，转变农村小规模学校的发展观、变革农村小规模学校的管理方式以及提高农村小规模学校的办学条件等都是值得尝试的探索之道"，因此，可能也必须"重振农村小规模学校"等。[2]当然，面对农村小规模学校的现实，必须重新审视小规模学校在教育现代化进程中的定位和可持续发展问题。

　　教育理想和现实之间往往存在背离现象。表现为理论和实践之间，思想家、理论家、政治家、管理者、校长、教师、家长、学生等层层背离，[3]理想和现实永远是一对矛盾、是决策时的纠结，智慧的决策者往往不走极端，既不失教育理想，又观照现实。因此，从目前"现实"角度考虑，"恢复村小"可能暂时只是学者的一厢情愿，只是一种理想，即使政府又运动式的"恢复村小"，但老百姓不把孩子送到家门口的学校，宁愿"舍近求远"，又会造成巨大浪费。"恢复"的前提是教育教学质量与城镇的均等。所以，"恢复村小"的条件，目前来看并不成熟，简单"恢复"又是运动式的劳民伤财：城镇化还在持续、乡村教师依然无人愿当、教学设施依然落后。所以，先稳住阵脚，稳定现状，止住"撤并"步伐，止住乡镇中心小学的

---

[1] 孙刚成，翟昕昕，马婷婷.村小恢复重建的必要性及趋势[J].现代中小学教育，2015（9）：8-10.
[2] 赵亮.后撤点并校时代：重振农村小规模学校[J].中国教育学刊，2015(12)：36-39.
[3] 董文军.教育目的的理想与现实的背离及其协调[J].教育理论与实践，1994(3)：13-15.

持续弱化。与此同时，从政策上支持办好现有的小规模小学和乡镇中心小学，提升教育教学质量，增加小规模小学的吸引力，等待条件成熟时逐步恢复村小，是目前乃至以后一段时间比较理性的选择，也是一种大趋势。

## 二、农村学校发展的价值与路径的矛盾与冲突——培养什么样的人，如何培养的创新与重构，能否创新发展

如何"稳定"现有农村小规模小学，使其不再萎缩甚至持续消亡，进而实现教育均衡发展、优质教育均衡发展？

传统的农村小学发展与城市发展是同质化的，教育目的、教育目标、教育管理体制、教育教学方式方法、教学内容是完全一致的。其必然结果是升学、离农，为工业化培养劳动者，培养过程和衡量标准整体划一，缺乏个性。如果从传统的经验和惯性出发，农村小学没有未来，只会越来越萎缩，继续弱化，直到全部消亡。必须从理论上、实践上重新审视农村小学教育的发展理念和路径。

如果从教育现代化的价值追求、从西方较早实现教育现代化国家的经验以及现代教育特点等方面看，教育，特别是基础教育的基本价值、教育目的是有共同点的，有底线的，这就是培养适应现代化的合格公民，必须培养其基本的素养。但是在保持基本价值的同时，也提倡差异化、特色化、个性化发展，特别是在如何实现法律规定的教育目的、方针的具体路径上是有差异的。

新时期，如何超越传统的农村小学发展理念和路径，国内已经有学者提出了很好的思考和建议。如本书第一章所述，从2010年前后已经有许多研究者从不同角度进行了探讨。概括起来有以下几种思路。

一是从理论上，主张重新认识和重建"村小"存在的教育价值。如陈智认为，农村小学教育的培养目标不应当局限于"去农"取向的城市公民教育，而应当是培养新型农民。[1]蔡志良认为应慎重推进"撤点并校"，反思

---

[1] 陈智. 我国"村小"教育价值反思与重建[J]. 教育学术月刊，2013（10）：19-22.

农村教育的改革和政策设计上的经济主义导向，实现教育正义，重建乡村文化，复兴乡村教育。①陈国华认为农村教育现代化的发展路径不同于城市教育现代化，有特殊的价值规约，农村教育现代化的价值指向应为均衡、优质和特色。②

二是从发展思路和路径上，认为农村教育现代化实现的路径，有别于城市，应立足乡土文化，自救发展。邬志辉认为乡村教育现代化应当是基于乡村教育资源优势和儿童经验特点的乡村且现代的教育。③张燕提出，农村小学发展应当坚持以学生为本的理念、试行小班化教学、建立标准化寄宿学校。④孙刚成提出国家通过缩小城乡差距、发挥农村特色、管理民主化、经费多样化、提升农村小学教师地位等在农村教育发展中发挥主力军作用，村小自身通过校本课程开发、高素质教师配备、与城镇小学协作等方式自救发展。⑤

三是从具体策略上，主张小班化教学。郭喜永提出通过建立（乡）镇中心校与村小一体化机制破解农村小学教育可持续发展问题。⑥赵亮认为发展农村小规模学校已经成为社会共识，农村小规模学校有独到的天然优势，"小班化"是未来发展的趋势，因此农村小学教育从理念上应当重构评价体系，管理方式上注重联盟办学与内涵发展，支持保障上应当稳定师资与保障经费。⑦

学者在支招的同时，针对农村小规模学校，一些地方政府也开始摸索有中国特色的农村小规模学校可持续发展的道路，已经有一些成功的案例。

---

① 蔡志良，孔令新. 撤点并校背景下乡村教育的困境与出路[J]. 清华大学教育研究，2014（2）：114-119.
② 陈国华，农村教育现代化的误区、现实问题与发展策略[J]. 现代教育论坛，2015（6）：19-23.
③ 邬志辉. 乡村教育现代化三问[J]. 教育发展研究，2015（1）：53-56.
④ 张燕. 乡村小学撤点并校之"理性纠偏"，教育评论，2013（2）：30-32.
⑤ 孙刚成，翟昕昕，马婷婷. 村小恢复重建的必要性及趋势[J]. 现代中小学教育，2015（9）：8-10.
⑥ 郭喜永. 一体化管理：破解村小留存与发展的良方[J]. 现代教育科学，2015（1）：5-8.
⑦ 赵亮. 后撤点并校时代：重振农村小规模学校[J]. 中国教育学刊，2015（12）：36-39.

比如，浙江斥资 11 亿元完成对 6 个班建制以下的农村学校的调整改造，使保留的学校达到基本的办学条件。①福建省也出台政策，支持农村小规模小学，不但保留 100 人以下的小学和教学点，还通过经费、师资、设备等方面予以政策倾斜。②有的地方在乡村实行"小幼一体化"、村委、小学"村校合一"等生活化、社区化发展模式，③重点加强乡镇一级学校建设，比如山西晋中市，湖北黄梅县、通榆县，反其道而行之，通过镇级学校吸引农村学生回流，解决了县城小学大班额问题。四川省广元市利州区范家小学校长张平原走出了一条新路子，他联合周边 14 所小学创立"广元市利州区微型学校发展联盟"，让偏远小学资源共享，抱团发展。④

这些理论上和实践上有益的尝试，一是说明基层对农村小规模学校存在的必要性有所觉悟，二是已经在农村小规模学校如何发展上开始创新，三是农村小规模小学自身的改革与创新应该是系统的、整体的，包括办学定位、办学模式、办学特色、管理体制、教师专业发展等各个方面。

但这只是开始，农村小学发展的理论还不成体系，实践探索刚刚开始，理念和实际的矛盾还将长期存在，可能还有反复，甚至更激烈的冲突。这是农村教育研究者、农村小学教育管理者和实践者未来必须面对的现实，并必须做出抉择。

## 三、政府管理的冲突与纠偏，能否"纠"到位

到 2020 年，我国要基本实现教育现代化，这是我国未来教育发展的战略目标。实现教育现代化，难点、重点在农村，在农村小学，特别是经济欠发达的农村小学。我国中央政府已经清醒地认识到这一点，并从政策层面已经向农村中小学倾斜。2010 年，我国颁布了《国家中长期教育改革和

---

① 江耘. 浙江两年注资 11 亿农村小规模学校"转型升级"[EB/OL].[2010-5-18]. http://learning.sohu.com/20100518/n272203471.shtml
② 杨兰，张业强. "后撤点并校"时代小规模学校的复兴[J]. 教育发展研究，2014（6）：68-72.
③ 杨东平. 未来农村教育的新图景[J]. 人民教育，2015（22）：32-35.
④ 盛梦露. 乡村义务教育弱势化、空心化趋势加剧[N]. 教育文摘周报，2015-12-30.

发展规划纲要（2010—2020年）》提出的战略目标是"到2020年，基本实现教育现代化"，具体包括：实现更高水平的普及教育、形成惠及全民的公平教育、提供更加丰富的优质教育、健全充满活力的教育体制、构建体系完备的终身教育等。要"推进义务教育均衡发展，均衡发展是义务教育的战略性任务"，"切实缩小校际差距，着力解决择校问题。加快薄弱学校改造，着力提高师资水平"。"加快缩小城乡差距。建立城乡一体化义务教育发展机制，在财政拨款、学校建设、教师配置等方面向农村倾斜。率先在县（区）域内实现城乡均衡发展，逐步在更大范围内推进"。2015年6月，国务院办公厅印发的《乡村教师支持计划（2015—2020年）》指出：到2020年全面建成小康社会、基本实现教育现代化，薄弱环节和短板在乡村，在中西部老少边穷岛等边远贫困地区。这些政策客观上控制住了农村小学持续过度"撤并"的步伐，并在一定程度上缓解了农村小规模小学发展的困境，为其可持续发展提供了政策保障，但是，国家层面政策支持必须是可持续的、不断深化的，并且力度还须加大。

农村小规模小学可持续发展固然离不开国家的倾斜性宏观政策扶持，而省、市、县等基层人民政府如何在贯彻好国家政策，使其落地生根、开花结果的同时，出台域内符合域情的扶持政策也非常关键，特别是对于类似四川省广元市的"小规模小学联盟"等带有民间特点的探索应及时发现、科学引导、有效推广，是各级地方政府的应尽职责。

## 四、理论研究自身的冲突——学校规模与效益的理论研究，能否科学有效引领

农村小学，特别是乡村小学、西部地区山区县的小规模学校，该如何实现教育现代化？在不可能、也不应该人为"消灭"村小的条件下，如何科学布局农村小学？如何传承乡土文化？如何止住持续趋城化趋势，适应城市化之后，人口流动由城市重新涌向农村的"逆城市化潮流"，如何破解村小存留与发展的障碍，有预见性地规划未来农村小学？如何进一步理顺

城市、乡镇、乡村小学三者之间的关系？小规模学校是教育现代化的外在形态，如何办好小规模学校、办出特色、办出教育现代化的特质，实现农村小学的可持续发展？这些问题是现实问题，需要实践上的破解，涉及国家政策导向的宏观层面，学校管理的中观层面，以及教师数量与质量、课程设置、教学组织形式、评价等微观层面，拿出符合教育现代化本质与趋势，又具有可操作性的对策。这些问题似乎是现实问题，实际上也是新的教育理论问题，毫无疑问应当进入研究者的学术视野。

  我国教育现代化进程中的农村教育问题，特别是农村小规模学校发展问题，是近几年才引起管理者和学者们研究和重视的热点问题。2013年，时任教育部部长袁贵仁在全国教育工作会议上讲话指出，要研究"基本实现教育现代化的薄弱环节有哪些在哪里，需要采取什么样的工作思路和推进策略"。2016年他又再次提出我国教育发展必须贯彻"创新、协调、绿色、开放、共享"五大理念，"在城乡教育发展上，要把农村教育作为重中之重"，"解决发展可持续问题"，"关注身处不同环境中的孩子"，等等。2014年"农村小规模学校建设与发展论坛"上，与会代表一致呼吁坚持办好村小，是保障教育公平的底线，村小的存在和质量，是教育公平的底线和标杆；"小"学校、"小"班级，具有"超级"学校、"超级"班级不可替代的作用，特别是在学生的人际交往、个性展示机会、同辈情感交流、师生关系等方面具有优势，可以弥补"超级"的不足、弥补留守儿童带来的情感缺失；更利于孩子从小掌握国情、耳濡目染传统文化、传承乡村文明。①所以，小规模学校不仅不应撤并，而且应该视为探索更加符合人性的、更具有现代性的教育路径。②

  其实，农村小规模学校的许多问题没有破解，甚至一些基础性的问题，我们的认识还停留在经验层面，甚至错误的直观经验层面。比如，小规模学校是不是必然就是办学成本就高？经验和传统的经济学理论回答：是的。

---

① 申宁. 农村小规模学校具有不可替代的主观价值[N]. 教育文摘周报. 2014. 12. 3（6）.
② 杨兰，张业强."后撤点并校"时代小规模学校的复兴[J]. 教育发展研究，2014(6): 67-72.

然而，美国学者劳伦斯总结了小规模学校存在的诸多教育和社会效益、对社区的积极影响，以及大规模学校对学生、教师的消极影响。他使用所收集的 489 所学校的数据证明小规模学校的效益，反驳了小规模学校成本过高的看法。①如果该研究结论是科学的，那么，"撤点并校"的依据立即丧失。因此，诸如农村小学的价值、教育现代化进程中的传统文化与教育、人的现代化、小规模学校教学规律、小规模学校办学效益等理论问题更值得研究，以为教育决策提供科学依据，这可能是我国教育发展中，教育理论研究滞后于教育实践，导致教育决策的种种失误的根源所在。此外，及时总结我国农村小规模小学实现可持续发展中的经验，也是研究者必须承担的必然使命。

---

① 申宁. 农村小规模学校具有不可替代的主观价值[N]. 教育文摘周报. 2014. 12. 3（6）.

# 第五章 国外农村小学的发展经验和措施

对一个国家来讲，经济、地貌、文化背景、城乡等自然文化差异是客观存在的，国土面积越大、人口越多、民族越复杂、历史越长，这种差异越大，并且这些差异无疑对国家整体现代化的进程是有影响的。在现代化进程中，许多已经步入现代化的国家在实现教育现代化的进程中，也遇到过因为上述差异导致的农村小学发展危机，其走出危机，推进教育现代化，实现农村小学可持续发展的经验是值得借鉴的。

## 第一节 世界部分国家教育现代化进程中农村小学发展的政策

从世界范围讲，美国、日本和俄罗斯等国家是较早进入或正在进入现代化的国家。其现代化都得力于教育现代化的成功实现。在其教育现代化进程中，其农村小学都曾经遇到过与我国类似的困境，但他们却没有忽视农村小学教育，反而把发展有质量的农村小学教育作为实现和衡量教育现代化的重要内容。其中，日本经验最为典型。

### 一、日本

日本的国土总面积，包括各小岛在内，共计 377 835 平方公里。其中土地面积 374 744 平方公里，水域面积 3 091 平方公里；国土面积的 3/4 是被森林覆盖的丘陵和山地。日本平原较少，且地震和火山活动较多，属于资源贫乏、自然灾害频发的山地岛国,既有人口密度大、现代化程度高的大型城市及其发达的小学教育,也有地处偏远的广大农村地区及颇具特色的小学教育。虽然自然条件恶劣,但日本的现代化进程和程度,包括教育现代化的进程和程度被公认处在世界前列,其广大农村地区的小学没有因城市化而消失,而是以质量、特色实现了发展。

### (一)日本教育现代化的进程

日本的现代化肇始于19世纪中后期的明治维新,它既是日本历史上的一次政治革命,也是一场涉及政治、经济和社会等方面的大改革,并因此而促进日本的现代化和西方化,使日本走向富国强兵的道路,也奠定了日本的经济基础。日本的真正现代化其实在第二次世界大战后,实现了基于资本主义民主化的现代化,也是其基于民主化的教育现代化的开始。

明治维新以来,日本教育经历了三次大的改革,成为其教育现代化的里程碑,逐步建立起日本的现代教育体系。

1. 明治维新时期的教育普及

日本的明治维新始于19世纪60年代。在西方列强掠夺威胁下,日本深刻认识到国不富民不强则国不兴,于是进行了自上而下的改革。这次改革明确提出"求知识于世界",颁布了主要以法国教育制度为范本的《学制》,表现出日本学习西欧先进技术和思想的强烈愿望。明治维新使日本形成了比较完整的欧式学校体系,而其中最大的成就是:

(1)高度重视普及教育,全面提高了国民素质。

日本在走上近代化道路的起始阶段,就已经意识到普及教育和提高国民素质的重要性。为了普及初等教育,日本进行了大量的投入,教育费支出总额在1893—1907年的14年间增加了6.4倍,同时小学生人数增加了将近两倍,小学增加了2 795所。还规定义务教育年限为4年,费用由国库负担,1907年又将义务教育年限延长为6年,并奖励普通平民就学,力求做到"邑无不学之户,户无不学之人"。1902年男女儿童就学率已超过90%,这在当时的世界上是极为罕见的。普及教育为日本培养了大批高素质的国民和劳动力，为生产力的迅速发展打下了坚实的人才和技术基础。

（2）改造封建主义教育，提倡实学。

明治维新时期的日本政府，为了实现现代化，从教育上首先批判并着手改造"虚理空谈"脱离实际的日本传统教育，提倡先教授日常需用的语言、书写和计算方面的知识，再进一步教授各种职业所需的知识和技术，"人人都要立其身，治其产，兴其业"，学校要给人立身处世的学问。高等教育机构的功能主要是专门教育，是尽快将西方先进的文化和科学知识传授给学生，以培养国家领导人和各领域的骨干。此外还设立了一些私立的专门教育机构，如外国语学校、医学校、东京法学校等。

几乎与此同时，我国清政府也意识到学习西方的重要性，以洋务派为代表的清朝官员也设立了一些学习西方"经世致用"之学的学校，如京师同文馆、福州船政学堂等30多所新式学堂，还选派幼童、学堂优秀学生赴欧美留学，但办学思想仅仅是"中体西用"，即"中学有未备者以西学补之，中学有失传者以西学还之，以中学包罗西学，不能以西学凌驾中学"，根本不愿触及封建教育的核心。这一时期也有学者意识到"开民智"的重要，但受教育仍是少数人的专利，普及教育还远未进入，也根本不可能进入中国封建统治者的视野。这也是我国虽然与日本有同样因落后而挨打的切肤之痛，也有教育改革的愿望，但没有触动封建教育的核心，没有抓到"普及义务教育"这一现代教育的实质，所以，教育现代化半道而废。

2. 第二次世界大战后教育民主化改革

第二次改革是第二次世界大战后日本作为战败国接受美国占领军的民主化改革，这次改革基本以美国的民主教育为模版，对日本的军国主义教育进行彻底的清算。因而可以说第二次改革是个美国化的过程，其教育现代化改造的重点是教育民主化、个性化和法制化。

（1）教育民主化、个性化。

民主教育的基本点就是承认个人的价值和尊严，教育制度要适应个人能力，日本战后的改革革除了过重的国家主义，充分尊重了人格和个性问题，实施"以完善人格为目的的教育"。

（2）教育法制化。

日本改过去天皇救令的方式为法律形式，使重视教育的观念用法律固定下来。第二次世界大战后，封建色彩极浓的军国主义教育被清算，代之以具有民主化色彩的现代教育制度。1947年按日本国宪法精神颁布的《教育基本法》又被称为"教育宪法"，是教育的根本法，确立了以法治校的开端，这在日本教育史上具有划时代的意义。此后还颁布了《学校教育法》《义务教育国库负担法》等等，为战后日本教育持续稳定发展提供了保障。

3. 20世纪70年代的全面现代化阶段

虽然，经过第二次教育现代化的改造，日本的教育现代化取得了巨大成功，也使日本经济社会发展快速步入世界现代化国家的行列，但日本也面临着许多国际国内的新问题：一方面是刻板划一、教育质量和科研水平低下、考试中心主义等"教育荒废"问题；另一方面是国际化的快速进展、科学技术的急剧更新，也导致日本教育赶不上时代步伐，严重落伍，甚至产生许多"教育病理"。这些因素促使日本进行第三次教育改革。第三次改革不同于前两次，它是日本在没有外来压力的情况下，根据国际国内形势的变化而自觉自主地进行的，因而有时间对本国的教育制度进行全面的反思、充足的讨论。这次改革的成就表现在：重新重视传统文化，弘扬民族自豪感，从西方化回归日本化；继续巩固、深化第二次教育改革确立的民主、个性化的教育原则，朝着教育的多样化、国际化、终身化方向努力。[1]

可以说，日本的教育现代化从时间上经历了100多年的历史，包括明治维新时期的启动，二战后的美国式教育民主化、个性化，20世纪70年代的主动、全面的教育现代化三个阶段。

（二）日本偏远乡村地区小学教育的特色

在日本，虽然有国际化的大都市，但是更多的是偏远的小岛、乡村和

---

[1] 段云华. 日本教育现代化对中国的启示[J]. 湖北成人教育学院学报，2001（1）：8-10.

山区。为了使边远乡村地区也能够普及教育，保障这些地区教育的发展，实现缩小教育差距，日本制定了一些具体的政策措施，如：边远地区乡村学校会得到不同数额的补助金；国家补助边远地区乡村学校兴建中小学教职工住宅，以稳定乡村中小学教师队伍；国家补助边远地区乡村学校订购校车以方便学生上学；国家补助为住宿学生免费提供食宿；等等。正是出于教育现代化的需要，这些由"政府"提供的向边远地区给予的倾斜政策，保障了对包括山区在内的农村基础教育的发展，也使第二次世界大战后日本的基础教育现代化水平迅速提高，其经验值得我们借鉴和反思。

1. 民众有重视山村教育的传统，山村小学校在区域文化生态中具有独特地位

在乡村，特别是山区乡村，小学校不但是适龄儿童求学的地方，更是乡村文化生态环境的重要组成部分，是传统文化传承的主要传播、继承的场所。在日本，始于明治维新的兴办学校运动，学校已经成为山村现代化的标志，在农村村落共同体起着越来越大的作用。和城市贫困地区相比，日本农村学校教育的普及的进展更为突出，形成了日本学校和村落共同体或村町区域互相依存的特殊局面，学校成了地域历史文化的中心地。如，在山村，有学校运动会还有地区运动会，这就形成了与村落共同体互相依存、地区活动仪式和学校活动仪式相结合的学校体制。此传统在居民以农、林、渔业为生的地区尤为普及。

当然，与其他国家一样，在日本现代化进程中，乡村小学校也曾受到冲击，也曾经围绕存废问题不断纠结，特别是在偏远的地区，国家和地方自治体的教育模式被抛弃的并不少见。但当地居民却靠自己的力量积极提倡建立学校，这与日本重视乡村小学校的历史传统有着密切关系。

在日本，近代以前江户时代的农村，就有武士、平民、僧侣、神官、医生等人开办的平民教育机构，即寺子屋和乡学，从19世纪30年代起大量增加，直至明治时代为小学所代替。寺子屋是专门为平民子弟开设的初等教育机构。教育内容重视实用，主要进行读、写、珠算等对日常生活有

用的知识、技能教育。儿童通常六七岁入学，学到十至十三岁开始当学徒，学习年限一般为四五年。寺子屋的经营管理者和教师绝大多数是农、工、商或医生等平民百姓。经营者在江户、大阪、京都等大城市多数是中层程度的商人；在山村和渔村，大部分是村长村吏等。寺子屋在日本教育史上占有重要地位，明治维新后日本普及小学，是和幕府末期寺子屋的繁荣发展密不可分；乡校设在乡村，一般是在幕府或藩的许可、监督和保护之下，由幕府、藩直接管辖，对武士子弟和平民子弟施以初等教育，既有由藩主及其亲族出钱资助创办的，也有民间热心教育事业的办学者办的，或由民间知名人士开办。教学内容主要是读、写、算，特点是重视道德教育，是一种特殊的介于藩校和寺子屋之间的教育机构。这种由政府监督设置和帮助的、面向本地各阶层民众的教育机构，显示了江户时代学校教育机构中公立因素的增长，成为近代公共教育的萌芽。

到了明治时期，明治维新运动推行"学制令"，地区居民的学校设施充实意识非常强，地区居民自筹资金办校，当时的大部分教育费用并不是由政府负担，而是由乡镇村的团体或居民来负担的，由此可见民众对教育的重视。以农、林、渔业为生的偏远地区居民，开设了可以学会掌握读书、计算的学校，成了人们赖以生存的不可缺少的一部分。在农村，对于当地居民来说，小学不仅是孩子们学习的场所，也是成年人接受各类培训或进行扫盲的学校，很早以来就有这样的传统，小学校已作为农村农余时间补习的学校而被利用起来了。所以对于当地居民而言，学校已担负起各种各样的农村实用教育。在一些被国家遗忘的偏僻地区，他们靠当地的共有财产以及一些捐助款，靠自己的力量办学，虽然设施简陋，但他们看到了教育的重要性，所以在一些穷乡僻壤地区仍然建有不少学校。明治后期实施的学校统合制度，使得学校作为地域居民的组合而存在下来。当地居民可以申请创办私立小学，他们只需向县厅（相当于中国的省政府）提交设立认可申请书，纳入统一的管理，由当地政府部门和村会的学校统合部门进行督查。根据当地住居民的捐款数，进行学校的建设和教员人数的确定，学校成了当地居民的共有财产。所以，日本的很多偏僻的山村和孤岛都建有自己的学校。例如，日本南部鹿儿岛的孤岛之一的冲永良部，就是该地区最贫瘠的地区，该地区自筹资金建立起自己的小学校。该学校是在明治六年（1873年）由两间简陋的家庭住所建立起来的，总共只能容纳十多名学生；到明治十年（1877年），改为四间茅草房，校操场不大；明治十五年（1882年），学校的学制发生了变更，并具有了完整的教学设备，成为了公认的设备齐全的正式小学。日本第二次世界大战前的学校制度采取的是拔尖课程和普通课程同时进行的双轨制度。大正时代开始寻求的是以农村副业措施和自耕农创办的地域振兴措施为代表的地区人才培养模式。在小学校里，广泛开展以青年为对象的夜校实业补习教育，培养地域性人才。

2. 日本农村小学校服务地域经济文化，形成有特色的农业教育、地域文化教育

在日本，农村的教育除了基本的学科文化知识教育外，还积极地增设了具有适应农村需要的农业、本地传统的民众文化教育。比如有些山村组织了绿色少年团，体验山村的林业资源。这些绿色少年团的成员由小学四年级以上的全体学生参加，定期实施体验学习，并由当地的共有林业部门和地区公民活动中心积极协助，这项活动已成为当地小学校区的一项传统。为了激发孩子们的自主性，同时还要向学生们收取一定的会费，由校方的学年主任负责。

乡村学校培养地域性综合人才，已经成为乡村学校教育的一大课题。当地的传统地域文化和长辈的口传文化已经在地域文化的教育中占有重要的位置，具有地域的特性。向孩子们传递声音的老人会，也担负起了地域文化教育的任务。地域的小学教育综合学习时间也渗透到了地域文化、地域特色和地域体验的学习计划中。很多地区开展了具有农村综合特色的实践活动和地域人才活用教育计划。根据地域教材的学习，孩子们认识到了农业和粮食的重要性，整个学习过程日渐系统化。体验学习不光是出汗等体力上的活动，更多的是认识的全过程，激发了人的能力开发的潜能。在这个过程中，地域和家庭的协力是必不可少的部分。事前号召共同参与，

不光靠教师，还要依赖地区的有学识之人共同出力献策，制订授课计划，进行具体指导。孩子们的学习更注重自我能力的培养，学校开展实际指导，培养孩子们在友好团结、集体主义的前提下，展开互助学习、竞争意识的培养，班级团体中实行共生、共学的理念。把人际关系的重要性作为学习的一部分而展开，定期组织农村学生和城市孩子进行交流互访活动。地域性的各种活动和学校运动会等活动互相结合，这一活动自第二次世界大战后就一直延续到现在。在地域中，孩子们的父母和学校的教师之间会加强联系，他们不仅参与学校的活动，有时还参加全国性的农村特色知识教育活动，比如参观牧场，了解牛乳生产；参观蔬菜基地，了解大棚种植；参观茶厂，了解茶叶采摘和制作过程；等等。[①]

### （三）日本偏远地区教育现代化进程中遇到的问题

尽管日本重视山村小学校的存在，并且形成有日本特色的乡村教育风格，但是，山村小学校也曾经遇到过教育现代化进程中冲击和困惑，这些困惑是山区县教育现代化进程中都可能遇到的问题，具有普遍性。

1. 小规模学校问题

小规模学校问题在日本农村教育的发展中也越来越突出，曾经围绕小规模学校的"存废"问题有着激烈的争论。第二次世界大战之后直到现在，日本人口总体是下降的，这影响了农村学龄人口的数量和农村学校的规模。在这样人口数量变化的趋势下，日本小学和初中在校人数总体上也呈下降的趋势。自 1960 年以来，受农村和偏远地区人口减少的影响，日本学校规模的数量结构发生了重大变化，500 人以下的小规模学校在增加，而 1 000 人以上的大规模学校在减少。特别是 20 世纪 80 年代以来，受全国出生率持续下降的影响，以及日本农村和偏远地区人口的外流，小规模学校特别是农村小规模学校问题越来越明显。相关研究显示，1991 年，499 人以下

---

① 张颖. 日本农村教育的实施及对我国农村教育的启示[J]. 农业考古，2010（6）：280-282.

的小学数量占小学总数的 68%。①为应对农村学校规模过小的问题，日本采取了合班、合校的方式，但由于日本人口的增长状况和农村人口向城市流动，小规模学校或班级占农村学校或班级大多数的状况难以改变，也就是说，日本虽然对小规模学校有所调整，但依然保留了"大多数"的小学校或班级，小规模学校或班级依然是偏远地区基础教育的主体。

2. 师资短缺问题

在日本农村，特别是偏远地区，教师短缺也长期存在。由于农村地区，特别是偏远地区农村生活教学条件艰苦、交通不便，教师不愿意到农村任教。在农村任教的教师往往是刚刚毕业不久的大学生、城市难以受聘的大学生、不合乎当教师的某项标准的教师。对于相当一部分教师来说，去农村任教是迫不得已的选择，许多农村教师往往一有机会就想离开农村学校，到城市寻求发展空间或到城市学校任教。由于这些情况的存在，日本农村教师缺乏，高素质农村教师更加缺乏。根据日本 1954 年制定、之后多次修改的《偏远地区教育振兴法》的规定，都、道、府、县必须对偏远地区学校教职工增发特殊津贴，如月津贴额不低于本人月工资和月抚养津贴的 25%。除了使用提高教师工资和待遇等市场手段外，日本还采取了行政干预措施，如定期流动政策。定期流动政策规定，流动的对象分为这样几种情况：凡在一校连续任教 10 年以上以及新任教师连续 6 年以上者；为解决定员超编而有必要流动者；在区、市、街道、村范围内的学校及学校之间，如教师队伍在结构上（专业、年龄、资格、男女比例等）不尽合理，有必要调整而流动者。②

3. 教育质量问题

农村教育质量问题是日本农村地区特别是偏远地区教育中长期存在的重要问题。1963 年日本文部省全国学力调查显示，偏远地区中小学的考试成绩低于全国学力平均水平。以小学五年级和初中二年级为例，偏远地区

---

① 焦必方. 战后日本农村经济发展研究[J]. 上海：上海财经大学出版社，1999：188.
② 李均，郭凌. 发达国家改造薄弱学校的主要经验[J]. 外国中小学教育，2006（11）：1-8，29.

小学五年级社会科的平均成绩是 49.2 分，比全国平均分数 58.8 分低近 10 分。偏远地区初中二年级数学平均成绩是 31.3 分，比全国平均成绩 41.3 分低 10 分。①由于各种原因，长期以来日本农村教育质量相对较差，与城市教育质量相比差距较大，与美国过分"放任"导致学生学业成绩不理想不同，日本的考试传统造成日本学生创新能力和实践能力不足。所以，日本提高教育质量可以认为是在纳入美国等文化异质国家强调创新和自主的教育传统，以提高人才培养质量。针对农村教育的特殊性，日本出台了许多针对农村教育情况提高农村教育质量的措施。

日本在教育现代化进程中，把农村小学教育的存在和发展的问题上升到民族存亡的战略层面，重视农村小学的教育现代化问题，较好地处理了教育的规模效益与教育公平问题，为世界教育现代化提供了"日本经验"。其实，除日本之外，美国、澳大利亚、俄罗斯、印度等国在其教育现代化过程中，也遇到过与日本类似的情况，并结合各自的国情，提出了相应的策略。

## 二、美国

美国是一个高度工业化、城市化和现代化的国家。然而，据 2000 年美国人口普查计数据，还有约 21%的美国人居住在农村地区。美国国家教育统计中心的数据显示，2001 年全国共计有 7 153 799 个农村中小学生就读于 6 398 个农村学区中。在美国，农村公共教育服务体系的建立经历了一个"法制化"和"国家化"的过程，通过立法强化国家责任，成为普及农村义务教育的保障。

1965 年，美国《初等和中等教育法》的实施改善了农村学校的办学条件，为贫困儿童的生活和学习提供了经费支持。在很多农村公立学校里，学费免收，教科书、学习用具和来往学校的交通车辆免费供应，甚至提供免费午餐。这些措施都减轻了农村学生的家庭负担，有利于农村学生安心学习。

---

① 焦必方. 战后日本农村经济发展研究[M]. 上海：上海财经大学出版社，1999：207.

尽管美国对改善乡村教育花费了很大精力，但是其效果并不十分显著。根据资料统计，美国公立小学的教育质量一直处于低谷状态，农村地区公立学校的教育质量存在极为严重且突出的问题。尤其突出的是农村公立学校学生的学习成绩普遍偏低，且与城市学校相比差距较大。农村公立学校大学升学率仅为37.4%，与城市的42.8%相比，明显偏低，农村学生即便能够继续上大学学习，其大学多数也是社区的学院或者一般的大学。由此可见，美国城乡教育机会现阶段还存在不均等的状态。1995年至1996年间，美国联邦政府教育部针对教育资金投入进行了一项调查，通过数据显示，大城市公立学校学区每年人均投入达到 7 010 美元，而在农村公立学校学区，这项开支则只有 5 302 美元。[①]地区贫困、地域文化差异较大、文化冲突激烈，使得被迫被卷入恶性循环的农村社区教育条件和环境的愈加恶化，美国联邦政府不得不更加重视农村社区教育的改革与发展。因此美国政府为了进一步提高基础教育质量、促进教育机会均等出台了一系列的政策，其中"农村教育成就项目"（Rural Education Achievement Program，简称REAP），就是最为突出的一个，该项目于2000年12月由克林顿总统签署，2002年1月，布什总统对其进行了重新授权，命名为"不让一个孩子掉队"。该法案要求："不论学生种族和家庭背景如何，都应平等地接受教育，学校应促进孩子取得他们潜能所应达到的进步"。美国政府从 2002 年开始累计拨款额已高达 4.98 亿美元，用以对此项目的实施进行资助和推进。自美国实行 REAP 以来，其城乡教育均等性上得到了改善，同时这一法案和行动的实施一直在继续，它的成功其实在很大程度上是因为美国较早的对于农村基础教育的普及做出了关注，并制定相应的法案。

## 三、俄罗斯

在俄罗斯教育现代化进程中，偏远地区的教育不但没有被忽视，反而

---

① 傅松涛，杨彬. 美国农村社区基础教育现状和改革方略[J]. 比较教育研究，2004（9）：28-30.

是得到特殊照顾的。①

第一，强化农村教育的基础地位，落实教育优先发展战略。俄罗斯《教育法》《联邦教育发展纲要》都明确提出了教育优先发展战略。虽然农村学生只占学生总数的 30%，但俄罗斯仍然认识到农村教育现代化不仅是教育事业发展的需要，更是农村社会、经济、文化发展的要求，没有农村教育的现代化，农村乃至整个国家的现代化都无从谈起。因此，俄罗斯的教育政策和改革措施都将教育放在重要地位，如，雅罗斯拉夫尔州的教育投入明显向农村教育倾斜，同时将"校车计划"和学校结构调整视为农村整体现代化的基础。

第二，把农村教育改革视为一个系统工程。俄罗斯在规划和实施农村教育现代化过程中始终将农村教育改革看作一个系统工程。一方面，将农村教育视为农村社会系统的重要组成部分，重视教育现代化对农村经济、文化的推动作用，并在教学内容和方式上予以体现，同时积极发挥农村学校对农村地区的文化辐射功能和教化功能。另一方面，在教育系统内部主张资源共享、优势互补，建设农村教育综合体，既降低了教育成本又提高了教育质量。

第三，保证投入倾斜。在俄罗斯，教育投入一直是制约农村教育发展的重要因素。由于资金不足，校舍得不到正常维护，教师工资难以按时发放，教学仪器设备不能及时更新。近年来，俄罗斯联邦及各地方政府纷纷采取措施保障教育投入向农村倾斜，以实现农村教育公平和教现代化的顺利推进。以雅罗斯拉夫尔州教育投入改革为例，首先，强调农村教育的基础地位、优先地位。比如，该州校车计划要求，要先为未通校车的村庄修公路，然后才会为其购买校车。在该州，农村教育不仅被视为一种维护稳定的要素，更被看成是地区发展的基本动力。其次，坚持向农村教育倾斜的基本原则。该州培养一个学生的平均成本是 2 900 卢布，而农村学校的生均投入为 3 800 卢布，一些学校达到了 3 万卢布，个别学校甚至高达 10 万

---

① 于海波. 俄罗斯农村教育现代化及其启示[J]. 外国教育研究，2007（12）：34-38.

卢布。再次，改进农村教育投入方式。从 2004 年 1 月起，俄罗斯拉夫尔州开始采用按学生实际人数计算的教育财政拨款方式，并以地区补助金的形式列入州财政预算。预算的计算标准包括学校职工的税后薪酬、超成本补贴、课本与出版物补贴、加薪资金、教育日常支出。学校房屋维修基金则被单独列入地方财政预算。按学生数计算的标准化地方财政预算，"使州政府恢复了处理学校事务的权威，也使学校预算变得透明。财政投入方式改革保证了教育机构的普通工作者能够及时拿到工资。同时，这种规范正在成为提升教育质量的经济杠杆，因为在人口下降的条件下，学生和父母现在有权选择学校，即使在农村"[①]。

## 四、澳大利亚、韩国

澳大利亚、韩国等也在适度保留农村小学的同时，注重提高农村小学教育质量。

从 20 世纪 80 年代开始，澳大利亚政府为了缩小城乡教育差距，提高乡村教育质量、让乡村孩子享受到与城里孩子同等质量的教育，先后制定并实施了"劣势学校计划"（the Disadvantaged Schools Program）、"贫困乡村地区计划"（the Disadvantaged Country Areas Program），后者于 1982 年改称为"乡村地区计划"（Country Areas Program，CAP），计划的实行改善了乡村中小学校的教学条件，扩大了乡村孩子受教育的机会，提高了乡村教师的专业水平，从而促进了乡村教育质量的提高。

在韩国，政府在国家财力相对有限的条件下，仍然大力提高农村、山村、渔村的教师待遇，彻底推进城乡之间教师循环工作制。自 20 世纪 70 年代，韩国政府开始实行"城乡教师轮岗制度"，这项制度已经实施了 40 多年，在稳定农村教师、改善薄弱学校教育环境、均衡校际和区域间师资差异、缩小城乡教育差距等方面发挥了巨大作用，进而加快了韩国实现教

---

① TAT'IANA STEPANOVA. Modernization of the Rural School[J]. Russian Education and Society, 2004 (12): 18-29.

育公平和教育均衡发展的步伐。

## 第二节 世界部分国家农村小学存在的主要问题及对策

通过简要梳理世界部分国家教育现代化进程中的农村小学教育处境，我们会发现，尽管各国经济基础、自然环境、文化传统等存在很大差异，在现代化进程中，其农村小学的存在与发展出现过困境，理念上有过反复，但在实践中又都不约而同地重视农村小学教育，并把挑战转化为农村小学特色发展的机遇，为世界教育现代化的理论和实践提供了宝贵经验。本节以美国、俄罗斯和印度为例，简要介绍其农村小学发展中所存在的问题及其所采取的策略。

### 一、学校规模偏小问题

农村学校规模小的问题主要在人口多、人口密度大、国土辽阔、地形复杂、交通基础设置缺乏、外部特征（如民族、种族）明显的国家或地区广泛存在，这在美国、印度、俄罗斯等国表现十分明显。在欧美发达国家，随着人口增速缓慢或负增长情况的出现和城市化进程的推进，农村学校规模偏小成为农村教育中的一个重要问题。虽然与美国和日本相比，印度农村学校规模问题并不突出，但在许多农村地区也不同程度地存在。

#### （一）农村学校规模现状

在美国，小规模学校是当前农村教育中的一个重要问题。根据近年美国联邦统计局的数据，美国农村公立小学数量占全国总数量的 31%以上，农村公立学校的学生占全国同类学校学生的 21%。[1]按照这一比例推算，美

---

[1] 陈飞. 优异成绩的背后——美国农村教育的现状与问题[J]. 世界教育信息，2004（10）：30-31.

国农村学校规模偏小,城市小学平均规模比农村小学大0.7倍。据《纽约时报》报道,在怀俄明州的拉勒米山区有一所小学,该校只有一名女教师和一名7年级学生乔伊。罗杰斯女士和她丈夫住在一辆拖车式活动屋子里,另外一辆相连的拖车式活动房子则是教室。罗杰斯女士有教师执照,每年工资是25 720美元;乔伊必须和其他学生一样通过标准考试。由于寄宿学校会减少学生与父母的交往机会和家庭生活机会,美国民众普遍不认同小学生到学校寄宿的做法,所以小规模学校在美国农村地区普遍存在。像罗杰斯女士和乔伊所在小学这样的学校怀俄明州至少有3所,其他许多州也不同程度地存在着这种情况。①

在印度,小规模学校的表现并不那么明显,但小规模学校仍然是印度农村教育中的一个重要问题。印度城镇化水平一直不高,第二次世界大战后印度城市化水平平均每年提高0.2%。②印度的农村人口自然增长率高于城市人口自然增长率,而农村人口基数远远大于城市人口基数,因此,农村人口从绝对数量上并没有实质性的变化。由于学龄人口基数的相对稳定,学校规模小的问题并不突出。当然,在印度农村地区,学生辍学、性别歧视、贫困等问题不同程度地影响着学校的预期规模。

在俄罗斯,城乡人口数量相差悬殊。俄罗斯联邦国土面积约为1 710万平方公里,人口约1.44亿人,2002年,俄罗斯国家人口普查显示,只有26.7%的人口居住在农村地区。③有资料显示,2002年俄罗斯共有中小学校6.5万所,其中,近70%的学校是乡村学校,30%的学生是乡村学生,40%的教师是乡村教师。④另外,人口持续负增长是困惑俄罗斯多年的老问题,在现有的4 100万个家庭中,34%的家庭只有1个孩子,15%的家庭有2个孩

---

① 晓丹. 美国农村教育中的一个薄弱环节[J]. 世界教育信息,2004(4):40.
② 曹骥赟. 印度城市化进程对中国城市化的启示——兼比较两国城市化进程[J]. 延边大学学报(社会科学版),2006(2):63-67.
③ 李芳. 俄罗斯教育面临新一轮重大改革[J]. 黑龙江高教研究,2006(2):167-170.
④ KALEEVA Z G. Concerns of the rural school [J]. Russian Education and Society,2003(6):6-14.

子，只有3%的家庭有3个或3个以上孩子，没有孩子的家庭竟高达50%。①近年来，随着现代化、城镇化不断进展，农村人口不断净流出，城乡人口比例还在扩大，进一步使农村地区、山区适龄儿童人数激减。

## （二）对农村小规模学校的认识、态度和政策抉择

由于各国的经济政治文化方面的不同，面对学校规模问题，它们所持的态度是不同的。印度、美国和俄罗斯并没有采取非常"积极"态度合并学校。

在印度，目前的义务教育体系下，小学生入学的政策是方圆3公里范围内就近入学，不允许他们自行选择学校。在农村地区，印度政府基本上也做到了每个自然村庄能够有一所小学。②

在美国，有像前文所述的乔伊这样一师一生学校的情况，怀俄明州当局认为这是教育乔伊的最好方法，因为乔伊父母的农场距最近的一所规模稍大的学校有64.4公里远，暴风雪经常使交通中断。③

在俄罗斯，仅在1999—2002年，俄罗斯农村人口就减少了约1 600万人，农村学校学生数量减少势必导致农村教育生均成本的增加。改变这一现状有两个途径。一是撤并招生数过少的学校，这对教育管理者来说是最容易的。然而，这一措施与俄罗斯文化中信奉的"学校存在是村庄存在的前提"这一法则相悖，他们认为农村如果没有了学校就仿佛教堂失去了十字架，如果这一措施执行"将导致3 000座村庄'消亡'"。④二是在"维持农村学校现状"的基础上，对农村教育的结构、经费、师资、管理进行统筹布局，推进农村教育的整体现代化。但这种思路对农村教育的经费投入、教育管理水平等都提出了挑战。经过摸索、权衡后，俄罗斯农村教育选择

---

① "生育奖金"杯水车薪 俄罗斯人口15年持续负增长[EB/OL]. http://www.china.com.cn/world/txt/2006-11/09/content_7339048.htm, 2006-11-09.
② 陈继辉. 印度小学生不住校[N]. 环球时报，2006-03-31（19）.
③ 晓丹. 美国农村教育中的一个薄弱环节[J]. 世界教育信息，2004（4）：40.
④ GUR'IANOVA M P. A typology of the rural schools of russia[J]. Russian Education and Society, 2006,（4）: 58-74.

了后一种模式。①为了解决村落分布过于分散、资金短缺、硬件陈旧、优质师资不足等问题，俄罗斯联邦政府于 2001 年 12 月颁布了《俄罗斯农村学校结构调整构想》，其中制订了 2002—2010 年俄罗斯农村普通学校改革计划。首先，农村小学无论其学生人数多少均予以保留。视生源情况，小学可以成为其他学校的分校，也可以将教育内容适当向学前和初中延伸。其次，学生人数超过 40 人的初中必须保留，少于 40 人的初中，可以与其他学校进行重组。重组后的初中可进行补充教育计划的教学，还可以在其他居民点的初中开设分校，甚至可以实施学前教育计划。最后，调整后的高中可以为附近居民点的小学毕业生提供初中前两年的教育，也可以以高中为基础建立包括临近村落的小学和初中在内的区域性学校联合体。为了使农村教育综合体建设真正得到落实，俄罗斯在很多农村教育试验区实施了"校车计划"。雅罗斯拉夫尔州就进行了有益的尝试。调查表明，实施校车计划后选择寄宿的学生明显减少，这使得儿童与家人有更多的接触时间。校车计划的好处不仅于此，开通校车需要修公路，而公路为村庄带来了生机，人们不必再担心村庄"消亡"。此外，农村学生能够参加校际活动，参观州级文化中心，这充分扩展了农村青少年的生活和视野，并进而使乡村居民的焦虑度下降。如今，校车计划正在推动 76 条公路的建设。应该说，校车计划不仅推动了教育综合体的建设，而且带动了农村经济、社会的全面发展。

## 二、教师短缺问题

由于美国、印度和俄罗斯的农村教师岗位缺乏吸引力，教师短缺问题是三国农村教育中共同面临的一个重要问题。从三国农村教师总体情况看，教师职业缺乏吸引力，使三国农村教师队伍呈现出这样一些问题：一是农村教师素质普遍比城市低，二是农村教师数量缺乏，三是农村教师专业发

---

① BOCHAROVA V G, GUR'IANOVA M P. Strategy for the modernization of the rural educational socium[J]. Russian Education and Society, 2006（12）: 28-37.

展成本高、机会少。在许多农村地区，如果某个在职教师进修而没有教师来代课，正常教学就会终止，教师根本无法离职进修，农村教师缺乏使本来就素质不高的农村教师进修机会减少。在职教师素质无法及时得到提高，就造成了农村教师积累性的素质低下。

## （一）农村教师缺乏问题

在美国，由于全国教师数量总体不足，农村办学条件和相关待遇差等原因，美国农村教师短缺问题比较突出。根据美国学校管理协会和阿巴契亚对农村校长的调查显示，工资低、与外部社会的分离和地理环境上的偏僻，影响了他们招收教师和稳定现有的教师队伍。有调查资料显示，在美国50个州中，有44个州的农村教师的平均工资低于非农村教师的平均工资。就美国全国而言，非农村教师的平均工资比农村教师的平均工资高出13%。[①]由于农村学校规模小和招聘教师困难，农村教师显出短缺态势，教师没有充足的时间进行专业进修，教师的工作负担和专业化水平问题给农村教师素质提高提出挑战。依据《不让一个孩子掉队》法案的要求，到2005—2006学年底，公立学校的每一个教师都必须具有高度的专业化水平。按照这样的标准，不合格教师的比例很高。农村地区和非农村地区存在争夺高素质教师的竞争，这加剧了农村地区招聘和保留高素质教师的难度。在一些规模较小的学校，一个教师要教授两门或两门以上的学科，这反过来加剧了农村教师提高学科教学水平和专业化水平的困难。

在印度，教师缺乏更是印度农村教育，特别是山村小学教育中的一个重要问题。在只有一个教师的学校里，小学阶段每个教师大约教50个孩子，有些学校每个教师甚至同时要教150个孩子。按照这样的情况计算，在只有一个教师的学校里，即使教师全勤不缺席并能上足课时，每个孩子可以得到教师个别关注的机会依然很少。但事实上，教师们经常缺席，授课时间

---

① 陈飞. 优异成绩的背后——美国农村教育的现状与问题[J]. 世界教育信息，2004（10）: 30-31.

也得不到保证,现实中每个孩子可以得到教师的个别关注机会少之又少。①

## (二)农村教师短缺的解决之道

面对农村学校教师短缺问题,美国、印度和俄罗斯采取的解决之策是不同的。美国和俄罗斯都提高了教师的工资待遇,来吸引教师或高素质教师到农村工作。教师工资改革取得了一定的成效,如佛罗里达州杜瓦尔县(Duval)的教师工会与学校董事会一致同意,每年给愿意在处于不利状况的学校工作的有经验的教师和校长发 2 500 美元奖金。康狄涅格州在 1996—1997 年度将教师的年平均工资增加到 51 181 美元,以解决该州师资短缺的问题。伊利诺伊州也宣称要采取多种措施以增加教师的数量,其中包括提高教师短缺地区的教师工资以吸引具有教学资格的人去那里任教。②美国通过这些措施一定程度上缓解了农村教师的短缺问题。

在印度,早在 1986 年印度政府就规定必须改变一所学校仅有一个教师的状况,每个初等学校中至少要有两名教师,其中一人应为妇女。对于入学率足够高的学校,采取的措施是使只有一位教师的学校变为有两位以上教师的学校。但到目前为止,在印度的农村,12%的学校里仍只有一位教师授课,21%的学校里有两个或两个以上教师,但并不同时上班,这就意味着在印度农村仍有三分之一的学校里只有一位教师授课。应该说,印度在解决农村教师缺乏方面的措施是积极的,但是目前印度处在农村教育数量扩张时期,农村教育规模扩张需要增加大量农村教师,再加上农村教师本来就缺乏,所以解决教师缺乏问题,就显得更加严峻和急迫。

## 三、教育质量低下问题

2005 年,联合国在全球全民教育监测报告《教育质量迫在眉睫》中指出,在许多努力保证所有儿童教育权利的国家里,对入学机会的关注遮蔽

---

① 谷峪,邢媛. 印度农村基础教育述评[J]. 外国教育研究,2004(3):7-9,64.
② 田静,王凌. 美国农村高素质师资短缺的原因及对策[J]. 世界教育信息,2004(4):37-40.

了质量问题，但质量是全民教育的核心。在教育机会普及之后，从国际教育发展的趋势看，要及时转向关注教育质量和教育民主。当教育普及化之后，民主和质量成为教育发展的两个主题，而对城乡发展而言，城乡教育公平的现实命题已经变成了教育质量公平。世界农村教育的普及与发展，基本沿着这样一个路径，首先是粗放型地完成义务教育的机会普及，之后再推进教育民主和提高教育质量。

### （一）美、俄、印农村教育质量的状况

总体上看，美国农村教育质量还是落后于整个国家的教育质量，农村教育质量问题仍然是美国教育中的一个重要问题。在美国，不同州、同一州的不同地区的农村学校之间的差别很大，许多地区农村教育的状况也不容乐观。大学升学率一定程度上可以反映教育质量问题，升学率高，教育质量相对较高。在美国，从升入四年制大学的情况看，无论是公立学校，还是私立学校，农村地区都偏低。资料显示，美国中心城市、市郊（大城镇）、农村公立学校学生升入四年制大学的比例分别是 42.8%、43.7%和 37.4%；中心城市、市郊（大城镇）、农村私立学校则分别是 78.0%、77.5%和 67.9%。[①]也就是说，公立学校升入大学的比例低于私立学校，农村学校低于城市学校。

教育质量问题也是始终困扰印度农村教育的重要问题，在机会普及和质量提高的双重重担下，印度农村教育质量的提高困难重重。20 世纪 90 年代，印度的农村教育质量问题引起了世界性关注。1990 年，世界教育大会指出要加大力度提高印度农村基础教育质量，并倡导印度政府与世界银行合作提高其农村教育质量。由于农村教育质量低下，许多印度农村孩子在入学 7 年之后还不能够读和写。有许多反映印度农村教育质量低下的例子，比如，一个叫莫罕柏的印度农村女孩，她马上就要升入五年级就读，

---

① 傅松涛，杨彬．美国农村社区基础教育现状与改革方略[J]．比较教育研究，2004（9）：47-52．

然而她始终不能读和写。①

（二）提高农村教育质量的努力

应该说处于世界竞争中的美国、印度和俄罗斯对本国教育质量越来越敏感。已经完成机会上普及农村教育的美国，致力于提高农村教育质量。在尚未普及农村教育的印度，同时承担着农村教育机会普及与农村教育质量提高的双重重担，质量困境更加沉重。

为提高农村教育质量，美国教育发展与改革的一个重点是强化考试提高成绩，许多相关措施也是围绕这个问题提出的。除了强化考试提高学生成绩的努力外，美国提高农村教育质量的一个重要着力点是乡土课程。通过乡土课程建构课堂和社区发展的联系，农村服务学习项目是将乡土课程应用于社区发展的一种形式，通过农村服务学习项目学生可以运用课堂所学的知识解决农村社区的实际问题，整个农村社区成为农村学生的学习资源和学习环境，运用课堂所学的知识解决农村社区的实际问题，成了课程的一个部分。

印度的农村教育质量问题，是当前印度农村教育实践的重要问题，这一问题尽管已引起了国际社会的关注，但当前印度农村尚未普及义务教育。因此，其主要发展主题仍是以教育普及为主。从印度政府屡次制定义务教育普及时间目标，又屡次推迟普及义务教育时间的状况看，印度政府尚无能力全面普及义务教育。印度同时承担起提高农村教育质量和机会上普及义务教育的双重任务是非常困难的。

提高教育质量也是俄罗斯农村教育现代化的主要目标和任务。目前，俄罗斯希望建立一个新型的农村教育综合体质量管理系统。这一系统从全局视角规划教育机构的任务，确定相应的工作等级和程序，协调各种任务之间的关系，明确不同教育调控部门的权力和责任。农村教育综合体教育质量管理系统主要分为六级，其主要职能是监控和调整"学校与环境""管

---

① 谷峪，邢媛. 印度农村基础教育述评[J]. 外国教育研究，2004（3）：7-9.

理机构与社会团体""领导与属下""教师与教师""教师与学生"的关系，并力争使其工作效率最大化。具体而言，农村教育质量管理主要关注六个方面：教育质量，教师的业务专长，学校的影响力，农村学生"社会—文化"与"心灵—道德素质的培养，解决成人和社会群体教育问题的能力，对教育硬件、技术和教学方法的改善情况。①

## 第三节　教育现代化进程中农村小学发展的国际经验和发展模式

### 一、基本经验

#### （一）充分认识农村小学教育在现代化进程中存在的价值

纵观世界现代化进程，教育对当代社会经济的价值不断得到强化和深化。最具代表性的是联合国教科文组织每隔一段时间发布的报告中，这些认识，既是对现代化进程中教育价值的经验总结，也是指导世界各国教育现代化的指导意见。

1972年，发布《学会生存——教育世界的今天和明天》，提出"学习化社会"和"终身教育"两个概念。所谓终身教育，就是在社会生产不断变革的时候，教育要为每个人在他所需要的时候，提供学习的机会，这是社会的责任，教育贯穿在每个人的一生之中，而不是一部分人在人生某一阶段的事情，终身教育应该涉及每个人的每个阶段，所有的教育都应该纳入终身教育当中；学习化社会，则主要指教育是社会、家庭、学校的共同主题，"学习"是现代社会的特质，学会学习就是"学会生存"。

1996年，发布《教育——财富蕴藏其中》报告公布，该报告对即将到来的21世纪充满期望，也看到了挑战和社会矛盾，面对未来的众多挑战，

---

① 于海波.俄罗斯农村教育现代化及其启示[J].外国教育研究，2007（12）：34-38.

认为教育是一种促进更和谐、更可靠的人类发展的主要手段，人类可以借此减少贫困，排斥不理解、压迫、战争等现象。

2015 年，发布《反思教育：向"全球共同利益"的理念转变》，这份报告提出了新的教育价值定位，即教育是全人类的共同核心利益，是实现"全球可持续发展"的关键，21 世纪教育的根本宗旨是"维护和增强个人在其他人和自然面前的尊严、能力和福祉"，其根本目的是实现所有人的可持续发展。报告向各国重申人文主义教育观，"教育是获取知识和培养在相关情景中运用知识的能力和有意识的过程"，教育就是学习，学习是个人的本能，是教育研究的起点，教育要尽量给予受教育者少的干预，最大限度尊重受教育者的个体差异；知识是全人类的财富，是要全人类共享，学习既是个人的事情，又是集体的事情。

这三个纲领性报告，尽管发布的时代背景不同，对教育的理解不同，但共同点都强调教育是社会现代化发展的基础，是实现个人和社会可持续发展的必要条件；强调接受教育是每一个人的每一个人生阶段适应现代社会的共同需要，社会应保障每个人的这种需要；每个人都有学习的愿望和潜力；教育应当重视文化和个体差异。

### （二）面对农村小学生源减少、教学质量不高等问题，应因地制宜，恰当处理公平与效益之间关系，适当保留小规模小学，并给予政策支持

育龄人口生育愿望降低、城市化是现代化进程中的基本特点，这些特点势必导致农村小学阶段学龄儿童数量下降或流失，小学规模效益难以发挥。面对这一窘境，撤并部分农村小学，调整布局是政府的不得已也是必然的选择。但是，撤并农村小学的基本出发点是什么？撤并的原则是什么？政府是不是完全顺应形势发展无所作为？

通过美国和日本两国农村学校撤并过程可以发现：第一，农村小学撤并是大趋势，从 20 世纪初就已经有思想基础，第二次世界大战后达到撤并的高峰期，撤并是伴随城市化、低生育率、人口的趋城流动而发生的；第

二，政府在撤并过程中处于主导地位，但逐步趋于谨慎，会更多尊重和考虑农村实际和民众愿望；第三，撤并的出发点由规模效益优先向立足于质量提升转变；第四，撤并是有原则的，并有相应的配套措施；第五，每次撤并性质和效果有所不同，不断反思撤并过程中存在的问题并及时纠正；第六，撤并调整是动态的过程，不是一次完成；第七，并出现了学校小规模化、城镇生源回流农村现象的新现象。美国和日本"撤点并校"进程比较如表 5-1 所示。

表 5-1 美国和日本"撤点并校"进程比较

| 国家 | 时段 | 背景和理念 | 原则 | 特点 |
|---|---|---|---|---|
| 美国 | 1879 年—1945 年代 | 1879 年《农村学校 12 人委员会报告》，批评农村学校规模小、质量低；两次世界大战及城市化，经济萧条，农村人口减少 | 撤并学校；模仿城市学校 | 为农村学校合并提供舆论和理论支持；追求效益；撤并兴起 |
| 美国 | 1946 年—1960 年代 | 第三次科技革命，城市化，农村人口再次减少；柯南特的学校"规模效益"理论 | 合并农村学校 | 大规模合并高潮 |
| 美国 | 1970 年代—2000 年 | 认识到规模效益理论的局限；终身教育、全民教育思想；城市人口返流农村；乡村复兴运动 | 恢复农村小学 | 学校规模小型化；多样化、联合式合并；合并衰退；新发展 |
| 日本 | 1950 年代 | 战后恢复；农村人口减少；保持农村学校合适规模 | 1 所学校有 12～18 个班级，小学生就学距离 4 公里；综合考虑地形、气象、交通因素 | 政府主导，适度合并，因地制宜 |
| 日本 | 1970 年代 | 农村人口减少，向城市迁移；1973 年公立中小学撤并 | 谨慎撤并；保留必要的小规模学校 | 努力提高小规模学校的教育质量 |
| 日本 | 1990 年代—2010 年 | 少子化、老龄社会 | 撤并加速；旧校址再利用 | 听取民意，经费有保障，有校车等安全配套措施 |

## （三）积极研究探索农村小学的发展问题

世界各国在各自的现代化进程中，尽管都对农村小学进行了多次撤并、重组，但农村小学教育并没有消失，也不可能消失，还将继续存在。对现有的农村小学，其规模、环境、生源结构、教育资源配置、教师工作方式等都完全不同于过去的农村小学，也不同于同时代的城市小学。同时，由于新时代要求重视教育、重视每一个人、重视每一个人的人生每一阶段教育，并且强调教育的个人和社会可持续发展的作用，强调教育的人文价值，强调教育是人类"共同利益"，强调教育的公平和民主，所以，"如何办好农村小学"，就成为世界各国研究和探索的问题。已有一些研究成果和实践经验，比如美国的乡村教育运动、质量第一、寄宿制学校建设、校车管理等；日本在撤并过程中的因地制宜、尊重民意、注重乡村文化传承、农村小学旧址再用等；俄罗斯对"学校存在是村庄存在的前提"的坚守等都是在经验教训中形成的一些新趋势。此外，西方发达国家在针对农村小学的质量提升、教师发展与管理、教育教学模式、经费使用等方面都有一些针对性的措施。其目的就是：不但要保留必要的农村小学，同时还要办好这些小学，并以其质量赢得生源、赢得信赖、赢得尊严。

## 二、新时期农村小学发展模式

对现存的农村小学如何实现可持续发展，是世界各国在教育现代化进程中正在探索的一个现实问题，也是一个基础教育发展的理论问题。袁利平在广泛研究的基础上，总结了目前世界上乡村学校发展的五种模式。①

### （一）特色发展模式

特色发展模式，是各国在不违背国家教育目的的前提下，根据乡村学校所在地区的文化传统、自然资源等特色，结合学校自己的传统、条件，进行教育教学组织活动。其出发点是不盲目照搬城市小学教育教学组织方式和

---

① 袁利平. 国外乡村学校发展模式研究[J]. 比较教育研究，2018（5）：13-18.

活动，因地制宜凸显自己学校所独有的教育教学特点。"特色"不拘一格，可以是乡村学校管理模式，也可以是课堂教学活动。比如，澳大利亚的"落后乡村地区计划"就是根据不同州确立了四种管理方案，即州、学区、学校三层管理模式，自我管理模式，目标监测模式和独立办学模式；芬兰则实行"综合学校体制"，走历史特色之路；美国则通过有特色的主题项目吸引学生。

## （二）跨越发展模式

跨越发展模式，针对农村小学师资、资源稀缺导致的质量问题，通过现代教育技术实现优质教育资源对农村地区学校的全覆盖，实现乡村学校与城镇学校同步发展。对于教育活动来说，影响教育效果的因素包括：教育环境、教师教学技能和管理方式、学生学习能力、教师和学生的态度以及教育评价等。教育教学手段的现代化是教育现代化的重要组成部分。因此，世界各国非常重视教育信息化建设，包括农村地区中小学也都具备教育信息化的客观条件。利用学校的信息化条件改善学校的师资、信息、教学资源等，甚至与城市学校、优质学校同步学习，远程辅导成为现实，为乡村学校实现跨越发展成为可能。法国通过政府的支持，建立多个多媒体资料信息中心，把周围的学校与该中心链接，形成开放的网络教育系统，全国有三分之二的大学区参与此计划，有2 600所中小学受益。俄罗斯、美国、日本等国都有类似计划和体系。

## （三）市场发展模式

市场发展模式强调通过市场规律和运行体制，把市场元素引入农村学校改造之中，通过市场优化教育资源配置。长期以来，由于把义务教育纳入国家法律体系，国家似乎必然成为农村小学的办学主体，实行大包大揽。固然，农村小学属于义务教育，国家应该承担办学义务，特别是经费的保障责无旁贷。但是，投资和经营捆绑未必能够产生理想的效果。英国等国家实行的"教育券"运动，就是在保障投入的前提下，灵活处理学校的办学主体，将市场竞争机制引入基础教育领域。历史上，农村小学办学主体一直是政府主导,对普及义务教育,提高国民素质确实起到了重要作用;与此同时,也使体制开始僵化,不能适应农村人口锐减的新形势。于是许多国家开始把市场机制引入农村小学教育系统,采取合同、招标以及责权共担的方式经营农村小学。法国在"教育优先区"计划中,对计划区网络负责人和大学区官方签订合同,规定双方在教学与管理中的权责,根据合同履行情况进行责任追究;英国的"教育行动区",对乡村学校管理权进行招标,政府、企业、社区以及非政府组织都可投标;日本则鼓励企业界人士参与学校管理。

（四）协同合作发展模式

协同合作发展模式,是通过校级之间的合作促进农村小学发展。一般而言,"合作"涉及学校的人员、设备、财务和管理等诸多方面,目的在于实现这些资源的共享,使其绩效最大化;而较为复杂的则是对"校际"的多样化表现,一般包括"集群""联合"以及"校中校"多种形式。"集群"是指3~8所小规模学校自愿在业务上自由合作,各学校独立运行,这在英国的英格兰和威尔士等地区的乡村学校较为普遍。"联合",是指一定区域的学校联合,校址不变,管理上则统一由管理委员会或一个校长负责,这种模式在英国叫"联盟学校"。"校中校",是指几个小规模乡村学校,离开原来校址聚集在一个统一的校址,组合成一个大学校,各分校有自己独立的管理权,这在美国较为普遍。

（五）社区共建模式

社区共建模式就是充分利用乡村学校与乡村社区的密切关系,将乡村学校发展与社区发展合二为一,共建共同的乡村文化生态圈。

从生态学角度讲,一定区域的教育也会受到该区域内环境与文化的影响。不同的地域文化、不同类型的文化会直接或间接地影响教育的各个方面。只有为一定区域、一定群体成员"共同"认可的物质、精神、制度层面的思想行为模式,才可能称为文化。"共同"文化的形成,依赖于教育的代代相传、人人相传，而教育活动的实现、实现的效果也无时不受文化的影响。因此，一方面，在确立社区社会发展战略时，要把乡村教育作为乡村社会文化生态系统中的重要因素；另一方面，在确立乡村小学教育发展对策、进行教育变革时，必须把学校外部的生态环境和教育内部的生态环境结合起来进行规划和设计。美国的农村实验学校项目和地区教育实验室，就是乡村学校与社区共同发展的典范。此外，韩国、日本等也都有把乡村学校与社区建设融为一体的、共建共赢的模式。

# 第六章 农村小学校现状调查

为了了解社会基层群众对目前农村小学教育的认知,包括农村学龄儿童的受教育愿望、教育发展标准、目前农村小学布局现状的满意程度、农村小学教育未来选择意向、对发展农村小学教育的对策建议等,我们通过农村小学变迁及现状调查、基层群众态度问卷调查和深度访谈三种方式进行调查,目的在于摸清现状,掌握群众心态,了解民众教育愿望。三个调查队伍的成员可以交叉,每名队员根据自身条件可以完成三种调查的1~3项任务,最后对收集到的数据材料统一分析,形成结论。

## 第一节 农村小学结构变迁及现状

### 一、研究方法

(一)研究目的

掌握农村地区"撤点并校"前后农村小学数量及结构变化情况。

(二)研究工具

采用自编调查数据统计表,以乡镇为单位搜集乡镇2000年和2017年农村小学变化状况样本。数据表的基本组成如表6-1、表6-2所示。重点统计2000年和2017年该乡镇农村人口数、学龄人口数、自然村个数、小学数、在校学生数、教师数等。

表 6-1　____省____县____乡（镇）小学基本情况及变化一览表

1. 本乡镇基本情况：地理环境简况_____，经济状简况_____，户籍总人口____万人，常住人口____万人，户数____户。

2. 本乡镇小学目前情况：全乡镇 6~12 岁儿童____万人，自然村____个，小学____所。

3. 本乡镇小学 2000 年情况：全乡镇 6~12 岁儿童____万人，自然村____个，小学____所。

表 6-2　____省____县____乡（镇）小学变化一览表

调查员：_____　　调查时间：_____

| 年份 | 小学名称 | 学生数 | 教师数 | 年级数 | 班级数 | 校园面积/米$^2$ | 校舍面积/米$^2$ | 质量简况 |
|---|---|---|---|---|---|---|---|---|
| 2000年 | | | | | | | | |
| | | | | | | | | |
| | | | | | | | | |
| 合计 | | | | | | | | |
| 2017年 | | | | | | | | |
| | | | | | | | | |
| | | | | | | | | |
| 合计 | | | | | | | | |

## （三）调查人员

选择承担师范教育任务的教育硕士研究生二年级（2016 级）和教育类本科三年级（2015 级）学生共 45 人进行培训，经过培训，从中筛选 32 人组成 6 个调查组分赴 6 省区，每个省区由 1 名教师带队。每组调查任务有三项，即搜集数据、问卷调查和深度访谈。调查员可以根据自己情况选择三类调查中的 1~3 项进行调查，根据调查员工作数量和质量有少量差旅补助和工作补助。

#### （四）现状数据调查过程

关于数据调查，考虑到调研的实际情况，采用方便取样的方法，选取6省区16乡镇进行调研。选中样本均属于调查员的家乡。调查员利用2017年暑假进行入户调查。要求调查员截取某乡镇两个时段，填写该乡镇两个时段每所小学状态数据表1份，每位调查员、每个乡镇限填1份。

2017年9月开学后回收调查材料，剔除无效材料，对有效样本和材料进行分析处理。

## 二、数据调查结果

本次调查共收到有效调查表9份，涉及6省区9乡镇260多个自然村的基本情况及其小学变迁情况。本统计结果见表6-3和表6-4。

表6-3　2000年6省9乡镇小学状态调查统计表

| 乡镇名称 | 自然村数/个 | 小学数/所 | 6~12岁儿童数/人 | 教师数/人 | 学生数/人 | 班级数/个 | 年级数/个 |
| --- | --- | --- | --- | --- | --- | --- | --- |
| 陕西省商南县试马乡 | 22 | 6 | 5 000 | 173 | 1 731 | 48 | 36 |
| 陕西省旬阳县段家河乡 | 19 | 11 | 2 640 | 118 | 1 224 | 56 | 38 |
| 陕西省扶风县段家乡 | 13 | 13 | 4 600 | 103 | 2 087 | 77 | 77 |
| 陕西省白水县尧禾乡 | 16 | 11 | 7 000 | 192 | 2 460 | 82 | 66 |
| 山东省曲阜市姚村镇 | 72 | 9 | 3 306 | 203 | 3 306 | 114 | 54 |
| 江苏省宿城区耿车镇 | 45 | 13 | 4 500 | 184 | 3 600 | 89 | 60 |
| 内蒙古鄂尔多斯市鄂托克前旗镇 | 50 | 5 | 13 865 | 53 | 438 | 10 | 5 |

续表

| 乡镇名称 | 自然村数/个 | 小学数/所 | 6～12岁儿童数/人 | 教师数/人 | 学生数/人 | 班级数/个 | 年级数/个 |
|---|---|---|---|---|---|---|---|
| 青海省民和县马营乡 | 15 | 15 | 6 000 | 97 | 2 814 | 71 | 65 |
| 湖北省松磁县新江口镇（市内镇） | 14 | 3 | 4 000 | 251 | 5 210 | 85 | 24 |
| 合计 | 266 | 86 | 50 911 | 1 374 | 22 870 | 632 | 425 |

表6-4　2017年6省9乡镇小学状态调查统计表

| 乡镇名称 | 自然村数/个 | 小学数/所 | 6～12岁儿童数/人 | 教师数/人 | 学生数/人 | 班级数/个 | 年级数/个 |
|---|---|---|---|---|---|---|---|
| 陕西省商南县试马乡 | 15 | 2 | 3 000 | 182 | 1 457 | 24 | 48 |
| 陕西省旬阳县段家河乡 | 11 | 4 | 1 456 | 58 | 421 | 20 | 16 |
| 陕西省扶风县段家乡 | 13 | 7 | 950 | 102 | 708 | 49 | 49 |
| 陕西省白水县尧禾乡 | 27 | 7 | 4 000 | 122 | 1 660 | 55 | 40 |
| 山东省曲阜市姚村镇 | 72 | 9 | 1 367 | 179 | 1 367 | 57 | 48 |
| 江苏省宿城区耿车镇 | 38 | 3 | 24 | 143 | 1 917 | 41 | 13 |
| 内蒙古鄂尔多斯市鄂托克前旗镇 | 68 | 3 | 24 764 | 91 | 782 | 24 | 6 |
| 青海省民和县马营乡 | 15 | 15 | 4 000 | 123 | 1 750 | 40 | 11 |
| 湖北省松磁县新江口镇（市内镇） | 14 | 5 | 4 500 | 330 | 5 680 | 110 | 30 |
| 合计 | 273 | 55 | 44 061 | 1 330 | 15 742 | 420 | 261 |

表 6-3 显示，2000 年时，平均每 3 个自然村有一所小学，每所小学平均 266 人，校均班级 4.9 个班级，适龄儿童在本地村小学就读率（适龄儿童数与小学人数之比）44.9%，也就是说有 50%以上的适龄儿童在本村镇以外小学就读。表 6-4 中 2017 年的数据显示，每 5 个自然村有 1 所小学，每所小学 286 人，校均班级 7.6 个，适龄儿童在本乡镇就读率 35.7%，有约 65%的适龄儿童离开本乡镇就读小学。通过对表 6-3 和表 6-4 数据比较可以发现，从 2000 年到 2017 年的 17 年间，尽管自然村在合并，有变化，但数个自然村拥有 1 所小学的数量在增加，也就是学生就学距离增加，小学总数量减少 34%，每所小学人数规模和班级数都有所增加，适龄儿童在本乡镇就读率降低。而同期的市内乡镇小学（湖北省松磁县新江口镇）却是一个反向特例。2000 年，该镇适龄儿童 4 000 人，而小学人数 5 210 人，多出 1 210 人；2017 年，该镇适龄儿童 4 500 人，而小学人数 5 680 人，多出 1 180 人，多出的学生显然是由普通农村地区乡镇流入。此外，该镇校均学生人数，2000 年 1 302 人，2017 年 1 136 人，学校人数明显高于同期乡镇小学 250 名学生的平均水平，并且，其他乡镇小学数大幅下降，而该镇小学数不降反升，反映了我国目前小学布局流动的现状。

## 第二节　农村小学态度问卷调查

### 一、问卷调查设计

#### （一）研究目的

通过问卷调查，研究农村基层群众对农村小学教育现状的认知及农村小学教育价值判断。

#### （二）研究工具

采用自编问卷。研究的维度为农村小学教育价值与愿望、对"撤点并校"现状的态度、对农村小学规模及办学质量标准的看法、未来农村小学办学对策等 4 个方面，每个维度由 2~4 个题目组成，提供封闭式备选答案或开放式问题由被调查者完成。经过课题组分析讨论、征求专家意见、试测等环节，最后确定 21 道题组成问卷。其中第 1~3 题是有关个人信息，第 4~21 题属于调查的主干问题。第 4~20 题属于封闭式问题，提供 4~6 个备选答案由被调查者选择，属于多选或必须单选的予以注明；第 21 题属于开放式问题。

对问卷和数据采集表采用 EXCEL 进行数据处理。

### （三）调查人员

选择承担师范教育任务的教育硕士研究生二年级（2016 级）和教育类本科三年级（2015 级）学生共 45 人进行培训，经过培训，从其中筛选 32 人组成 6 个调查组分赴 6 省区，每个省区由 1 名教师带队。要求问卷调查时，采用方便抽样或分层（学生家长、普通农户、教师、校长等）方便抽样方法，选择若干被试填写问卷。为了保证问卷质量，要求每位调查员完成不超过 100 份问卷。

### （四）调查对象

采用方便取样的方式，由调查员在自己家乡随机调查小学教师、家长、校长、村干部等，共收回问卷 362 份，剔除无效问卷，共有 334 份有效问卷。

有效样本的构成：地区构成是陕西省 247 人，内蒙古 33 人，黑龙江省 40 人，青海省 10 人，湖北省和江苏省各 2 人；性别构成是男 149 人，女 179 人，性别不详 2 人；年龄构成 30 岁及其以下 59 人，31~39 岁 168 人，40 岁以上 107 人，平均年龄 38.7 岁；身份构成，普通村民 221 人，村干部 10 人，农村小学生家长 100 人，小学教师 63 人，小学校长 4 人，其他（镇干部、高中教师、中学生等）52 人，合计 450 人，有被调查者存在多重身份，比如可能既是小学生家长，也是普通村民等；自评家庭经济状况非常好 10 人，较好 65 人，一般 210 人，较差 29 人，贫困 20 人（见表 6-5）。

表 6-5　334 名调查对象结构分布

| 项目 | 类别 | 人数/人 | 比例/% | 备注 |
|---|---|---|---|---|
| 地区 | 陕西 | 247 | 74 | |
| | 内蒙古 | 33 | 10 | |
| | 青海 | 10 | 3 | |
| | 黑龙江 | 40 | 12 | |
| | 湖北 | 2 | 0.5 | |
| | 江苏 | 2 | 0.5 | |
| | 合计 | 334 | 100 | |
| 性别 | 男 | 148 | 44 | |
| | 女 | 179 | 54 | |
| | 不详 | 7 | 2 | |
| | 合计 | 334 | 100 | |
| 年龄 | 30 岁及以下 | 59 | 18 | |
| | 31~39 岁 | 168 | 50 | |
| | 40 岁以上 | 107 | 32 | |
| | 合计 | 334 | 100 | |
| 身份 | 普通村民 | 221 | 66 | |
| | 村干部 | 10 | 3 | |
| | 小学生家长 | 100 | 30 | |
| | 小学教师 | 63 | 19 | |
| | 小学校长 | 4 | 2 | |
| | 其他 | 52 | 16 | 有镇干部、高中教师、学生等 |
| | 合计 | 450 | 119 | 其中部分调查者是双重身份 |
| 家庭经济状况 | 非常好 | 10 | 3 | |
| | 较好 | 65 | 19 | |
| | 一般 | 210 | 64 | |
| | 较差 | 29 | 8 | |
| | 贫困 | 20 | 6 | |
| | 合计 | 334 | 100 | |

## 二、问卷调查结果与分析

### （一）教育价值与愿望

为什么让学龄儿童接受教育，接受什么程度的教育，反映了家长对教育的价值选择和期望，这些价值选择和期望影响着家长的择校行为，并且还对学龄儿童的学习动机有着深刻的影响。表6-6就"您希望孩子的学业完成后干什么"的问题进行调查，目的是通过对"城市"与"农村"不同环境不同职业的行为选择，折射当前农民的价值选择意向。备选答案有5个，蕴含孩子学业完成后对地域和职业的选择意向。从工作地域讲，选择成为"城里人"比例远大于回农村发展的比例。同样是"当老板"，但"回农村"当老板只占10%，而选择"去大城市"当老板占37%。5个备选答案中，"去大城市创业当老板"和"当公务员"，均是选择孩子毕业后在"城市"发展，二者的人数占总人数的68%。其实，现代新兴农业大有作为，市场前景很广阔，可见，调查者的判断依然是传统的认知。对于身份选择，选择"当老板"的占比达到47%，"当公务员"占比31%，而回答"当新型农民"的占比只有9%。此外有13%的人没有作答或选择其他职业，说明其教育价值取向处于矛盾和纠结中，也是教育价值取向多元化的表现。平均年龄只有38.7岁的本调查对象的这一趋势值得关注。

表6-6　您希望孩子的学业完成后干什么？

| 项目 | 回农村创业当老板 | 去大城市创业当老板 | 当公务员 | 回农村当新型农民 | 其他 | 合计 |
| --- | --- | --- | --- | --- | --- | --- |
| 人数/人 | 35 | 123 | 105 | 27 | 44 | 334 |
| 比例/% | 10 | 37 | 31 | 9 | 13 | 100 |

在现代社会，学历反映一个人受教育年限的程度，也是衡量一个人综合素质高低的要素，同时，它还是一个人进入社会上层的"过滤器"和通行证。通过调查农民对学历层次的期待，可以间接发现农民对农村子弟未来的期待。目前，在广大农村地区的现实情况是，高中及其以下毕业生一般进城打工，从事较为简单的体力劳动；而高职及其以上大学毕业生，不

但能够进入城市，而且有比较体面、收入也相对较高的工作。表 6-7 显示，期望孩子高中及其以下毕业的占 9.3%，大学、研究生毕业占 90.7%，特别值得关注的是，期望孩子研究生毕业占 48.8%。可见，调查者教育愿望学历要求趋高，但存在着愿望外溢现象：有近 50% 的家长希望孩子读研究生，有 90% 以上的家长希望孩子上大学和研究生，如果尊崇家长愿望，就可能引发"过度教育"，造成"教育浪费"现象。我国目前已经呈现"人才过剩"的现象，此外，这种现象也可能造成择业时"贵族化"现象，真正需要广大"劳动者"的新型农民、新型产业技术工人岗位无人问津。过度发展膨胀的高等教育，也为质量危机埋下后患。可以说，目前社会各界对教育质量质疑既有家长过于期待的原因，也有教育市场充盈导致的质量控制失范问题。

表 6-7　在您看来，现在的孩子最理想的最高学历是什么？

| 项目 | 初中毕业 | 高中毕业 | 大学毕业 | 研究生毕业 | 合计 |
| --- | --- | --- | --- | --- | --- |
| 人数/人 | 9 | 22 | 140 | 163 | 334 |
| 比例/% | 2.7 | 6.6 | 41.9 | 48.8 | 100 |

### （二）对"撤点并校"现状的态度

"撤点并校"政策使农村小学布局发生了颠覆性变化，原来一村一校的局面不复存在。可能刚开始的布局调整是基于客观的学龄儿童数量下降，不得不撤并小学。其实可能不一定是客观原因导致的学龄儿童减少，而可能是家长因为主观上对农村小学教育质量不满意而将学龄儿童送到村小以外的乡镇或县城小学读书。这是一种基于教育价值驱动下的趋城化"择校"行为，其实质是对农村小学教育教学质量不满所导致的教育"逃离乡村"行为，也是农民的"弃农"行为，由成年后的通过进城"打工"逃离演变为童年期就提前引发的教育"逃离乡村"。表 6-8 通过"在您家周围把孩子送到县城读小学的比例大致多少"的估计，让被调查者判断"撤点并校"对农村小学生"离村趋城"求学的状况。该表显示，估计有 90% 以上的人数占 15%，估计有 60%以上的人数占 37%，估计有 30%左右的人数占 35%。也就是说，从该表可以发现，调查对象估计的基本判断是有 50%左右的人把孩子送到县城小学读小学，还有 50%左右的人把孩子放在乡镇、村小学（教学点）读小学。在县城读小学意味着在县城买房或租房，必须有专人陪读，老百姓的负担加重，家庭教育结构可能发生变化。专门由父母陪读成本太高，只能由隔代老人陪读，而学业辅导只能由辅导学校承担，这也就是校外辅导机构泛滥的根本原因。由此可见，"撤点并校"引发的联动效应很多，治理对策相对更为复杂。

表 6-8　在您家周围把孩子送到县城读小学的比例大致多少？

| 项目 | 90%以上 | 60%左右 | 30%左右 | 10%以下 | 合计 |
| --- | --- | --- | --- | --- | --- |
| 人数/人 | 50 | 124 | 117 | 43 | 334 |
| 比例/% | 15 | 37 | 35 | 13 | 100 |

那么，农村学生家长把孩子送到不同小学读书的原因何在？为什么许多农村小学因为"希望工程"使学校面貌大变，或者教育信息化设备陆续到位，教学基本条件并不差，但依然把学生送到并不方便、求学成本更高的乡镇或县城小学？表 6-9 显示了调查者择校原因，也是其判断学校好坏的标准。表 6-9 显示，按照排序，"把孩子放在本村镇或县城读小学的最关键的原因"依次是"教师水平"占 76%、"学校声望" 34%、"离家距离" 33%、"学校建得漂亮" 8%、"随大流" 1%、"其他" 3%。由于可以多选，题项也有一定的重叠，比如"学校声望"可能涵盖了"教师水平""随大流"等。有四点需要注意：第一，家长依然很看重学校"离家距离"远近，离乡求学是权衡之后的无奈选择。第二，家长把"教师水平"排在第一位，比例远高于其他选项。第三，家长把"学校建得漂亮"排在第四位，而我们的教育行政主管部门最热衷建新学校，重视学校建得漂亮、气派，明显是扭曲的"政绩"观在作祟，与老百姓的判断选择不符。所以，即使在乡村建了很漂亮的"希望小学"，由于其师资薄弱，家长依然会"舍近求远"，让孩子去乡镇或县城读书。因此师资队伍建设才是抓好农村小学教育质量

的关键。而纵观多年来的现象，我国对教师待遇，特别是农村教师待遇一直口惠而实不至，隔靴搔痒，这也许是老百姓对教育不满意的根源所在。第四，有3%的被试选择"其他"，加之其他几个备选答案，表明农村学生家长送孩子到县城读书的原因趋于多样化。表6-10显示调查者对"目前本地农村小学教育教学质量与县城小学相比如何"，"质量低"占48.5%，将近一半；只有4%的调查者认为本村镇小学教育教学质量高于县城小学。值得关注的是，有37%的被调查者认为"质量差不多"。既然"质量差不多"为什么还要送到县城小学读书？其原因可能是"随大流"或者县城除质量以外的其他原因。反过来说，被调查者对县城小学的质量也不一定认可，只是因为"村小"被撤了，不得不去县城读小学，是"被自愿"的。因此，什么是优质学校、什么是高质量的小学值得探索，农村小学并没有被被调查者普遍贴上"质量低"的标签。这也可能是农村小学新的发展契机。

表6-9 您把孩子放在本村镇或县城读小学的最关键的原因是什么？
（可以多选，但须排序）

| 项目 | 离家距离近 | 学校声望 | 教师水平 | 学校建得漂亮 | 随大流 | 其他 | 合计 |
|---|---|---|---|---|---|---|---|
| 人数/人 | 109 | 113 | 253 | 27 | 3 | 9 | 514 |
| 比例/% | 33 | 34 | 76 | 8 | 1 | 3 | 155 |

表6-10 在您看来，目前本地农村小学教育教学质量与县城小学相比如何？

| 项目 | 质量高 | 质量差不多 | 质量低 | 说不清 | 没填 | 合计 |
|---|---|---|---|---|---|---|
| 人数/人 | 12 | 125 | 162 | 33 | 2 | 334 |
| 比例/% | 4 | 37 | 48.5 | 10 | 0.5 | 100 |

在上述判断基础上，表6-11被调查者对"'合并村小'是错误的，现在应该恢复一村一校的态度"，对这一说法"非常赞同"只占18%，"比较赞同"占33%，二者合计51%，"不赞同"占22%，"说不准"占26%，没填的占1%。说明被调查者对"撤点并校"的现实已经认可，对"恢复一村一校"比较谨慎，且有较大的分歧，这和政府在制定"撤点并校"政策时

的谨慎、政策公布时间不长就开始纠偏、暂停、叫停等一系列频繁调整是一致的，也和在执行政策过程中及其政策评估上政府的谨慎肯定、村民的争议以及学者的普遍质疑是一致的，也和国外对农村小学布局调整中出现的社会群众心态反应是基本相似的。可以预见，目前社会各界对"撤点并校"政策本身和未来农村小学布局的调整依然会感到困惑。"完全小学集中在乡镇，村小基本消失，部分村只有教学点"是农村小学教育的基本格局。"恢复村小"可能只是一种一厢情愿的农村教育"乌托邦"。未来农村小学布局不会有大的变化，如何提升农村现有小学教学质量是农村小学教育的热点和关键，而研究适合中国国情的农村小学教学规律，彰显农村小学的特色和亮点，就是未来农村小学研究的当务之急。

表6-11 有人认为，"合并村小"是错误的，现在应该统一恢复一村一校，您的看法是：

| 项目 | 非常赞同 | 比较赞同 | 说不准 | 不赞同 | 没填 | 合计 |
| --- | --- | --- | --- | --- | --- | --- |
| 人数/人 | 60 | 109 | 86 | 76 | 3 | 334 |
| 比例/% | 18 | 33 | 26 | 22 | 1 | 100 |

### （三）对农村小学规模及办学质量标准的看法

农村小学的规模是不是越大越好？村民宁愿投入巨大的物质和精力，舍弃在家门口的村小，主动把学龄儿童送到本村以外的乡镇或县城小学读书，其背后的原因是什么？如果说家长选择学校看中的是教育教学质量，那么,决定教育教学质量的核心要素又是什么？表6-12从理想的小学规模、择校的决定因素、对教学质量的判断标准、在不同学校就读的担忧因素等进行调查，旨在了解被调查者对这些问题的态度及其择校行为的动因，进而间接推知社会民众对小学规模及教育教学质量的判断意向。表6-12中，被调查者认为理想的小学办学规模应当是200～300名在校生的占61%，而对100名以下、400名以上规模的学校选择较少，分别是13%和26%。也就是说，民众对小学办学要求有一定的规模，但不宜太大，办学规模是影响家长择校的重要原因，但从办学规模来讲，规模太小或太大的小学，家长会产生疑虑。

表6-12 假如您家有孩子读小学，您希望该小学在校生的规模是：

| 项目 | 100名以下 | 200名左右 | 300名左右 | 400名以上 | 合计 |
|---|---|---|---|---|---|
| 人数/人 | 43 | 94 | 111 | 86 | 334 |
| 比例/% | 13 | 28 | 33 | 26 | 100 |

表6-13则显示了把孩子放在虽然离家近但办学规模低于100人的农村小规模小学读书，家长所担心的因素。最担心孩子"学习不好"占35%，担心"不能学习音乐、美术等课程"占40%，两者合计占75%，这两者都是学习上的问题。可见，家长之所以"舍近求远"送孩子离开乡村读小学，关键的原因还是学习，特别是影响全面发展的音乐、美术等课程。此外"沾染农村坏孩子的不良习气"，"升初中受歧视"以及"其他"占32%，也是不可忽视的因素。可见，家长不愿送孩子在村内小规模学校读书的原因比较复杂，而关键原因在于学习，特别是小学科教学质量问题。由于是多选项目，有不少被调查者选择了2个及其以上答案，也是说明家长抉择的多样性和多重顾虑。

表6-13 如果把孩子放在离家最近，同时规模只有100以下的小学校，您最担心孩子的什么问题？

| 项目 | 学习不好 | 不能学习音乐、美术等课程 | 沾染农村坏孩子的不良习气 | 升初中受歧视 | 其他 | 合计 |
|---|---|---|---|---|---|---|
| 人数/人 | 118 | 132 | 46 | 37 | 22 | 355 |
| 比例/% | 35 | 40 | 14 | 11 | 7 | 107 |

如果把孩子放在县城读小学，家长是不是就万事大吉了？一般而言，县城小学规模较大，上千人甚至几千人的县城小学并不少见。规模大，能够产生规模效益，管理水平、师资水平、教育教学设施等教育要素要很大优势，但也存在一些问题，这些问题是家长也是社会各界普遍关心的问题。表6-14表明，"如果把孩子送到县城一所1 000人以上的大规模学校"，家长最担心问题按照比例多少依次是沾"染城里孩子的坏习气"（38%）、"校

园拥挤等安全"(23%)、"学习成绩不好"(22%)、"被歧视"(18%)、"其他"(5%)。排在第一位的是"染城里孩子的坏习气",其实质是担心中国传统文化、乡村文化的传承断代。此外,学习问题、安全问题、歧视问题(其实是校园欺凌问题)以及其他问题比例也达到近 70%,说明大规模小学产生许多新的问题,已经被社会各界有所感知,这些问题需要政府、社会、大规模学校自身、学术界等认真研究,权衡小学阶段学校规模"大""中""小"的各种利弊,使小学阶段办学规模维持在较为科学的水平。

表 6-14　如果把孩子送到县城一所 1 000 人以上的大规模学校,您最担心孩子的什么?

| 项目 | 被歧视 | 沾染城里孩子的坏习气 | 校园拥挤等安全 | 学习成绩不好 | 其他 | 合计 |
| --- | --- | --- | --- | --- | --- | --- |
| 人数/人 | 60 | 128 | 77 | 72 | 17 | 354 |
| 比例/% | 18 | 38 | 23 | 22 | 5 | 106 |

对"撤点并校"政策,有学者提出了很大的质疑,认为政府过多地考虑到了办学效益,打破了原有的村村有小学的格局,使农村文化出现"空壳"和断层。至于为什么老百姓把孩子送到本村以外的乡镇中心小学或县城读书,较为普遍的看法是因为农村小学教育质量低于乡镇或县城小学。依此推论,如果国家加大投入,强化农村小学教育教学质量,使村内小规模小学教育教学质量不低于甚至高于乡镇或县城小学,家长就会积极地把孩子留在村小读书,"恢复村小"就可能成为现实。但表 6-15 调查结果似乎并不支持这一假设。调查者在回答"假如您村里有一所不足 100 人的小学,教学质量不低于乡镇中心小学或县城小学,那么您是否愿意把孩子放在您村里的小学读书"这一问题时,选择"愿意"的比例只有 45%,远低于预想比例,而直接选择"不愿意"的比例 28%,还有 27%的被调查者选择"还要再考虑"。可见,教学质量固然是影响家长择校的原因,但绝对不是唯一原因,也不是决定性原因,可能还有生活方式、居住环境、就业等趋城化意向,有从文化心态上、未来选择上"剥离"农村,"逃离"乡村的社会心态。因此,重振乡村教育必须从整体提高乡村现代化水平入手,走

城乡一体化发展道路，通过农村现代化、重振乡村战略，增加农民对农村发展的信心，对农村文明进行现代化改造，才能联动农村小学教育发展。

表6-15　假如您村里有一所不足100人的小学，教学质量不低于乡镇中心小学或县城小学，那么您是否愿意把孩子放在您村里的小学读书？

| 项目 | 愿意 | 不愿意 | 还要再考虑 | 合计 |
| --- | --- | --- | --- | --- |
| 人数/人 | 149 | 95 | 90 | 334 |
| 比例/% | 45 | 28 | 27 | 100 |

教育教学质量是指教育教学水平高低和效果的优劣程度，主要受教育制度、教学计划、教学方法、教学组织形式和教学过程等合理程度，教师的素养，学生的基础，以及师生参与教育教学过程的积极程度等影响，是一个多主体、多要素综合作用的结果。但是，这些因素哪些更为关键，就涉及教育教学质量观的问题了。这既是一个理论问题，也是一个经验问题。教育教学质量观的理论研究是教育研究者的理性判断，而社会大众更多的是从自己的感性经验做出的判断。假如农民把孩子送到本村以外的乡镇或县城读小学的原因是"农村小学教育质量不高"，那么，农民判断教育质量高的标准是什么，也即，农民的教育教学质量观是什么？表6-16显示，被调查者对"教学质量高与不高的标准"，按照比例由高到低依次是"孩子的综合素质高"（69%）、"别人说好那就好"（55%）、"升学率高"（30%），而"学校设施气派"只占1.8%。可见，被调查者对教学质量判断的标准要么是孩子的"综合"素质高，说明"素质教育"的理念已经为群众所接受，而综合素质中的"升学率"是被调查者衡量教学质量的重要指标。要么"别人说好那就好"，说明被调查者判断学校教学质量高低依赖他人感性经验，有盲从现象，理性判断相对较少。所以，依次可以推知，在农村，"随大流"择校助推了农村小学生源流失。同时，也告诉我们，提高农村小学教育教学质量的关键是开展素质教育，提高学生的综合素质。此外，许多地方政府在"提高教学质量"上，往往热衷于"学校设施气派"，似乎教学设施好了，教育教学质量就高了。其实，老百姓并不这样认为，这也可以说明许

多农村"希望小学"设施并不差,但依然人去楼空的原因了。因此,在发展农村小学教育的道路上树立科学的政绩观和质量观,是农村小学教育走上可持续发展道路的关键。

表6-16 您判断教学质量高与不高的标准是什么?

| 项目 | 别人说好那就好 | 升学率高 | 孩子的综合素质高 | 学校设施气派 | 其他 | 合计 |
| --- | --- | --- | --- | --- | --- | --- |
| 人数/人 | 185 | 100 | 228 | 6 | 4 | 523 |
| 比例/% | 55 | 30 | 69 | 1.8 | 1.2 | 157 |

表6-17显示,在较为宏观的判断"教学质量高于不高的标准"基础上,从微观层面让被调查者判断"决定小学教育质量的第一关键要素",且标明必须是"单选",但依然有不少被调查者选择了一个以上答案。从选择结果看,有71%的人把"教师水平"作为决定教学质量的第一关键要素,远远高于其他备选答案,之后依次是"教学设备好"(20%)、"其他"(18%)、"经费充足"和"离城近"(4%)。选择"其他"的具体内容有"增长见识,大环境大格局""学风好""素质教育体系健全,丰富校园生活""有锻炼运动设备""网络教育,多种教育方式""可以和父母一起生活"等,主要侧重在利于全面提高学生素养的要素上。因此,在被调查看来,决定教学质量最为关键的第一要素是"教师水平",而不是离城远近、经费充足和教学设备,影响学生综合素质的因素更被看重。

表6-17 在您看来,决定小学教育质量的第一关键要素

| 项目 | 离城近 | 教师水平 | 教学设备好 | 经费充足 | 其他 | 合计 |
| --- | --- | --- | --- | --- | --- | --- |
| 人数/人 | 13 | 238 | 65 | 23 | 6 | 345 |
| 比例/% | 4 | 71 | 20 | 7 | 18 | 120 |

如何判断评价农村小学生家长把自己的孩子送到本村以外的小学读书?表6-18显示,认为"万不得已"的有34%,认为"没有必要"的有29%,认为"非常有必要"的有27%,也就是说认为"没有必要"和"非常有必

要"两个极端的比例都不到 30%，且比例相当，还有近 70%的被调查者属于必要性上的摇摆者。同时，可以发现，"自讨苦吃""苦不堪言""万不得已"属于对"送孩子去县城读书"行为的同情和负面评价，三者比例合计是 44%，虽然内心并不支持，但表示无奈和理解，心态比较矛盾、复杂。

表 6-18　在你看来，本村家长把孩子送县城读小学，是：

| 项目 | 自讨苦吃 | 万不得已 | 没有必要 | 苦不堪言 | 非常有必要 | 合计 |
| --- | --- | --- | --- | --- | --- | --- |
| 人数 | 16 | 115 | 96 | 15 | 92 | 334 |
| 比例% | 5 | 34 | 29 | 5 | 27 | 100 |

### （四）未来农村小学办学对策

从 2012 年开始，经过 10 年的农村小学"撤并"、纠偏、暂停、叫停，我国的农村小学已经形成了完全小学基本在乡镇、县城以及部分人口较多住户较为集中的自然村，大部分自然村要么学校消失，要么只有教学点的格局。据教育部公布的数据，截至 2017 年年底，全国共有小学 16.70 万所，另有小学教学点 10.30 万个。[①]另据《中国农村教育发展报告 2017》统计数据，2016 年我国乡村小学数量 10.64 万所，镇区小学 4.46 万所；全国共有教学点 9.84 万个，其中，乡村教学点有 8.64 万所，占教学点总数的 88.21%。全国不足百人的小规模学校共计 12.31 万个，占小学和教学点总数的 44.59%；其中，乡村小规模学校有 10.83 万个，占乡村小学与教学点总数的 56.06%，占全国小规模学校总数的 87.98%。全国有无人校点 10 033 个；1~10 人的乡村校点 2.58 万个，乡村小规模学校依然普遍存在。也就是说，在我国 16.7 万所小学中，有乡村小学 10.64 万所，镇区小学 4.46 万所，乡镇及其以下小学共 15.10 万所，占全国小学总数的 90.4%，而农村教学点占全国教学点总数的 88.21%。数量多、规模小是我国农村小学的基本特点。如何办好现有的农村小学，是一个新的挑战。

---

① 中华人民共和国教育部.2017 年全国教育事业发展统计公报[EB/OL]. http://www.moe.gov.cn/jyb_sjzl/sjzl_fztjgb/201807/t20180719_343508.html

针对农村小学现状及其未来发展，本调查设计了3个问题（见表6-19、表6-20、表6-21）。表6-19目的是为了了解被调查者对未来农村小学布局结构调整的意向，问题是"有人认为，每一所自然村应当保留1所小学，您的看法是"，结果显示，持"赞同"意见的占62%，其中非常赞同占22%，比较赞同40%，而同时，"说不准"的占24%，"不赞同"13%，没填的占1%，意见比较分散，说明对农村小学未来布局是否恢复一村一校都存在较大争议，"一刀切"的小学调整政策是违背群众意志的，继续"撤并"或"恢复村小"必须充分论证，谨慎决策。

表6-19  有人认为，每一所自然村应当保留1所小学，您的看法是：

| 项目 | 非常赞同 | 比较赞同 | 说不准 | 不赞同 | 没填 | 合计 |
|---|---|---|---|---|---|---|
| 人数/人 | 74 | 135 | 81 | 42 | 2 | 334 |
| 比例/% | 22 | 40 | 24 | 13 | 1 | 100 |

表6-20和表6-21通过问卷，旨在了解被调查者在农村小学教育发展问题上，对政府的建议和学校自身发展的路径选择。表6-20显示，"在您看来，对现有的农村100人以下的小学，国家应该采取的政策是"，共提供了5种备选答案，前两种是对农村小学机构存废决策问题，后三种是保留的前提下如何发展的决策问题。关于对现有农村小学机构存废问题，有22%的认为"继续合并到上规模的学校中去"，属于主张政府以效益为先，主动"撤并"农村小学，有8%的被调查者主张"顺其自然，自生自灭"，属于消极"撤并"者，二者合计占30%。反过来说，有70%的被调查者主张对农村小学应当"扶持"、优化、引导。被调查者中，有32%的选择对农村小学要优化，"向城镇小学学习，提高升学率"，虽排在第一位，但比例并不高，城乡一体化发展也是农村小学未来发展的一种选择。选择"必须保留，加大扶持力度"占28%，"走自己的路，办出特色"占15%，三者合计占75%。可以发现被调查者希望政府认真对待农村小学教育，积极作为，不能"顺其自然，自生自灭"。

表6-21则更为具体地就农村小学教育联盟这一新的发展模式，了解被

调查意见,认为"非常好"的占31%,有53%的被调查者认为"设想很好,但不好操作",二者合计占84%,说明大多数被调查者是肯定这一尝试的,但效果如何,如何操作,尚不明朗,这是比较客观的。农村小学校联盟是近几年在四川省广元市兴起的一种农村小学发展模式,尚处在摸索阶段,没有现成经验可供借鉴,但积极作为的改革创新、试图振兴乡村教育的主观愿望是应当充分肯定的。类似的尝试还有许多,这是我国教育工作者尝试建立适合中国农村的小学的创新。

表6-20 您看来,对现有的农村100人以下的小学,国家应该采取的政策是:

| 项目 | 继续合并到上规模的学校中去 | 顺其自然,自生自灭 | 必须保留,加大扶持力度 | 向城镇小学学习,提高升学率 | 走自己的路,办出特色 | 合计 |
|---|---|---|---|---|---|---|
| 人数/人 | 74 | 28 | 94 | 108 | 51 | 355 |
| 比例/% | 22 | 8 | 28 | 32 | 15 | 105 |

表6-21 有人提出,把现有农村100人以下的小学联合起来,以乡镇为单位,组成小学教育联盟,资源共享,提升质量,提高与县城小学的竞争力,你觉得这个建议怎么样?

| 项目 | 非常好 | 设想很好,但不好操作 | 不赞成 | 说不清 | 没填 | 合计 |
|---|---|---|---|---|---|---|
| 人数/人 | 104 | 178 | 30 | 17 | 5 | 334 |
| 比例/% | 31 | 53 | 9 | 5 | 2 | 100 |

(五)关于开放题目的调查结果

问卷最后一道题是:在您看来,农村100人以下的小学,未来应该怎样发展?该题的目的在于通过开放式问答,试图从基层中发现新的思想和新的方法。结果发现:第一,关于现有农村小规模学校存留问题,分歧很大,主要有"继续撤并""必须保留,哪怕只有一个学生""顺其自然,自生自灭""难,不好说";第二,对现存的小规模小学如何发展,大多数主张"与优质学校合并""同类小学组成联盟""优化师资""改善办学条件""特色发展"等;第三,有新的观点,比如"各级政府设立农村小学发展基金, 重点扶持、重大奖励""探索完全不同于城市小学发展的新路子""大幅提高农村小学教师工资"等。可见, 我国农村小规模小学的发展问题是未来一段时间研究和决策的一个"难点"问题, 需要不断探索。人民群众已经有思想准备, 短期内解决是不现实的。

## 第三节 农村小学深度访谈调查及其质性分析

访谈法也是一种社会调查方法, 是研究者通过与研究对象进行口头交谈的方式收集资料的一种方法。与问卷调查相比, 其优势在于能够与研究对象面对面接触, 就某一研究变量深入交谈, 从更深层次发现研究对象的态度、情感、思想观念和主观感受。其缺陷在于不易量化, 费时费力, 对调查者要求比较高, 研究结果不易量化。

作为对问卷调查法的补充, 本调查在问卷调查的基础上, 设计了个别访谈研究。

### 一、研究设计和准备

#### (一) 访谈目的

通过深度访谈, 了解访谈对象对农村小学校存留问题、农村学龄儿童家长择校动机以及现有农村小学校未来发展的建议等三方面态度。

#### (二) 访谈提纲的编制

采用非结构式访谈。围绕访谈目的, 事先编制了访谈提纲。访谈提纲参照调查问卷设计维度, 围绕农村小学校存留问题、农村学龄儿童家长择校动机以及现有农村小学校未来发展的建议三大目的, 经过项目分析、征求专家意见、试用、修改等环节, 最终形成了10个题目20个具体问题。其中第1~3题主要掌握访谈对象对农村小学存留问题的态度, 第4~5题旨在了解农村小学适龄儿童家长的择校标准，第 6~10 题旨在了解被访者对现存农村小学办学的建议。

（三）访谈人员及其培训

选择教育类本科生大三（2015 级）和教育硕士研究生二年级（2016 级）共 25 名学生进行培训，利用 2017 年暑假进行访谈调查。培训内容是本研究的目的、访谈技巧及具体操作规范，访谈时对访谈过程、环境条件、提问顺序、访谈过程、是否现场记录和录像等不做严格限定，由访谈者根据具体情况灵活处理。

（四）访谈对象的选定及过程控制

本访谈问卷要求访谈对象是与农村小学教育有着直接关系，经常关注农村小学教育的教育行政干部（县乡镇教育管理干部）、乡村教师、农村小学校长、学生家长等。调查者按照方便原则，事先联系，访谈对象在方便的时间、地点接受访谈。访谈时一般要求单独访谈，访谈对象 1 人，访谈者 2 人（其中 1 人提问，1 人记录和补充访谈）。要求访谈者"根据访谈对象，可选择提问；提问时，不必严守所提问题，可以追问、探讨，提倡深度访谈，但应如实记录"。

## 二、访谈调查研究结果

本调查共收集到 35 份访谈材料，被访谈对象分布在 6 省区 10 市 21 个县，具体包括省级教育科研机构研究人员 2 名，市教育局干部 2 名，县教育局干部 5 名，市县教育督导干部 2 名，农村小规模学校校长 5 名，农村小规模小学教师 7 名，村干部 2 名，村民 10 名。下面，将围绕访谈的 10 个访谈问题，选部分典型的访谈结果进行分析。

（一）对农村小学布局调整及小规模小学存废合理性问题的认知

在当代社会，由于考虑到小学阶段儿童成长过程中身心发展离不开父母的关照等原因,家长一般都主张就近入学;但是由于农村居民居住分散,加之城镇化进程中农村人口趋城化流动,农村小学设置问题一直困扰着现代化进程中的各个国家。"就近入学"与"办学成本效益"之间存在着矛盾,困扰着政府,也困扰着学生家长。每个自然村设置一所小学,使乡村有了文化氛围,方便了学生,解放了家长,孩子也时刻侵染在自己的乡土文化之中,体验着浓浓的乡情,体验着童年的快乐,组成一幅人与自然的和谐、美丽画面。访谈中,许多访谈对象对曾经的"一村一校"在感情上都非常留恋,有着美好的回忆,但在理性上都基本认可"撤点并校"政策。而对"撤点并校"的理性认识是基于教育教学质量的提升。期望是,如果办学条件符合要求,质量有保障,最好每一个自然村办一所小学。访谈对象对提纲1~3题的回答就显示了对这一矛盾纠结的心态。

**问题1:本地区农村小学发展的历史和现状是什么?对这些变化你是如何评价的?**

被访谈者1(村小学校长):1998年,内蒙古鄂尔多斯市鄂托克前旗才成立十年,当时每一个乡镇都有一所小学,但学生人数少。有的学校学生不足100人,但教师人数相对较多且大多都是上了年龄的老教师,老龄化比较严重,且大部分都是民办教师,文化水平相对低一些,地方小学几乎没有高级教师。课程开设以语文、数学为主。其他课程,像音乐、美术、科学之类的学科基本不开设(专业教师不足的原因)。而且教师经常无案上课,不批改作业。2000年后撤乡并镇,基本把乡镇的小学全部撤掉(人口多的乡镇保留)。2010年,校安工程实施,对所有保留的小学全部都进行了重建,学校设施有了极大的改观。(基本上大城市有的,我们也有,甚至比他们还先进,教师配备也相应增多,并且向专业化发展。教学质量有了大幅度提升。这样办学环境和安全得以提升和保障。教师和学生能全身心投入教和学,非常好。)

被访谈者2(村小教师):我们地区以前是每个自然村有一所小学,教师数量少、设施落后、教学质量低,现在是整个高台子镇只有一所小学。整合后的学校面积大,设施比以前的好,师资配备有所提升。尽管目前我们小学在校舍及硬件设施配备上有了很大的改善，但是与城市小学相比差距仍然很大，微机室、多媒体教室缺乏或不完备；图书馆的书数量少且陈旧；年纪偏大的教师较多。撤并村级小学，在一定程度上有利于集中教育资源，节省教育开支。但目前农村小学不提供住宿，这造成了部分住家比较远的学生的不便，每天来回跑不仅浪费时间，而且学生的人身安全也难以得到保障。总的来说有利也有弊吧。

**问题2：你认为是不是每一个自然村应该保留一所小学？为什么？**

被访谈者1：我认为每一个自然村不一定要保留一所小学，有的时候是一种资源浪费。一个村拥有一个小学虽然说是方便，但是一个常规的小学该具备的都要有，对于占地面积、教学设备、教师资源都是一种浪费。应根据情况实际操作，相近的几个自然村可以建立一所小学，这样不仅方便学生就近读书，而且会减轻农民不必要的经济负担，也可以减少资源浪费，便于管理。

被访谈者2：如果每个小学都有好的教育条件、好的设施、好的师资队伍，我认为可以每个自然村保留一所小学，这样可以减少学生在路上跑的时间，同时学生的安全系数也相应提高。在经济状况、教师配备以及教学条件的允许下，建议尽量保证每个自然村都保留一所小学。首先，学生上学相对比较安全。其次，老师可以及时与家长沟通孩子的情况。最后，每个自然村的学生数量较少，能较好地保持学生接受教育的质量。

**问题3：你的小学是不是在村小上的？有哪些值得您回忆的情景？为什么？**

被访谈者1：我的小学不是在村小上的，但是我在农村读过书。过去学生作业量少，就仅仅只是课堂作业，而且学科少，负担轻，玩耍的时间充足。课业完成后，我经常帮大人们干农活，比如喂猪、割草。我们那个时候基本上什么都干，什么都会干。但是现在的学生因为课业负担重，几乎没有玩耍的时间，每天"两点一线"，学校到家，家到学校，社会实践的能力差，不会洗衣服、扫地这些简单的家务劳动，更不要说农活了，再加上一些家长"孩子只要学习好什么事情都不用干"的观念，小学生更是什么都不会了，这样对小学生的发展有一定的坏处。

被访谈者 2：是的。我上小学的时候学校不是很大，老师也很少，桌椅很破旧，条件差，但同学们学习都很认真。我在上小学的时候，去学校的路比较远，往往是天还没有亮就出发，几个朋友约好一起走，通常是有说有笑地、轻松地就走到学校了。印象比较深的是那时候没有食堂，中午大多数都是学生自己带饭吃，也没有热饭的地方，冬天大多数都吃凉的饭菜。冬天的时候几个人抱着书围着一个不大的火盆，边吃饭边看书、聊天，大多数与学习有关，整体的学习氛围比较好。

## （二）农村学龄儿童家长择校动机

是什么原因导致农村学龄儿童家长宁愿放弃家门口的村小学而去县城小学读书？他们是出于主动还是无奈？导致农村小学办不下去的根本原因是什么？乡村的农村小学还有没有希望再次振兴？访谈对象对问题 4~6 的回答从基层群众的切身体验中回答了这些问题，认为造成目前农村小学趋城化流动的原因是农村小学教育质量不能满足农民对优质教育的强烈期盼。"不能让孩子输在起跑线上"，是新型农民的强烈愿望。他们通过自己进城务工，深切体验到教育对一个人未来生活质量的决定性作用，体验到学历水平低所遇到的种种艰难，体验到城乡文明的巨大差距，所以宁愿辛苦打工也要在县城买房，从居住上满足作为城里人身份的基本条件。老人再苦再累，也配合子女、孙子成为城里人。造成这些现象的根本原因是"义务教育发展不均衡"。其实，远离乡村，把孩子送到县城读书是村民无奈的选择，产生了经济、安全、精力、亲情缺失、对农村无感情等新问题，并非"进城了，就万事大吉了"。如果自己家门口小学质量有保障，他们也愿意把孩子放心地放在家门口学校读书，这孕育着农村小学再次振兴的契机。

**问题 4：你是如何评价目前县城小学人满为患、乡镇中心小学相对薄弱、村小人去楼空的现象的？**

被访谈者 1：这种现象主要是义务教育发展不均衡造成的，相对于城镇，农村基础设施差，师资力量薄弱，教学环境不好，课程设立不充足。这种情况造成很多家长不愿意将孩子送去农村小学学习，毕竟都有"望子成龙，望女成凤"的希望，都想让孩子有一个好的学习环境，接受好的教育，不想让自己孩子输在起跑线上。

被访谈者 2：县级以上学校条件好，教学设施先进，师资力量强，年轻老师多，思想观念超前，教学方式多样化，这些都是吸引学生的原因。

**问题 5：你周围小学生家长是如何选择小学的？你或者他们是如何帮助孩子求学的？对他们自身生产生活有什么影响？**

被访谈者 1：家长大部分都会选择教学质量和环境好、师资力量高的学校让孩子就学，不管孩子学习的好与坏，学习进度跟不跟得上，家长都想要孩子进入相对较好的班级。而且家长大部分都是通过托各种关系，甚至有的家长花很多钱让孩子上相对好的学校，进相对好的班级。这个情况就造成家庭经济负担相对较重的后果，尤其是家庭经济情况不是很理想的家庭，后果更是严重，但是为了孩子的教育家长也没有什么怨言。

被访谈者 2：周围家庭条件好的家长都喜欢把孩子送到好的学校去上学。有的家长为了孩子上学举家搬迁到城镇去租房。一些家长前期会找我们咨询，但是由于我们最初的师资力量不够，也没有相对来说比较好的硬件设施，所以多数情况下我们会建议有余力的家长送孩子去师资力量比较好的地方学习。现在，我们将小学进行合并后，师资力量已经是比较靠前的了。所以现在村里的多数家长都会优先考虑我们学校。

### （三）对现有农村小学校未来发展的建议

从 2012 年开始，教育部对农村学校"撤点并校"已经叫停，但现存的农村乡镇及其以下小学该如何发展？如果这些好不容易保留下来的学校，也是政府计划留下来的学校越办越差，老百姓依然会"用脚投票"，通过继续放弃乡村小学，把孩子送到城里小学读书，使这些小学数归零，小学布局失衡问题将会更加严重。随着国家脱贫攻坚计划的实施，农村贫困人口会持续减少，将意味着有更多的人"有条件"在城里买房、租房，供孩子在城里读书，因此，这些保存下来的农村小学校危机并未解除，甚至处境更加严峻。如何破解这一难题，通过对问题 6～10 的访谈，可以发现，问题的焦点是农村小学的师资问题，不但要解决教师数量和质量的问题，更重要的是如何使教师"安心"工作、"舒心"工作，其次是教学经费和教学设施问题。

**问题 6**：你认为农村小学办学艰难的根本原因是什么？怎么破解这些难题？

被访谈者 1：最主要的原因就是教师配备，很多农村小学因为没有教师或者教师数量少、质量低，面临着十分严峻的局面。现在毕业的大学生很少有人去农村教学，就算城市竞争十分激烈也没有想要去农村支教，就算抢破头都想要待在城市。发生这种现象主要是因为农村的环境差、待遇低，一些日常的生活需要也满足不了，就拿住宿条件来说，农村根本比不上城市。所以要想长久留住教师就要改善环境，提高待遇，如果是短期的话，国家可制定相关政策，例如师范类的学生要义务支教几年之类的。

被访谈者 2：根本原因是师资力量薄弱，环境设施问题较差。增加农村学校的教育投资，全面协调教师，做到城镇和农村教育真正意义上的平等。加强农村小学的基础设施建设，使同学们的身心能全面发展。

**问题 7**：农村小学需要国家哪些政策扶持，才能提高办学质量？

被访谈者 1：改善办学环境；提高教师的社会地位，让教师有一种荣誉感，真心诚意做好老师。把相对较好教师派到农村去，如"三支一扶"等政策让教师下乡，去农村。

被访谈者 2：增加国家对农村的教育投资；国家可以出台某些政策吸引更多新毕业大学生到农村工作；推出一定的针对农村孩子的有效教学方针。

**问题 8**：你周围有没有发展前景看好、老百姓评价高的农村小学？他们是如何做的？

被访谈者 1：无。

被访谈者 2：我们整个镇合并后只有这一所小学，无法比较。

**问题 9**：你周围的农村小学教师水平怎么样？他们是否安心教学工作？他们的困难有哪些？

被访谈者 1：农村小学教师水平相对较低。文化差异，教师专业技能不足，相对于城市的教师还有所差距，在对于学生的教学方面都有所欠缺。教师队伍老龄化（民办居多），很多教师不安心教学，因为很多教师家在城镇，爱人也在城镇，分居两地，孩子无人照顾，农村的住宿条件差，基本设施差，所以总是想要回城。

被访谈者2：教师水平一般。教师年龄偏大的居多，虽然工作认真负责，但由于外出学习培训机会少，思想观念有些过时，教学方式单一，而且农村的家庭教育落后，教师的责任无疑就更重。

**问题10：你对保留下来的农村小学有什么好的建议？**

被访谈者1：大力改善校园环境；配足配齐教师；选派好的校长，有一个优秀的领导者；改善教师的吃住条件。

被访谈者2：增加农村学校的教育投资；教师应该走出去学习培训，提高校师素养；可以多引进些年轻人充实到教师队伍中；更新教育理念，优化师资力量；全面协调教师，做到城镇和农村教育真正意义上的平等。

下面是对一位有20多年教龄的农村小学老师较为完整的访谈记录。该老师姓宋，他长期坚守农村小学，自己也是在该村长大的，对农村、农民、农村小学教育有着长期的观察和体验，目睹了20多年来农村现代化进程，了解农民群众的内心想法，也目睹了农村"撤点并校"前后的历程及存在的问题。访谈是在良好的环境氛围和心理氛围下进行的，本记录省去了访前沟通过程，事后根据录音转录整理。宋老师用"宋"标识，访谈者用"访"标识。

访谈时间：2017年8月15日，上午9:25—11:17

访谈对象：宋\*\*，男，46岁，小学教师

访谈地点：山东省曲阜市\*\*镇\*\*小学

访：宋老师，您好！

宋：你好！你好！

访：宋老师在这所学校教书几年了？

宋：哎，一晃二十多年了！期间陆续有老师调走了，就我一人坚守（苦笑）。

访：太好了！宋老师也是见证了这20年间农村小学的变迁，正是我要访谈的重要对象，谢谢您能够接受我的访谈！

宋：可以，我一定好好配合！

访：好。那请您先谈谈本地农村小学的发展变化情况吧。（访谈提纲问题1）

宋：原先的这个学校是个中学，学生也多，老师也挺富足，条件虽然不是很好，但是在那个年代，也是个还算可以的学校。后来，去城里上学的孩子多了，这个学校就由中学变小学了。有关系的老师大多都调走了，进城了。一直没有调走的就都改教小学了。现在全镇只有一所初中，小学有八九个吧，但是人都不多。这两年里招的教师学历都不错，本科、研究生毕业下乡教小学的不少，但是，咱们这个小学条件还是不行。

访：是的，我也发现了，咱们学校的设备、环境还不是很好。

宋：嗯，就是，特别是冬天，学生还得生炉子、烧炭取暖，老师们也一样，相对城里，有点艰苦。

访：嗯。我看到镇上小学还有好几个呢，您觉得是不是每个村都该有一所小学？（访谈提纲问题2）

宋：那当然得有喽。虽然现在条件好了，但是还是有很多家庭条件确实不好，有的去（县城）上好小学的家庭连一个月的餐费都交不起，学校提供免费中餐，早餐和晚餐还得自己掏钱。再者，乡下人啊，都认为上个小学没必要跑这么远，也不方便接送，所以，村里有个小学方便，这是大家的内心话。

访：嗯，是的。看来，就近入学是符合实际情况的。那么，请问您任教所在地的村民是出于什么原因送孩子去城里读书的？（访谈提纲问题5）

宋：其实，不但村民，我和我的同事也把孩子送到县城读书，虽在乡下教学，但住在城里，孩子也是在城里读的书。我是搞教育的，对自己子女的教育还是很慎重的。

访：每天往返？

宋：是的。有村民咨询我们，是把孩子放在村小读书还是送城里，关系好的就告诉人家送城里，不要耽误孩子前程，关系一般的就不给出主意。

访：哦。

宋：我女儿就在城里上的小学、初中，并且都是城里的名校，掏钱择校的。不然咋能考上大学？她现在已经大学毕业了。

访：你觉得城里的名校好在什么地方？

宋：名校的理念、环境、师资、设备很好，潜移默化给孩子的影响一辈子。关键是环境，乡下环境差，条件辛苦，还是太原始了！

访：那你们小学的师资是啥情况？

宋：现在学校里年轻老师多，学历高，但不安心呀，教学技能差。光学历高不行呀，教师是良心活，他们不安心，等着放学进城回家，等着干几年调离农村回城里，能把书教好吗？（激动）而我们老了，混日子了，老的、小的都在误人子弟呀！惭愧呀！

访：没有。您坚守农村二十多年，非常令人钦佩！老师您经验丰富，可以带年轻老师嘛。

宋：其实，年轻老师也不易。为了让自己的孩子成才，不但在城里上学，还要上好学校，必须在城里买学区房，因为城里上学划片入学，只有在名校片区，孩子才能上名校。学区房贵呀！年轻老师这点工资不够，因此许多老师在城里还有兼职，还带家教。苦呀！

访：学区房很贵吗？

宋：贵，贵得不是一点。没有划入名校片区，即使有钱，孩子连入学的资格都没有。所以，即使贷款也得买学区房。从这点来讲，我们是比年轻教师幸运的。

访：是呀！可怜天下父母心！那您觉得现存的乡村小学办学艰难的原因是什么？怎么才能破解这些难题？（访谈提纲问题6）

宋：最本质的问题是投入，是没钱。如果有钱，就好办了！（充满希望）

访：嗯。

宋：咱这里为什么条件不好，为什么招不来、留不住好老师？没有资金改善教育教学和生活的基本条件嘛。咱如果有充足的资金扶持，像城里一样，给教室装暖气，更换教学设备，修塑胶跑道，像城里的贵族学校聘请名师，家长能不把孩子送来？不可能，是吧。说不定家长抢着来。尽管我们学校还是在乡下，城乡地理差异与教学质量无关，关键在教师和环境条件。

访：也是。

宋：再者，咱用这个资金，给教师们发补贴，就能克服人家嫌农村离家远，不愿来住校的问题。是吧。待遇好了，水平高的老师也能留下了，在职的也安心了，也能看到希望了，还能吸引优秀教师来乡下。有师资保障，环境又好，咱办好农村小学还有啥难的？

访：看来，资金是关键。

宋：对。这些年国家也给农村小学了不少政策倾斜，也帮扶了不少，对乡村教师也有补贴。但是，咱国家太大，农村地区太多，历史欠账太多，是吧，杯水车薪，不管用，只能暂时缓解，要彻底扭转，不易呀！

访：但可以肯定，会越来越好。

宋：嗯。相信国家以后会越来越关注农村教育。

访：肯定的。咱周围农村小学教师的水平怎样？（访谈提纲问题9）

宋：以前吧，比我还老一辈的小学教师，水平真不行，没有上过师范学校，甚至小学毕业教小学，常闹笑话，教课"放羊"的多，是在误人子弟！

访：您这一代呢？

宋：俺这一代的基本上是中师毕业当老师的多，那时候高中毕业考中师，甚至选拔初中优质学生考中师，中师学得很扎实，学生素质也高。因为农村孩子考上中师可以给家里减轻负担，考的人不少哩。

访：您也是？

宋：是的。我当时考的全镇第一！

访：那您一定是一位基础扎实的好老师。

宋：还行吧。现在条件好了，考老师的也多了，本科毕业、研究生毕业下乡教书的大有人在哦,水平也提高不少。

访:还挺欣慰。那他们安心在农村教书吗?(访谈提纲问题9)

宋:还行吧。农村孩子懂事、单纯,生源也不多。但是,人家年轻人事业心强,觉得在农村小学教书没有成就感,大多在农村干几年就想办法调走了。也有勤恳教书的小年轻,愿意待在农村,升学压力小,批改作业少,图个单纯、清静、悠闲,但人数很少。

访:哦。那么,待在农村小学的年轻教师有什么困惑或困难吗?

宋:大的困难也没什么,就是可能家人孩子在城里,自己工作在乡下,工作奔波了点;再就是学校条件差一点,冬天没有暖气,烧炭取暖,而且没有职工宿舍,家远的老师风里来雨里去,挺辛苦。还有一个很现实的问题就是乡村教师的工资水平不及城镇高,让原本就不是很富足的师资流失更多,从而使农村小学的发展受到巨大限制。农村小学教师劳动没有被尊重,缺乏尊严感!

访:其实,困难还不少,并且很关键。

宋:是的。

访:咱换个轻松一点的话题吧。请问,您小学是不是在村办小学上的?(访谈提纲问题3之一)

宋:是的。那个时候农村孩子没有择校的,基本上都是在村小上的。

访:那在您的印象中特别深刻的印象情景是什么?(访谈提纲问题3之二)

宋:值得回忆的太多了,可以说终生难忘,幸福满满!我们那时候(20世纪80年代)上小学,没有接送的,几个孩子相互一喊就走了。天还蒙蒙亮,带着煎饼、咸菜,带个大包子、炒菜都是好的饭了!冬天穿的衣服也不多,也没有秋衣,就光着身子穿棉袄。但是学习的劲头可大着呢!回到家里也是写作业,但不多。有的老师真是有学识,谈吐也是很有文化底蕴,有的就是代岗教师,找关系当上老师的就在那里糊弄学生。

访:看来,那时候上学也挺有意思。

宋：说的就是，那时候条件虽不济吧，但孩子们愿意学习，很有热情，关系也单纯，也没什么课业负担。你看现在的孩子哪有童年的天真和快乐，哎，我们的教育咋不知不觉成这样了！？

访：嗯，是的。都说一上学就是像牛一样上套了，现在不是都说减压吗？

宋：就是，还有什么问题问我吗？

访：最后一个问题，您对保留下来的农村小学未来发展有什么好的建议吗？（访谈提纲问题 10）

宋：哦。这个还是很有想法的。第一，农村小学的英语、科学这两科的教学水平较低，有的村小甚至不开设这两门课，这与城镇孩子受教育差距就大了。我觉得缩小城乡教育差距应先解决这两门课的开设问题。第二，既然这些村小已经保留了下来，必定有他存在的必要性，也有发展的可能和潜力，所以应当加大一下资金扶持的力度，改善一下农村小学的教学设备和环境，给孩子们一些图书，冬天有暖气。

访：嗯。都是很现实的建议、殷切的期盼呀。对老师方面还有什么建议吗？

宋：当然。我们都想农村小学越办越好嘛，谁也不希望自己成为最后的留守者，成为农村小学的逃亡者。老师方面，我觉得一个很棘手的问题就是缺少师资，老师自身受教育水平不高、自身素质不达标的问题。还是得提高农村小学教师的薪金待遇，这样才能留住人才，进一步吸引更多的优秀教师投入到农村教育事业中来。

访：非常感谢老师接受我的访谈，占用您宝贵的时间了，非常感谢！

宋：不客气，再见。

访：再见。

通过访谈记录我们可以发现以下几点：第一，访谈对象对我国整体教育现状是持批评态度的，对农村小学布局结构现状是不满意的，但均接受了现实。第二，对"村村有小学"的历史有强烈的情感，认为虽然农村小学教育教学质量不如城镇，但学生的童年是快乐的，同伴关系是清纯无邪的。第三，农民送孩子到城镇就读的根本原因是教学质量和学校环境，但农民的负担加重，依然有许多贫困家庭不堪重负。第四，对已经保留下来的农村小学必须加大扶持力度，扶持的重点是经费、师资和办学条件。这些结论与前节的问卷调查数据基本吻合，但有更具体的内容，情感色彩也更浓。所有这些调查结论，背后蕴藏着调查对象对农村小学教育现状的忧虑，同时也可能蕴含着农村小学教育创新发展的民意基础和巨大契机。

# 第七章 未来我国农村小学可持续发展的契机与对策

不可否认，世界各国的农村小学在教育现代化进程中都或多或少、或早或晚遇到过冲击，我国目前正在经历这种冲击。从现实情况来讲，我国农村小学目前面临的处境依然严峻，但同时也面临着新的发展机遇，比如国际教育现代化的新理念、国家乡村振兴战略的确立与政策调整、本研究调查中的民意基础、关于小规模学校的办学优势研究等，这些都为农村小学可持续发展对策的确立奠定了基础。

## 第一节 国际教育发展新理念下的农村小学价值

教育现代化是一个动态发展更新的过程，第二次世界大战之后，由于经济发展速度加快，经济发展对人才和教育的依赖程度更高，世界各国对教育就更加重视，对教育现代化更加迫切。而在这一进程中，联合国教科文组织对世界经济社会现代化进程的问题诊断、未来发展趋势及其对教育的挑战、教育的应对之策等都以报告的形式向全世界发布，代表着教育现代化的理念和未来走向。联合国成立之后，非常重视教育现代化问题，几乎每隔一段时间，联合国都会发布关于教育发展趋势的报告，所有这些报告都强调教育对社会现代化、对个人幸福与潜能开发、对社会平等、对人类可持续发展的重要作用。

## 一、现代化进程中的教育价值

第二次世界大战后,世界各国普遍意识到战争给世界人民带来的灾难以及给社会经济带来的巨大破坏。为保障世界和平,减少冲突,造福人类,有必要成立由主权国家组成的跨国组织。1945年10月24日,在美国旧金山签订生效的《联合国宪章》标志着联合国正式成立。联合国致力于促进各国在国际法、国际安全、经济发展、社会进步、人权及实现世界和平方面的合作。1946年11月6日,联合国教育、科学及文化组织(United Nations Educational, Scientific and Cultural Organization)成立,简称联合国教科文组织(UNESCO),总部设在法国巴黎。其宗旨是促进教育、科学及文化方面的国际合作,以利于各国人民之间的相互了解,维护世界和平。联合国成立近70多年来,在政治、经济、文化、教育等方面发挥了巨大作用,促进了各国实现各方面现代化进程,包括教育现代化。在不同时期,联合国根据世界经济社会发展现状和问题,提出教育现代化的最新理念,为世界经济社会现代化提供指导意见。

### (一)现代教育理念的确立

教育发展理念是一个国家教育现代化进程中的基本观念和价值取向,是制定教育政策、建构教育体系、规划学校布局与发展方向、改革教学过程与课程结构等教育管理和实施的理论依据。联合国成立之初,先后围绕教育权利、教育价值问题、教育趋势、教育发展策略等问题,提出了教育民主化、终身化、可持续化、核心素养、全球素养等理念,凝聚共识,先后形成了教育民主化、终身化、市场化、国际化、现代化等思潮,不断更新教育思想,促进教育现代化进程。

1. 教育民主化

教育民主化,是指全体社会成员都享有充分公正的受教育机会,真正感到教育的平等。争取平等的受教育权源自机会均等的思想,它最早可以追溯到17~18世纪欧洲的启蒙主义思想,认为造成社会不平等的原因不是个人的能力和努力，而在于不平等的起始条件。教育是"天赋人权"中最基本的一种，马克思主义人的全面发展理论中有着丰富的教育民主思想。此后，各资本主义国家普遍立法，普及义务教育。1948年，联合国大会通过的《世界人权宣言》指出，受教育权是一项基本的人权；其第26款规定，"教育，至少初等教育以及基础教育应该是免费的"。1959年，《儿童权利宣言》进一步确认了儿童的普遍的受教育权利。①

一般而言，教育民主化包括两个侧面：一是"教育的民主"，即受教育权是一个国家公民的基本权利和义务，是政治民主在教育领域的体现，是"民主"的外延扩大到教育领域的结果；二是"民主的教育"，即教育内部不民主、不平等、不均衡等，是"教育"内涵加深导致"民主"内涵的加深。

2. 教育的终身化

所谓终身教育，指为了适应现代社会发展，教育活动贯穿所有人的一生，不是人生某一阶段的活动，教育贯穿人的终身。这里的教育包括从生到死所接受的连续的有系统的教育方式，是人们在一生中所接受到的各种培养的总和，包括正规和非正规教育在内的教育体系的各个阶段和各种方式。1972年，联合国教科文组织国际教育发展委员会在《学会生存——教育世界的今天和明天》中指出："人类发展的目的在于使人日臻完善；使他的个性丰富多彩，表达方式丰富多样；使他作为一个人，作为一个家庭和社会的成员，作为一个公民和生产者、技术发明者和有创造性的思想家，来承担各种不同的责任。"②该报告提出了未来教育的终身化趋势和未来学习型社会的发展特点，认为教育是贯穿所有人整个一生的事业。

3. 教育的全民化

1990年《世界全民教育宣言》指出，全民教育的目的是满足基本学习需要，"就是满足全民的基本教育要求，即向人民提供知识、技术、价值观

---

① 施晓光. 现代教育思想专题[M]. 北京：当代世界出版社，2001：101-108.
② 联合国教科文组织教育发展委员会. 学会生存——教育世界的今天和明天[M]. 华东师范大学比较教育研究所，译. 北京：教育科学出版社，1996：2.

和人生观，以满足他们能自尊地生活，不断学习，改善自己的生活并为国家做出贡献的要求"，要使"每一个人、儿童、青年和成人，都应能够受益于旨在满足他们基本学习需要的机会。这些需要包括人类能够生存、发展其全部能力、有尊严地生活和工作、全面地参与发展、改善他们的生活质量、做出有知识依据的决策及继续学习所要求的学习工具（如读写、口头表达、数字、解决问题等）和基本学习内容"。"这些需要的满足，使得任何社会的个人能够，并且赋予他们一种责任去尊重和依赖他们共同的文化、语言和精神遗产，改善他人的教育、促进社会正义的进程，实现环境的保护，对不同于自己的社会、政治和宗教制度抱以宽容的态度，保证得到普遍接受的人道主义和人权得以维护，以及为一个相互依存的世界的国际和平与团结而工作"。因此，各国政府应创造一个支持性的政策环境，从财政支持、制度的改革等方面履行政府的政治责任。

### （二）每个儿童都有着巨大潜能，学习是个人内在的巨大财富，也是社会发展的巨大财富

20世纪末21世纪初，世界科学技术突飞猛进，经济发展速度很快，但同时技术主义盛行、环境污染、道德滑坡等现象也非常严重，世界各国现代化处在十字路口。教育向何处去？能够为未来经济社会发展起到什么作用？为此，联合国教科文组织提出教育是解决社会经济问题、促进现代化的核心要素，但教育自身应当更加重视学生的人文素养、传统和文化多样性，重视人的潜能发展，实现全民发展是教育的基本价值追求，教育是个人和社会的巨大财富。

1996年，联合国教科文组织国际21世纪教育委员会在《教育——财富蕴藏其中》中指出："教育的基本作用，似乎比任何时候都更在于保证人人享有他们为充分发挥自己的才能和尽可能牢牢掌握自己的命运而需要的思想、判断、感情和想象方面的自由。""教育不仅仅是为了给经济界提供人才；它不是把人作为经济工具而是作为发展的目的加以对待的。使每个人的潜在的才干和能力得到充分发展，这既符合教育的从根本上说是人道主

义的使命，又符合应成为任何教育政策指导原则的公正的需要，也符合既尊重人文环境和自然环境又尊重传统和文化多样性的内源发展的真正需要。"①该报告还提出了现代教育的四大支柱，即学会认知、学会做事、学会共存、学会学习。②

## 二、教育现代化进程中的问题：教育反思——教育是人类的共同利益，教育应当强调多样性和多元化发展

2015年，联合国教科文组织发布《反思教育：向"全球共同利益"的理念转变？》。该报告提出了新的教育价值定位，即教育是全人类的共同核心利益，是实现"全球可持续发展"的关键。

1. 反思新的教育不平等，重申教育对人性、对社会稳定的社会价值

"教育将促进人权和尊严，消除贫穷，强化可持续，为所有人建设更美好的未来。教育立足于权力平等和社会主义、尊重文化多样性、促进国际团结和分担责任，所有这些都是人性的基本共同点"③。一是强调教育是人的生存和发展的权利，教育要尊重生命、公正、平等，使人们过上有尊严和幸福的生活。"教育是一项基本人权，并且有助于实现其他各项人权"。世界各国虽然在教育上取得了许多进展，"但各国政府和国际发展合作伙伴早在1990年做出的承诺——'满足所有儿童、青年和成人的基本学习需要'——至今人未兑现"，"各国之间依然存在严重的不平等，而且许多国家的全国平均数掩盖了国内基础教育成绩和成果方面的巨大差距。性别、城市或农村居民等导致的教育边缘化的传统因素，再加之收入、语言、少数地位和残疾等因素，依然造成'互相助长的不利处境'，特别是在低收入国家

---

① 联合国教科文组织 21 世纪教育委员会. 教育——财富蕴藏其中[M]. 联合国教科文组织总部中文科，译. 北京：教育科学出版社，1996：85.
② 联合国教科文组织 21 世纪教育委员会. 教育——财富蕴藏其中[M]. 联合国教科文组织总部中文科，译. 北京：教育科学出版社，1996：70.
③ 联合国教科文组织. 反思教育：向"全球共同利益"的理念转变？[M]. 联合国教科文组织总部中文科，译. 北京：教育科学出版社，2017：序 2.

或受冲突影响的国家"①。"教育的经济功能无疑是重要的，但我们必须超越单纯的功利主义观点以及众多国际发展讨论体现出的人力资本理念。教育不仅关系到学习技能，还涉及尊重生命和人格尊严的价值观，而这在多样化世界中是实现社会和谐的必要条件"。"经济全球化正在加深不同国家之间以及各国内部的不平等现象。假如教育系统忽视弱势学生以及生活在贫穷国家的众多学生的教育需要，将教育机会集中在富裕阶层，使得高质量的培训和教育高不可攀，就会加剧这种不平等"②。"在所有社会中，极端不平等都是造成社会矛盾的根源，是引发政治动荡和暴力冲突的潜在催化剂"③。"维护和增强个人在其他人和自然面前的尊严、能力和福祉，应是二十一世纪教育的根本宗旨"。"赋权型教育可以培养出我们所需要的人力资源，这样的人才富有成效，能够继续学习、解决问题、具有创造力，能够以和平、和谐的方式与他人及自然实现共存。假如国家可以确保所有人终其一生都可以获得这种教育，一场悄无声息的变革即将拉开序幕；教育将成为实现可持续发展的动力和建设更美好世界的关键"。"优质基础教育是在瞬息万变的复杂世界中实现终身教育的必要基础"，"我们必须把新的重点放在教育质量和学习的相关性上"，"我们需要比以往任何时候都更加重视教师和教育工作者，将他们视为全面推动变革的力量"。

2. 反思教育市场化的弊病，是强调教育的共同利益

报告批评了教育私有化，并为知识的私有化趋势担忧。报告说："教育是社会平等链条上的第一环，不应将教育出让给市场。"教育作为一项公益事业，国家要确保教育权的落实。报告将"共同利益"定义为"人类在本质上共享并且互相交流的各种善意，例如价值观、公民美德和正义感"。报告认为，"要在相互依存日益加深的世界实现可持续发展，就应将教育和知

---

① 联合国教科文组织.反思教育：向"全球共同利益"的理念转变？[M]. 联合国教科文组织总部中文科，译. 北京：教育科学出版社，2017：34.
② （联合国教科文组织.反思教育：向"全球共同利益"的理念转变？[M]. 联合国教科文组织总部中文科，译. 北京：教育科学出版社，2017：8.
③ 联合国教科文组织.反思教育：向"全球共同利益"的理念转变？[M]. 联合国教科文组织总部中文科，译. 北京：教育科学出版社，2017：15.

识视为全球共同利益"①。这意味着知识的创造、控制、获取、习得和运用向所有人开放，是一项社会集体努力。

3. 反思科学主义和文化霸权，强调社会多样性、文化多元化

报告认为，共同利益的含义必须根据环境的多样性以及关于幸福和共同生活的多种概念来界定，共同利益有多种文化的解读。因此，在尊重基本权利的同时要承认并培养关于环境、世界观和知识体系的多样性，必须探索主流知识模式之外的其他各种知识体系，承认并妥善安处其他知识体系，而不是将其放在劣势地位。"社会具有多样性，发达国家和发展中国家莫不如此。文化多样性是激发人类创造力和实现财富的最大源泉"，"我们在重申价值观共同核心内容的同时，必须认识到现实生活的多样性"②，"获得优质教育的权力就是获得有意义的相关学习的权力。但在多样化的世界里，不同社区有着不同的学习需要。因此，相关学习必须体现出各种文化、各个群体如何定义有尊严生活所需的要素"③。报告还提出教育应以人文主义为基础，尊重生命和人类尊严，教育和学习要超越功利主义和经济主义，将人类生存的多个方面融合起来。要将通常受到歧视的那些人包容进来，包括妇女和女童、土著人、残疾人、移民、老年人以及受冲突影响国家的民众；倡导全方位的终身学习方式。

## 三、全新的质量观——培养适应未来社会需要的"核心素养"和"全球素养"

"核心素养"(Key Competencies)最早出现在联合国经合组织(OECD)和欧盟理事会的研究报告中。经合组织1997年启动了"素养的界定与遴选：

---

① 联合国教科文组织. 反思教育：向"全球共同利益"的理念转变？[M]. 联合国教科文组织总部中文科，译. 北京：教育科学出版社，2017：摘要 3.
② 联合国教科文组织. 反思教育：向"全球共同利益"的理念转变？[M]. 联合国教科文组织总部中文科，译. 北京：教育科学出版社，2017：21.
③ 联合国教科文组织. 反思教育：向"全球共同利益"的理念转变？[M]. 联合国教科文组织总部中文科，译. 北京：教育科学出版社，2017：25.

理论和概念基础"研究项目,该项目旨在研究面向 21 世纪的个体应该具备什么样的"核心"或"关键"能力或品质,才能适应未来的日益复杂的变化以及科技革命对个人生活和社会发展所提出的挑战,如果不具备这些核心素养,学生就可能处于不利地位。该项目的直接目的是用于"国际学生评定计划( Programme for International Student Assessment,简称 PISA )",2003 年,该组织出版最终研究报告《核心素养促进成功的生活和健全的社会》。根据 OECD 的界定,"素养"不只是知识与技能,还包括个体调动和利用种种心理社会资源,以满足在特定情景中复杂需要的能力。对"核心素养"的界定是"核心素养是人解决复杂问题和适应不可预测情境的高级能力和人性能力"。核心能力包括能互动的使用工具、能在异质社会团体中互动、能主动地行动。2005 年,经合组织又发布了《核心素养的界定与遴选:行动纲要》,目的在于增强核心素养应用于教育实践的可操作性。[①]

联合国教科文组织早在 1996 年就提出教育的五大教育支柱:学会认知、学会做事、学会共处、学会发展、学会创新;2012 年《全民教育全球监测报告》提出青年一代必须具备三种技能:一是基本技能(识字和计算);二是可转移技能;三是技术和职业能力。2013 年针对基础教育阶段学生核心素养问题分布《向普及学习迈进——每个孩子应该学什么》,指出基础教育阶段学生应该重视七个领域的发展,即身体健康、社会情绪、文化与艺术、文字与沟通、学习方法与认知,数字与数学、科学与技术。2014 年联合国教科文组织发布《全民教育全球监测报告》重申:"教育质量不仅仅是帮助学生掌握基础知识,还需要培养学生作为全球公民所必需的可迁移能力,如批判思维、沟通能力、问题解决和冲突解决的能力。"[②]随着信息化、经济全球化时代的到来,经济合作与发展组织(OECD,以下简称经合组织)和亚洲协会的全球教育中心于 2018 年发布了《在瞬息万变的社会中,培养学生全球素养》的报告,指出了在基础教育阶段培养学生全球素养的意义。

---

① 张华. 论核心素养的内涵[J]. 全球教育展望,2016(4).
② 金荷花. 中外核心素养研究与教师教育课程的优化[J]. 江苏第二师范学院学报,2018(4):74-75.

培养学生在信息时代所必需的学习力,在全球经济事务中的就业力,适应多元文化生活的理解力,实现可持续发展的执行力。

受联合国经合组织和教科文组织的影响,世界各国纷纷响应。2001年,欧盟理事会批准成立了"教育与培训 2010 工作项目",其重要职能是形成欧洲核心素养框架,以利于欧洲教育和培训工作。2002年3月发布了研究报告《知识经济时代的核心素养》,认为"核心素养代表了一系列知识、技能和态度的集合,它们是可迁移的、多功能的,这些素养是每个人发展自我、融入社会及胜任工作所必需的"。2006年12月,欧洲议会和欧盟理事会通过了关于核心素养的建议案《以核心素养促进终生学习》(Key Competencies for Lifelong Learning),提出了8项核心素养,包括母语交际、外语交际、数学素养和基础科技素养、数字素养、学会学习、社会与公民素养、首创精神和创业意识、文化意识和表达。

2002年,美国在联邦教育部的领导下,成立了"21世纪素养合作组织",该组织制订了《21世纪素养框架》,2007年发布了《21世纪素养框架》的更新版本。在前期已有的基础上,美国推出的"21世纪的学习与支持系统"模型,兼具原理性与操作性,聚焦21世纪型能力,旨在形成21世纪社会公民生存所必需的高阶认知能力——"学习与革新:4C",即批判性思维(Critical Thinking)、沟通能力(Communication)、协同(Collaboration)、创造性(Creativity)。该系统强调为学生必须形成如下四种能力:学科及21世纪课题的形成,如全球意识、金融、经济、服务、创业的素养,公民素养,健康素养,环境素养等;学习能力与革新能力的形成;信息、媒体与技术能力的形成;生存能力与职业技能形成。而作为这些能力形成的支撑系统有4个要件:一是标准与评价,二是课程与教学,三是专业性提升,四是学习环境。新加坡教育部2010年3月颁布了"21世纪素养",日本国立教育政策研究所于2013年3月发布了题为《培养适应社会变化的素质与能力的教育课程编制的基本原理》的报告,提出了日本的"21世纪能力"。[①]

---

① 钟启泉. 基于核心素养的课程发展:挑战与课题[J]. 全球教育展望, 2016 (1).

2016年9月13日，中国学生发展核心素养研究成果发布。中国学生发展核心素养以培养"全面发展的人"为核心，分为文化基础、自主发展、社会参与3个方面，综合表现为人文底蕴、科学精神、学会学习、健康生活、责任担当、实践创新等六大素养，具体细化为国家认同等18个基本要点。各素养之间相互联系、互相补充、相互促进，在不同情境中整体发挥作用。为方便实践应用，将六大素养进一步细化为18个基本要点，并对其主要表现进行了描述。根据这一总体框架，可针对学生年龄特点进一步提出各学段学生的具体表现要求。

综上所述，可以发现：1972年之后，在世界各国教育现代化进程中，联合国教科文组织及时关注、引导教育现代化的趋势，并在理念上顺应社会经济现代化的趋势，提出了教育民主化、终身学习、全民教育、多样化、多元化、核心素养等。所有这些理念都隐含了农村小学在一个国家实现现代化中存在价值和发展方向，这为实现我国农村小学的存在和发展，提供了强有力的理论基础和行动指南。

## 第二节  我国国家发展理念转变和乡村教育振兴行动

从20世纪80年代开始，我国实现改革开放战略，开始与世界接轨，融入世界现代化的潮流，加大了实现现代化的步伐，教育现代化也成为国家教育发展的方向，并不断加大支持力度，对教育现代化的理念也不断深化。

那么，农村小学在国家战略中、在农村社会中具有什么样的地位？如何认识、治理现存的农村小学问题？未来还会不会持续"撤点并校"？这些问题都需要党和政府有一个准确的判断。中国共产党的历次代表大会有关教育的论述以及国务院下发的有关教育问题的论述和判断，就代表了党和政府对教育问题的认识，农村小学发展的宏观认知也不例外。中国共产党第十七次全国代表大会之后，教育现代化向纵深发展，并开始高度农村小学的可持续发展问题，为农村小学走出困境提供了新的发展契机。而这个转变有着深刻的时代背景，是全党全国人民思想认识上的质的飞跃。

## 一、党和国家对农村小学地位的认知变化

在我国，中国共产党是中国社会主义事业建设和发展的领导核心，"党是领导一切的"，教育也毫无疑问属于党领导的重要事业。

从2002年中国共产党的十六大开始到2017年的十九大，都把"三农"问题、农村教育问题作为重要内容进行论述，对教育、特别是农村教育的认知有着新的认识（见表7-1）。

表7-1　中国共产党第十六大、十七大、十八大、十九大对有关农村教育认识

| 项目 | 十六大（2002年） | 十七大（2007年） | 十八大（2012年） | 十九大（2017年） |
|---|---|---|---|---|
| 指导思想 | 贯彻"三个代表"重要思想，全面建设小康社会，最根本的是坚持以经济建设为中心 | 科学发展观 | 全面建成小康社会；创新、协调、绿色、开放、共享的发展理念 | 决胜全面建成小康社会；满足人民过上美好生活的新期待 |
| 农村工作 | 全面繁荣农村经济，加快城镇化进程 | 统筹城乡发展，推进社会主义新农村建设 | 推动城乡发展一体化；坚持把国家基础设施建设和社会事业发展重点放在农村，深入推进新农村建设和扶贫开发；促进城乡要素平等交换和公共资源均衡配置，形成以工促农、以城带乡、工农互惠、城乡一体的新型工农、城乡关系 | 实施乡村振兴战略；要坚持农业农村优先发展；建立健全城乡融合发展体制机制和政策体系，加快推进农业农村现代化 |

续表

| 项目 | 十六大<br>（2002年） | 十七大<br>（2007年） | 十八大<br>（2012年） | 十九大<br>（2017年） |
|---|---|---|---|---|
| 教育工作 | 形成比较完善的现代国民教育体系；人民享有接受良好教育的机会；形成全民学习、终身学习的学习型社会，促进人的全面发展 | 优先发展教育，建设人力资源强国；教育公平是社会公平的重要基础；办好人民满意的教育；义务教育均衡发展 | 全民受教育程度和创新人才培养水平明显提高，进入人才强国和人力资源强国行列，教育现代化基本实现；努力办好人民满意的教育；教育是民族振兴和社会进步的基石；要坚持教育优先发展 | 优先发展教育事业；加快教育现代化，办好人民满意的教育；推进教育公平 |
| 农村教育工作 | 没有涉及 | 加强教师队伍建设，重点提高农村教师素质 | 均衡发展九年义务教育；大力促进教育公平；合理配置教育资源，重点向农村、边远、贫困、民族地区倾斜 | 推动城乡义务教育一体化发展；高度重视农村义务教育，努力让每个孩子都能享有公平而有质量的教育 |

注：根据中国共产党第十六、十七、十八、十九次代表大会报告整理。

从表 7-1 可以发现：第一，在 2002 年党的十六大召开前后，我国战略重点基本上是以经济建设为中心，大力推进工业化和城镇化。从 2007 年党的十七大开始，国家发展的指导思想由科学发展到满足人民群众愿望、满足人民群众过上美好生活的新期待转向，实现经济发展—科学发展—五大发展理念—人民中心的转变。第二，从 2007 年党十七大开始，农村发展问题被日益重视，认识上也从新农村建设—城乡一体化—农业农村优先发展的轨迹深化认识，实施乡村振兴和农业农村现代化步伐加快。第三，教育上，优先发展教育、推进教育公平，义务教育均衡发展，办人民满意的教育逐步成为全社会共识。第四，教育公平发展上，向农村教育倾斜、重点提高农村教师素质、城乡教育一体化、办公平而有质量的教育，是党和政府对农村教育发展的认知和对策。第五，国家发展指导思想、农村发展、教育、农村教育发展一脉相承，农村教育发展是国家发展指导思想、教育现代化和乡村振兴的基础，也是实现国家现代化和中国梦的基础。

2007年党的十七大召开，提出"科学发展观"，并逐步把实现教育现代化作为国家教育发展的目标，也作为国家建设人力资源强国的战略支点，同时，把农村教育作为实现教育现代化的基础，并不断深化认识，与世界教育现代化的价值追求不断契合。党的十八大继续把基本实现教育现代化作为我国教育发展战略，提出五大发展理念，把促进城乡一体化发展、缩小城乡差距作为基本的发展策略。特别是2017年召开的十九大，更把在实现教育现代化中发展农村小学的认识提升到新的高度。十九大报告集中论述了我国未来发展理念和治国方略，提出了坚定不移贯彻"创新、协调、绿色、开放、共享"的发展理念，坚定实施科教兴国战略、人才强国战略、创新驱动发展战略、乡村振兴战略、区域协调发展战略、可持续发展战略、军民融合发展战略等七大战略。这七大战略中，有六大战略涉及未来农村小学教育发展的价值和走向。此外"突出抓重点、补短板、强弱项""要坚持农业农村优先发展""加快推进农业农村现代化""坚定文化自信""优先发展教育事业"、推动城乡义务教育一体化发展，高度重视农村义务教育""坚持精准扶贫、精准脱贫"等思想为农村小学教育发展带来新的契机。

## 二、国家对发展农村和农村教育的政策变迁

在我国，党和国家的发展战略是国家各项行政管理政策的制定依据。2002年党的十六大提到的"全面建设小康社会，最根本的是坚持以经济建设为中心""全面繁荣农村经济，加快城镇化进程"，反映在教育上，就是注重学校办学效益，助力"城镇化"，"撤点并校"势必成为必然的选择。于是，始于2002年、终止于2012年的"撤点并校"使我国农村小学教育布局结构发生了重大变化，原有的"一村一校"基本不存在，在一些地方，"村小"彻底消失，乡村要么没有学校，要么只有"村教学点"。而长达十

年的"撤并""纠偏""暂缓"直到"全面叫停",高度重视农村教育发展的背后其实是国家战略判断和抉择。

## (一)基于经济效益的"撤点并校"与纠偏

进入 21 世纪之后,随着我国现代化发展,城乡差距进一步加大,农村人口大量涌入城市以及计划生育所导致的适龄儿童减少,加之农村小学教学条件简陋,教育教学质量不高,农村小学生源严重不足。在这一现实情况下,从 2001 年开始,国务院启动了农村中小学布局调整,使农村原有小学布局结构发生重大变化,短短两年,调整力度很大,但同时暴露出许多问题,引起社会巨大反弹,紧接着不断纠偏直到暂缓、叫停,到 2012 年,时隔十年之后,对农村小学教育开始扶持。通过表 7-2 可以发现,近 20 年来,国家围绕农村小学教育布局和发展问题发文频度很高,并整合管理部门,联合发文,解决农村小学教育问题。

表 7-2  2001—2018 年间农村教育政策变迁及其主导思想

| 时间 | 文件名称 | 核心内容 | 主导思想 |
| --- | --- | --- | --- |
| 2001 | 《国务院关于基础教育改革与发展决定》(国发〔2001〕2号) | 因地制宜合理规划和调整学校布局,农村中小学和教学点在方便学生就近入学的前提下适当合并 | 合并:"因地制宜"地"适当"撤并 |
| 2004—2009 | 《教育部关于进一步加强农村地区"两基"巩固提高工作的意见》(教基〔2004〕4号);《教育部关于实事求是地做好农村中小学布局调整工作的通知》(教基〔2006〕10号) | 为避免因就学路程遥远造成小学生失学、辍学,对于地处偏僻的教学点予以保留;纠正简化、一刀切、脱离实际、增加农民负担的撤并小学和教学点 | 纠偏:"避免失学、辍学",巩固"两基" |

续表

| 时间 | 文件名称 | 核心内容 | 主导思想 |
|---|---|---|---|
| 2010 | 《教育部关于贯彻落实科学发展观进一步推进义务教育均衡发展的意见》(教基〔2010〕1号) | 暂缓实施布局调整,对必须保留的小学和教学点进行师资、教学设备配置,保证教育质量 | 暂缓撤并:均衡发展,保证质量 |
| 2012 | 《国务院关于规范农村义务教育学校布局调整的意见》(国办发〔2012〕48号) | 坚决制止盲目撤并农村义务教育学校,办好村小和教学点,解决学校撤并带来的突出问题 | 全面叫停撤并:解决遗留问题 |
| 2012—2018 | 《教育部关于全面启动实施"教学点数字资源全覆盖"项目的通知》(教技函〔2012〕74号);《教育部 国家发展改革委员会关于全面改善贫困地区义务教育薄弱学校基本办学条件的意见》(教基〔2013〕10号);国务院《乡村教师支持计划(2015—2020)》(国办发〔2015〕43号);《国务院关于进一步完善城乡义务教育保障机制的通知》(国发〔2015〕67号);《国务院关于统筹推进县域内城乡义务教育一体化改革发展的若干意见》(国发〔2016〕40号);《国务院办公厅关于全面加强乡村小规模学校和乡镇寄宿制学校建设的指导意见》(国办发〔2018〕27号) | 经费保障;学校改造;为教学点配送优质数字教学资源,服务农村小学;支持乡村教师专业发展;围绕实施科教兴国战略和乡村振兴战略,高度重视农村义务教育,坚持底线思维,实施底部攻坚,统筹推进城乡义务教育一体化改革发展,不断提高乡村教育质量 | 上升到国家战略,全面扶持农村小学教育 |

政策、措施等行动是表象,其背后是对农村小学教育的认知。近20年来,教育行政主管部门对农村小学的认知发生着微妙变化。

1. 撤并：因地制宜

"撤点并校"政策调整始于2001年，处于新旧世纪之交，世界各国都在思考把一个什么样的国家带入21世纪，中国则在2000年前后出台了《关于深化教育改革全面推进素质的决定》(1999年)、《面向21世纪教育振兴行动计划》(1999)、《基础教育课程改革纲要》(2001)等重要文件。可以说，此时的背景是重视教育对国家经济社会发展的引领作用，把"深化教育改革"当作教育为经济社会发展的主旋律。正是在这一背景之下，"撤点并校"成为21世纪基础教育改革发展进行新布局的关键一环。

2001年《国务院关于基础教育改革与发展决定》提出"因地制宜调整农村义务教育学校布局"，文件中对农村小学调整的依据、标准没有具体的规定，只是本着"小学就近入学""优化教育资源配置"，提高教育质量，把布局调整和"危房改造""规范学制"等联系起来。仔细研读文件不难发现，国家对农村小学布局调整的目的是基于现实原则，即在国家教育振兴的大背景下，原有小学布局分散，资源浪费，教育质量不高，学校分散，危房改造压力大等，是把办学效益放在第一位进行决策的，没有直接说明布局调整与学龄儿童数量及流动分布状况之间的关联，只是原则性地提及"因地制宜""适当"撤并。关于"撤点并校"的政策背景及其逻辑依据是近年来许多学者质疑和研究的话题，一些学者认为"撤点并校"是一个积极主动的过程，世界许多国家现代化进程中都有过类似的经历，也都对农村学校进行过"撤并"，其结果确实优化了教育资源配置，提高了教育质量，这与教育部的评断是一致的。[1]也有许多学者持批评意见，认为此次中小学布局调整，是由于长期城乡二元结构政策，导致农村教育投入不足、办学条件很差，以致学龄儿童"逃离"乡村学校，最后政府以"甩包袱"方式，变相放弃农村小学教育，布局调整与农民、与农村真实需求脱节。[2]更多学

---

[1] 范先佐，郭清扬. 我国农村中小学布局调整的成效、问题及对策——基于中西部地区6省区的调查与分析[J]. 教育研究，2009 (1).
[2] 叶敬忠. 农村中小学布局调整的社会宏观背景分析[J]. 中国农业大学学报（社会科学版），2012 (4).

者产生的是质疑：通过"撤点并校"能够实现教育质量的提升吗？是不是学校规模越大质量越高？

2. 纠偏、暂缓与叫停：群众意见、失学辍学、均衡发展、教育质量

尽管国务院批准的教育部关于农村中小学"撤点并校"政策比较谨慎，要求"因地制宜"，"适当"撤并中小学，但各地"撤并"的积极性很高。据教育部年度教育事业统计公报显示：2000年，全国小学55.36万所，比上年减少2.87万所；2001年全国共有小学49.13万所，比上年减少6.23万所；2002年全国共有小学45.69万所，比上年减少3.44万所，2003年全国共有小学42.58万所，比上年减少3.11万所。减少的小学都在农村地区，而县城及其以上的小学数不降反升，是农村生源向城市流动的必然结果。各地方政府对"撤点并校"态度非常积极，政策执行力度非常大，这是教育部始料不及的。但同时，"撤点并校"的新问题不断暴露，社会的质疑批评之声也是教育部始料不及的，认为"撤点并校"无法实现教育资源优化配置，也未必提高教育质量，反而使我国农村教育偏离了义务教育均衡发展的目标，有违于教育民主化趋势。

所以，仅仅时隔三年，到2004年，教育部开始频繁纠偏，但"撤并"大潮依旧，直到2012年叫停，并着力解决因"撤点并校"带来的遗留问题。这些遗留问题包括：一是布局上失衡，存在"村空镇弱城挤"的问题，县城不得不新建小学，乡镇中心小学不得不围绕"寄宿制"进行配套投资和管理；二是因"寄宿制"带来的学生上学安全问题，校车配备及其安全问题；三是学龄儿童进县城读书给老百姓增加的经济负担问题；四是新的"读书无用论"、义务教育辍学问题等。其实，这些问题解决起来并不轻松。

3. 扶持：城乡一体化、底线思维、乡村振兴战略

2012年，《国务院关于规范农村义务教育学校布局调整的意见》全面叫停农村中小学的"撤点并校"，要求各地坚决制止盲目撤并农村义务教育学校，并办好村小和教学点，解决学校撤并带来的突出问题。其原因在于以

前的"撤点并校"力度太大,撤并学校太多,出现的新问题逐渐暴露,特别是与国家"城乡一体化""和谐社会""科学发展观"等新的发展理念和宏观发展战略不吻合,更与社会主义新农村建设、与让人民群众有获得感不吻合。所以,"纠偏""暂缓"的政策无法制动"撤点并校"的惯性,必须从行政政策上"坚决制止"撤点并校,对非常有必要"撤并"的中小学,有严格的标准和审批程序,特别是强调尊重人民群众的意见,对应当保留的必须保留。同时,政府已经意识到农村小学教育在国家现代化、农村农业农民现代化的重要作用,发现了"空壳村"、缺少"村小"对整个农村未来发展带来的巨大副作用,陆续开始从政策、经费、师资队伍、教学条件等方面对农村小学进行扶持,农村教育特色发展、内涵发展的问题也进入研究者的视野,并得到政府的研究经费资助。

## 二、基于新的发展理念和战略目标,全面规划教育现代化实现路线图,切实解决农村教育发展问题

2007年,党的十七大召开后,国家反思过分追求国内生产总值产生的一系列问题,提出了"科学发展观"的发展理念。人力资源强国、优先发展教育、教育现代化等逐步成为国家发展的战略举措。2010年,根据党的十七大关于"优先发展教育,建设人力资源强国"的战略部署,中共中央、国务院颁布了《国家中长期教育改革和发展规划纲要(2010—2020)》(以下简称《纲要》),作为新时期我国教育发展的方略。《纲要》围绕党的十七大有关教育问题的基本认识,进一步阐释了教育在我国社会主义现代化建设中的地位以及农村教育发展的具体举措。

1. 优先发展教育

《纲要》指出,"百年大计,教育为本","强国必先强教。优先发展教育、提高教育现代化水平,对实现全面建设小康社会奋斗目标、建设富强民主文明和谐的社会主义现代化国家具有决定性意义"。《纲要》对教育的认识,既是世界各国对社会经济发展、实现国家现代化的共同认识,也是

我国改革开放以来的经验总结。对区域经济社会发展、对农村社会发展来讲，这一原理也同样适用，教育是实现区域社会发展、实现乡村振兴的基石。

2．发展有质量的农村教育是实现教育现代化的重要内容

《纲要》指出，我国未来教育发展的战略目标是"到2020年，全面提高普及水平，全面提高教育质量，基本实现区域内均衡发展，确保适龄儿童少年接受良好义务教育"。教育现代化包括了实现更高水平的普及教育、形成惠及全民的公平教育、提供更加丰富的优质教育、构建体系完备的终身教育、健全充满活力的教育体制，这五个方面间接回答了放弃农村教育是低水平的普及义务教育、是不公平的教育、是不丰富的优质教育资源，也是没有活力的教育体制，是与教育现代化格格不入的。

3．农村教育必须大力扶持

一是要合理规划学校布局，办好为农村和农民服务的义务教育。"巩固义务教育普及成果。适应城乡发展需要，合理规划学校布局，办好必要的教学点，方便学生就近入学"，"确保进城务工人员随迁子女平等接受义务教育"，"建立健全政府主导、社会参与的农村留守儿童关爱服务体系和动态监测机制。加快农村寄宿制学校建设，优先满足留守儿童住宿需求。采取必要措施，确保适龄儿童少年不因家庭经济困难、就学困难、学习困难等原因而失学，努力消除辍学现象"。

二是保障农村义务学校教育质量。"提高义务教育质量。建立国家义务教育质量基本标准和监测制度。严格执行义务教育国家课程标准、教师资格标准"。

三是对薄弱学校的改造。"切实缩小校际差距"，"加快薄弱学校改造，着力提高师资水平。实行县（区）域内教师、校长交流制度"，"加快缩小城乡差距。建立城乡一体化义务教育发展机制，在财政拨款、学校建设、教师配置等方面向农村倾斜。率先在县（区）域内实现城乡均衡发展，逐步在更大范围内推进"。

四是提高农村学校教师素质。"以农村教师为重点，提高中小学教师队

伍整体素质"。"对长期在农村基层和艰苦边远地区工作的教师，在工资、职务（职称）等方面实行倾斜政策，完善津贴补贴标准。建设农村艰苦边远地区学校教师周转宿舍。研究制定优惠政策，改善教师工作和生活条件。关心教师身心健康。落实和完善教师医疗养老等社会保障政策。国家对在农村地区长期从教、贡献突出的教师给予奖励"。"逐步实行城乡统一的中小学编制标准，对农村边远地区实行倾斜政策"。"建立健全义务教育学校教师和校长流动机制。城镇中小学教师在评聘高级职务（职称）时，原则上要有一年以上在农村学校或薄弱学校任教经历"。

五是经费倾斜。要"尽快化解农村义务教育学校债务"。"进一步加大农村、边远贫困地区、民族地区教育投入。提高农村义务教育家庭经济困难寄宿生生活补助标准，改善中小学生营养状况"。"继续实施农村义务教育学校教师特设岗位计划，吸引高校毕业生到农村从教；加强农村中小学薄弱学科教师队伍建设，重点培养和补充一批边远贫困地区和革命老区急需紧缺教师"。

六是通过教育信息化，缩小城乡教育差距，实现农村教育现代化。"到2020年，基本建成覆盖城乡各级各类学校的教育信息化体系，促进教育内容、教学手段和方法现代化"。"重点加强农村学校信息基础建设，缩小城乡数字化差距。继续推进农村中小学远程教育，使农村和边远地区师生能够享受优质教育资源"。

七是改善农村学校办学条件。"改造小学和初中薄弱学校，尽快使义务教育学校师资、教学仪器设备、图书、体育场地基本达标；改扩建劳务输出大省和特殊困难地区农村学校寄宿设施，改善农村学生特别是留守儿童寄宿条件，基本满足需要"。

八是义务教育均衡发展改革试点。"建立城乡一体化义务教育发展机制；实行县（区）域内教师、校长交流制度"。

可以说，《纲要》中已经把农村小学教育发展的问题，作为国家实现教育现代化的重要问题，并提出一系列措施，以扭转农村小学发展的被动局面。从此，中国农村教育，特别是农村小学教育进入了可持续发展的快车道。

## 第三节　我国农村小学未来可持续发展的基本对策

从2012年,"撤点并校"被叫停,国家也公布了实现教育现代化的行动路线图。但是,政策如何落地生根,仍然是我们必须面对的现实问题。在我国,尽管经历了"撤点并校",农村教育规模缩小,但农村教育仍是我国基础教育的主体,占比超过50%。随着城镇化趋势速度放缓,农村基础教育的规模虽会有波动,但总体稳定,农村教育现代化,特别是农村小学教育现代化,是我国教育现代化不可或缺的重要组成部分,①甚至是我国实现教育现代化和教育事业可持续发展的关键。如何实现农村小学的可持续发展是全社会、政府、学校、研究者等关注的一件大事。总结近20年来我国教育现代化道路上的经验教训,结合世界教育现代化的成功经验,厘清未来我国教育现代化、农村教育现代化、农村小学可持续发展应有的思路和对策是非常必要的。我们认为,国家对农村小学发展的战略定位、政府的强力落实、社会各界的呼吁支持、农村学校自身的探索与特色发展以及教育研究人员对农村小学可持续发展的研究和引领是未来我国农村小学可持续发展的基本对策。

### 一、重新审视农村小学在我国未来发展中的战略地位及其发展趋势

#### (一)根据我国实际和发展战略,重新定位农村小学在我国教育事业中的地位

纵观世界教育发展史,特别是农村教育发展史,我们可以发现,是否发展教育,发展什么样的教育,是受教育目的、教育理念支配的;同理,

---

① 秦玉友,曾文婧. 新时代我国农村教育主要矛盾与战略抉择[J]. 中国教育学刊,2018(8):47-53.

是否重视农村小学教育,在教育现代化进程中,如何认识农村小学的价值,决定了政府及社会各个层面对农村教育的政策和行为。我国农村小学曾经经历了大发展、改造、"撤并"、重视等起起伏伏,其背后就是对农村小学发展定位的认识问题,直到2017年,我们对此问题才有了一个科学的认识,并成为全党全民共识。这个认识集中反映在党的十九大报告之中,它是我国农村小学未来可持续发展的基本价值判断。

2017年10月,中国共产党第十九次全国代表大会召开,习近平做了《决胜全面建成小康社会 夺取新时代中国特色社会主义伟大胜利》的大会报告(以下简称《报告》)。①《报告》科学准确分析了国际国内形势和提出我党我国社会主义现代化建设的"总任务是实现社会主义现代化和中华民族伟大复兴,在全面建成小康社会的基础上,分两步走在本世纪中叶建成富强民主文明和谐美丽的社会主义现代化强国",因此,必须"明确新时代我国社会主要矛盾是人民日益增长的美好生活需要和不平衡不充分的发展之间的矛盾,必须坚持以人民为中心的发展思想,不断促进人的全面发展、全体人民共同富裕;明确中国特色社会主义事业总体布局是'五位一体'、战略布局是'四个全面',强调坚定道路自信、理论自信、制度自信、文化自信;明确全面深化改革总目标是完善和发展中国特色社会主义制度、推进国家治理体系和治理能力现代化"。其中"两步走"战略是,第一个阶段,从2020年到2035年,在全面建成小康社会的基础上,再奋斗15年,基本实现社会主义现代化。第二个阶段,从2035年到本世纪中叶,在基本实现现代化的基础上,再奋斗15年,把我国建成富强民主文明和谐美丽的社会主义现代化强国。

党的十九大报告明确了未来我国农村小学在国家发展战略中的重要地位。

(1)农村小学的可持续发展事关农村实现"现代化"和"乡村振兴战略"的推进。

---

① 习近平. 决胜全面建成小康社会 夺取新时代中国特色社会主义伟大胜利——在中国共产党第十九次全国代表大会上的报告[M]. 北京:人民出版社,2017.

在"两步走"战略中,"现代化"是战略方向和主题,只不过第一阶段,属于初级阶段,属于"基本实现",而"富强民主文明和谐美丽"才是我国"现代化"完全实现的根本标志。"实施乡村振兴战略","要坚持农业农村优先发展","建立健全城乡融合发展体制机制和政策体系,加快推进农业农村现代化"。

(2)农村小学的可持续发展事关发展理念。

十九大报告提出了我国未来发展指导思想。第一,农民对家门口接受优质教育有强烈期盼,发展公平的有质量的农村小学教育就是满足广大农民的强烈需求,就是从教育上缩小城乡不平衡问题。《报告》认为,新时代我国的主要矛盾是"人民日益增长的美好生活需要和不平衡不充分的发展之间的矛盾",未来农村小学可持续发展就是要解决这一主要矛盾。第二,符合以"人民"为中心的思想。"以人民为中心"是未来发展的主导思想,满足占有全国总人口50%左右的农民的教育愿望,就是在贯彻这一思想。

(3)农村小学的可持续发展问题,也是重要的民生问题。

《报告》指出,要"坚持在发展中保障和改善民生",认为"增进民生福祉是发展的根本目的",并且把"幼有所育、学有所教"的教育问题纳入七大民生问题之中。

(4)农村小学的可持续发展,也决定着我国教育事业现代化问题。

《报告》指出"建设教育强国是中华民族伟大复兴的基础工程",要"优先发展教育事业",要"加快教育现代化,办好人民满意的教育",要"推进教育公平","推动城乡义务教育一体化发展,高度重视农村义务教育","努力让每个孩子都能享有公平而有质量的教育"。

因此,十九大报告为我国农村小学的价值做了准确定位,为其可持续发展提供了重要契机和政策保障。但是,这些规划只是"战略"层面,如何深入人心、如何由"战略"层面转化为"战术"层面、如何真正实现农村小学可持续发展是需要全社会不断探索、总结、创新,否则,"战略"就只能停留在战略层面,农村小学的危机依然不会解除,甚至加剧,进而影响我国整体的战略进程。

2019年2月，中共中央、国务院印发了《中国教育现代化2035》，在2010年《国家教育事业发展纲要（2010—2020）》基础上，规划了未来我国实现教育现代化的新目标，指出我国"推进教育现代化的总体目标是，到2020年，全面实现'十三五'发展目标，教育总体实力和国际影响力显著增强"，"教育现代化取得重要进展"，"在此基础上，再经过15年努力，到2035年，总体实现教育现代化，迈入教育强国行列"，实现优质均衡的义务教育，是2035年主要发展目标之一。

## （二）围绕"人民满意"，确定农村小学的地位

新时期，我国农村小学可持续发展是在国家全面实现现代化、乡村振兴大战略以及乡村教育岌岌可危，人民群众对乡村教育质量不满意，渴望获得公平的、有质量教育的背景下提出的一项新任务、新目标。也就是说，新时期农村小学不但要办下去，还要办得好。如果农村小学消亡了，"可持续"就无从谈起。同时，即使农村小学还存在，但没有质量可言，那么，这些小学也难以为继，老百姓会持续"趋城"化择校就读，进一步加速中国教育病态发展、失衡发展、畸形发展，并联动农村"空壳化"，引发严重的社会危机甚至社会动荡。美国、俄罗斯、北欧、日本等较早进入现代化的国家和地区，其教育现代化程度也较高，其实践经验已经表明，农村小学不会消亡，也不该消亡。并且，随着我国乡村战略的逐步落实，城乡差距进一步缩小，农村小学发展回暖的可能性在上升。

问题的关键在于农村小学的教育质量。农民送子女进城读书的根本原因无外乎是进城居住或者对农村小学教育质量的不满意。进城居住的原因很复杂，可能既有职业的离农化趋势，也有对农村现代化程度低的不满，当然包括文化和教育的现代化程度。因此，农村小学质量是乡村振兴战略的一个重要观测点，也是农村小学可持续发展的关键点。

小学教育质量的标准是什么？什么是优质小学？什么是劣质小学？如何才能实现农村小学教育质量的"优质化"？城市小学教育质量就一定"很优质"吗？什么样的农村小学教育才是农民所满意的教育？

要农民回答这些问题的确不易。他们的答案可能差异很大，并且还不断变化，这需要教育学者进行认真的研究和梳理。本研究的调查发现（见第六章），老百姓把"教师水平"作为决定教学质量的第一关键要素，远远高于之后依次是"教学设备好""经费充足"等。但他们无法准确掌握这些要素，只有通过更简单实用的方法来判断教学质量的好坏：一是从众，即周围其他人认为质量好的学校，教育质量那差不了，学校规模大，学生人数多，肯定质量好；二是升学率，升入重点初中的学生越多，质量肯定越好；三是看校舍等教学设施是不是气派。如果这些条件具备，那质量一定好。但是，家长并没有看到城市学校人满为患、教室拥挤不堪、教育缺乏个性，"名校"中也有失败者、厌学者。他们认为孩子在"名校"就读失败了，其责任肯定在自己的孩子。这种教育价值观、教育质量观，实际上与教育现代化的宗旨、现代教育发展的理念是格格不入的，也是一种表层的、落伍的教育质量观。因此，未来农村小学可持续发展的教育质量观，必须密切关注国内外现代化发展的新理念，将农村小学教育融入教育现代化大趋势，并和我国国情、乡村文化相契合。这就是：教育应当强调多样性和多元化发展，优质的教育质量应当是培养学生适应未来社会需要的"核心素养"和"全球素养"。具体到我国来讲，农村小学教育的质量离不开升学率、学生的综合素质、学校的特色。

当然，"人民群众满意的教育"问题、农村小学教育质量标准问题等是一系列复杂的现实问题，也是一系列理论问题，需要不断探索、不断研究、不断丰富，是教育研究者应当高度关注的研究课题。因为，"美好生活"有不同方面，生活之"美好"与教育之"满意"之间的关系，也要从不同方面去理解。为了满足人民群众对美好生活的追求，向人民提供满意的教育，我们需要在主客观两方面同时用力。从主观方面来说，我们要更清楚地了解人民群众对教育的实际需求及其变化趋势。[1]

---

[1] 童世骏. 新时代人民满意的教育：多学科视角[N]. 光明日报，2018-04-03（13）.

## 二、政府的强力行动：对农村小学的扶持政策必须落地生根

　　党和国家确立的发展理念和策略，只是战略层面的方向和规划，必须经过政府的具体政策和措施才能实现。在教育现代化问题上、农村小学发展问题上也是如此，党的十八大、十九大确立的国家发展战略，特别是"教育优先发展""乡村振兴战略"等，必须通过各级政府逐项、逐级落实，并有一系列强有力的配套措施。通过进一步梳理，可以发现，党中央、国务院及各教育行政部门很及时地把"落实"提高到很高的程度。

　　2018年4月，国务院颁布了《国务院办公厅关于全面加强乡村小规模学校和乡镇寄宿制学校建设的指导意见》(国办发〔2018〕27号)，文件提出"全面加强乡村小规模学校和乡镇寄宿制学校"。"指导思想"是："全面贯彻党的十九大精神，坚持以习近平新时代中国特色社会主义思想为指导，坚持新发展理念，坚持以人民为中心，紧紧围绕实施科教兴国战略和乡村振兴战略，切实履行法定职责，高度重视农村义务教育，坚持底线思维，实施底部攻坚，统筹推进城乡义务教育一体化改革发展，全面加强两类学校建设和管理，不断提高乡村教育质量，把基础教育越办越好，加快建设教育强国，为全面建成小康社会、实现中华民族伟大复兴的中国梦奠定坚实基础。"这一指导思想集中凝练了国家对农村小学教育的价值认知，也明确了农村小学未来发展的基本走向。文件围绕总体要求、统筹布局规划、改善办学条件、强化师资建设、强化经费保障、提高办学水平、加强组织领导等七个方面做了系统部署和安排。这些部署和安排，反映了国家在新时期对农村小学教育的系统认识，是"人民中心""乡村振兴""底线思维""城乡一体化""提升乡村教育质量"等在农村小学教育理念上的集中表现。

　　2018年9月10日，全国教育大会在北京召开。习近平总书记出席会议并做了重要讲话，提出办好中国教育的"九个坚持"，即"坚持党对教育事业的全面领导，坚持把立德树人作为根本任务，坚持优先发展教育事业，坚持社会主义办学方向，坚持扎根中国大地办教育，坚持以人民为中心发展教育，坚持深化教育改革创新，坚持把服务中华民族伟大复兴作为教育

的重要使命，坚持把教师队伍建设作为基础工作"。"扎根中国大地办教育""坚持以人民为中心发展教育"，是对包括农村小学可持续发展的最为精辟的论述。李克强总理强调了教育公平发展、城乡统一发展、重在农村教育发展的指导思想，他指出，要"坚持改革创新，坚持教育公平，推动教育从规模增长向质量提升转变，促进区域、城乡和各级各类教育均衡发展，以教育现代化支撑国家现代化。要着力补上短板，夯实义务教育这个根基，强化农村特别是贫困地区控辍保学工作，完善城乡统一、重在农村的义务教育经费保障机制，着力改善乡村学校办学条件、提高教学质量，注重运用信息化手段使乡村获得更多优质教育资源，在提速降费、网络建设方面给予特别照顾。把更多教育投入用到加强乡村师资队伍建设上，不折不扣落实现行的补助、奖励和各类保障政策，对符合条件的非在编教师要加快入编、同工同酬。前瞻规划布局城镇学校建设，增强容纳能力，加快实现随迁子女入学待遇同城化"。①

中华人民共和国成立后，我国共召开过五次全国最高层次的教育大会，每次大会都是在国家发展的关键时期召开，并引领着教育的变革与发展。第一次是 1985 年 5 月，当时农村改革已取得成功，党中央又已对经济体制改革、科技体制改革做出战略设计，但教育体制改革尚待讨论，会后颁布了《中共中央关于教育体制改革的决定》。第二次是 1994 年 6 月，为贯彻实施 1993 年 2 月中共中央、国务院颁布《中国教育改革和发展纲要》，党中央、国务院召开了第二次全国教育大会，代表们讨论了《关于〈中国教育改革和发展纲要〉的实施意见》，提出了义务教育必须从"应试教育"转向"素质教育"，全面贯彻教育方针，全面提高教育质量。第三次是 1999 年 6 月，颁布了《中共中央关于深化教育改革，全面推进素质教育的决定》，把实施素质教育作为迎接 21 世纪挑战、提高国民素质、培养跨世纪人才的战略举措，使素质教育进入全面实施阶段。第四次是 2010 年 7 月，主要是

---

① 张烁. 习近平在全国教育大会上强调，坚持中国特色社会主义教育发展道路 培养德智体美劳全面发展的社会主义建设者和接班人[EB/OL]. http://edu.people.com.cn/n1/2018/0911/c1053-30286253.html

推动贯彻实施会前印发的新世纪第一个教育规划纲要——《国家中长期教育改革和发展规划纲要（2010—2020年）》。2018年9月召开的全国教育大会，是第五次全国教育大会，足见其重要性和划时代性，必将推动中国由教育大国向教育强国转变。

教育部则是把"落实"十九大部署作为其工作的主线。2019年1月18日，2019年全国教育工作会议在京召开。教育部党组书记、部长陈宝生作工作报告。①今年全国教育工作会议的关键词是"落实"，认为全国教育大会召开之后，"深入抓、抓深入"是当前和今后一个时期的重大任务，是教育系统全部工作的基本要求。"要牢牢兜住底线"，这个底线就是农村小学教育，"兜住底线是政府的基本职责，底线兜不住，就是工作失误、就是失职。要继续推进城乡义务教育一体化发展，加强乡村小规模学校和寄宿制学校建设，提升乡村学校办学水平"。客观上讲，从国家层面落实教育的优先发展地位，强化农村教育发展，特别是农村基础教育的发展的行动是及时的、有高度的，但是到省级及其以下政府，其执行力会不会层层衰减，"对策"会不会走样变味，可能是值得关注、用力督导的观察点。

## 三、社会各界对发展农村小学的共识和行动

一般而言，政府代表着国家利益和发展方向，其制定的政策理念往往是理论和现实的整合与妥协。我国面向21世纪的农村小学教育的政府认知，逐步吸纳了世界上教育现代化的价值取向，是在全面建成小康社会、实现中国梦以及建设中国特色社会主义理论指导下的取向，同时又融合了中国农业现代化的客观现实，代表着国家意志。但是，政府的认知是不是被社会大众所认同？政府的政策能不能转化为人民群众的具体行动，使二者思想和行动同步，产生合力，依然离不开对社会各阶层的基本认知、响应及同向行动，形成合力。社会各基层，包括各级政府、学校、社会团体、家

---

① 陈宝生. 落实 落实 再落实——在2019年全国教育工作会议上的讲话[EB/OL]. http://www.moe.gov.cn/jyb_xwfb/moe_176/201901/t20190129_368518.html）

庭、社区、民间等，特别是代表走在现代化前沿的组织和个人的鼓与呼显得尤为重要，示范效应也更为明显。十八大后，阿里巴巴集团董事局主席马云和华为集团总裁任正非最具典型。

## （一）马云及其助力乡村教育计划

马云是阿里巴巴集团创始人、董事局主席，他于2018年9月10日宣布一年后即2019年9月10日起不再担任董事局主席。他明确表示，接下来乡村教育将是他退休的重要工作之一，他认为"中国的乡村教育可能是中国教育改革最大的突破点、薄弱点"。他是师范毕业，有过教师从业经历，对乡村教育的历史有过切身体会，也对乡村教育现状深深地担忧，曾说："14亿人，很多人的教育营养是严重营养不足，而农村是教育营养非常不足的地方。"从2015年开始，他为乡村教育不断地呼吁，并付诸行动。

阿里巴巴集团马云公益基金会设有"助力乡村教育公益项目"，项目包括"马云乡村教师计划""马云乡村校长计划"和"马云乡村师范生计划"等。2015年9月16日，马云在北京师范大学启动"马云乡村教师计划暨首届马云乡村教师奖"。他在现场表示："这些钱是微不足道的，我下半辈子希望作为乡村教师的代言人，唤起社会对乡村教师的重视。"2015年首届"马云乡村教师奖"评选，首先在陕西、甘肃、宁夏、云南、贵州、四川六省区进行，由浙江马云公益基金会发起并与北京师范大学中国教育创新研究院等机构和媒体合作。12月20日之前，评选出首批100位优秀乡村教师，入选者每人将获得10万元资金资助。评选条件是：连续工作5年以上的一线乡村教师（包括乡镇、村，不含县城），热爱乡村教育，有从事乡村教育的职业认同感和幸福感；尊重乡村儿童，创设适宜乡村儿童的成长环境和条件；拥有教育智慧，因地制宜并创造性地开展教育实践；在本校和所在区域要有良好声誉，受到广泛尊敬。获得"马云乡村教师奖"的教师须承诺：获得资助的三年期间继续在乡村学校一线任教；持续参加"马云乡村教师奖"专业发展培训；不断创新，运用教育智慧，为学生提供高质量的教学；发挥引领作用，与本区域内教师分享教育教学经验，实现共同发展。

2019年1月13日马云乡村教师奖颁奖典礼在三亚举办，这是基金会成立四年来第四次颁奖。颁奖典礼上，马云做了演讲，抒发了自己的教育情怀、焦虑和期望，他说："我对今天中国教育的改革充满了希望，但同时也充满了担忧，各地都在想办法办各种各样的大学，大学办得越来越多、越来越大，不是'船合在一起就是航母'。""我们14亿人，很多人的教育营养是严重不足，而农村是教育营养非常不足的地方。""经过改革开放四十周年，四十年了，我们要让没有富起来的人，让剩下的人富起来，而教育是基础，农村是中国教育最大的突破口，也是机会所在。""我们每一个学校都要有特色，每一个学校要让孩子有选择什么样教育的权利，我们教育的资源不应该过多地放在大学研究院和博士生，我们的教育应该放在幼儿园、小学、初中，资源前倾，我们国家才有希望。如果不把我们的资源放在幼儿园、学前教育、小学、初中和高中，问题会越来越大。"①

### （二）任正非对发展农村教育的认知

华为集团是我国现代网络通信技术的领头羊，也是全球信息化产业的引领者，其创新、管理、可持续发展能力是举世公认的。2019年1月17日下午，华为创始人兼首席执行官任正非在华为总部接受国内多家媒体采访。在采访过程中，虽然主要围绕华为的热点问题、产业发展方向问题接受采访，但他不由自主把企业的经验和未来希望归因到"教育"，反复提及"基础教育"，他表示，社会就是应该"用最优秀的人去培养更优秀的人"，"我们再穷也不能穷老师"。

他认为，"在这个时代，重心是要发展教育，而且主要是基础教育，特别是农村的基础教育"，"没有良好的基础教育，就难有有作为的基础研究"。给农村教师多发一点钱，让优秀人才愿意去当教师，优秀的孩子愿意进入师范学校，就可以实现"用最优秀的人培养更优秀的人"。他指出，现实并非如此。教师待遇低，孩子们发现具备知识也挣不到钱，所以不想读书。

---

① 周超臣. 马云：中国的乡村教育严重营养不足[EB/OL]. http://www.sohu.com/a/288912119_350699

这样就适应不了未来二三十年后的社会，社会就可能出现分化。如果我们投资教育，二三十年后这些穷孩子就是博士，开始冲锋，国家就会走向更加繁荣。"中国把基础教育提到国家的最高纲领，才能迎接未来的革命"，"我们国家要和西方竞技，唯有踏踏实实用五六十年或者百年时间振兴教育。振兴教育不在房子，在于老师"。所以，物质不是最主要的，人才是最主要的，人类灵魂的工程师应该得到尊重，这个国家才有希望。

不管马云也好，任正非也罢，他们通过自己的切身体验，已经认识到经济的发展、科技的领先，其实力的背后是人才，是基础教育，特别是乡村教育的发展，教育决定着国家的未来。他们的认知是具有远瞻性的，也是符合时代大潮的。

马云、任正非已经较早觉知到教育的价值、基础教育的价值，特别是乡村教育的价值并身体力行，有了一个好的开端，但这还远远不够，只有越来越多的人认识到其重要价值，乡村教育才能真正振兴。但这个过程还很缓慢，否则，基层的乡村学校撤并不会这么积极，甚至撤并叫停后依然刹不住车，还在撤并。

## 四、学校创新发展：农村小学自身可持续发展的行动抉择

国家战略上的重视、各级政府的及时有效行动落实、全社会的觉醒与行动，是农村小学可持续发展必不可少的条件，创造了一个良好教育生态环境，是一种外在动力和条件。而农村小学自身的内生动力，则是实现其可持续发展的更为决定性因素。未来我国农村小学应当勇敢面对学校布局重组、小规模化、信息化等新的形势，把挑战当作机遇，实现机遇教育现代化的全面创新。

### （一）农村小学管理体制现代化改造与创新

长期以来，学龄儿童数量充足，加之各种因素叠加，使得"一村一校"成为农村小学的普遍布局；小学人数充足，也使得班级授课制成为农村小

学的主导，农村小学和城市小学从内部管理模式上没有质的区别。从教育行政管理体制上看，农村小学和城市小学管理主体是一致的，评价标准也是一致的，不同的是资源配置向城市学校倾斜。"撤点并校"之后，这一现状被打破：每乡镇均有一所寄宿制小学，但"一村一校"几乎成为历史，"几村一校""几村一点"甚至"村村无校"成为新的农村小学新布局，即使存在下来的"村小"，都是100人以下的小规模学校。这些现状打破了原有农村小学整体布局和内部结构，表面看是一种挑战，实际上是一种机遇，为农村小学管理体制现代化改造提供了机会，并倒逼学校自身的教育教学现代化改革。

（1）从政府的管理体制上，在统一集中管理、保障质量的基础上，对农村小学教育采取更加灵活、扶植倾斜力度更大、学校存废更加尊重群众的意见的政策。否则，乡村振兴战略、"以人民为中心发展教育"、"办人民满意的教育"等就会落空。党的十九大召开前后，这一意见渐趋明显。

（2）乡镇以下的村级小规模学校内部管理模式改革。"小规模学校"最大的优点是没有严格的层级管理，层级管理环节少，信息沟通直接高效，衰减或异化程度低；缺陷是资源不足，利用率低，传统"小而全"学校管理模式已经无法运行。因此，现实倒逼农村小学之间、农村小学与城镇小学之间、学区内部小学之间、企业与小学之间等开始彼此"联姻"，打破了原有的"铁板一块"小学内部管理格局。

（3）小学内部教育教学方法的改革。由于资源的缺乏与浪费同时存在，农村小学必须探索新的资源配备模式，诸如教师流动"走教"、网络教学资源嵌入等，特别是面对"小班化"教学甚至一对一教学，教师必须适应个别教学，"以学生为中心"成为可能。

任何事物的发展都是一分为二的。农村小学固然存在许多制约因素，但这些制约因素在一定条件下可能成为农村小学可持续发展的新契机。原本的教育改革，因为"大规模"无法实现，反而可能在"小规模"的农村学校变成现实。假如我国农村小学通过自己的探索和实践，形成了符合现代化本质、有高质量的教育教学水平、人民群众满意的农村基础教育模式，这对我国教育现代化本身、对世界教育现代化本身是一件幸事。

## （二）农村小学自身发展定位

农村小学教育是我国教育现代化建设的重要内容。2010年国家颁布的《国家中长期教育改革和发展规划纲要（2010—2020年）》（以下简称《纲要》）提出，"到2020年，基本实现教育现代化，基本形成学习型社会，进入人力资源强国行列"，两个"基本"，毫无疑问包括了农村小学教育。《纲要》提到实现教育现代化的具体目标，或者说实现教育现代化的五条指标，包括"实现更高水平的普及教育""形成惠及全民的公平教育""提供更加丰富的优质教育""构建体系完备的终身教育""健全充满活力的教育体制"。

### 1. 基础教育的定位

基础教育是一个国家教育事业的基础，也是百年大计的基石。农村小学虽在农村，办学条件艰苦，但其"基础性"和"公平性"地位不容置疑，不能因为办学条件差而忽视国家基础教育的基本发展要求，特别是质量要求。因此，必须坚持《纲要》中提到的战略主题："坚持以人为本、全面实施素质教育"，"重点是面向全体学生、促进学生全面发展，着力提高学生服务国家服务人民的社会责任感、勇于探索的创新精神和善于解决问题的实践能力"，落实三个"坚持"，即坚持"德育为先"、坚持"能力为重"、坚持"全面发展"。

### 2. 有特色、有质量的"优质教育"

《纲要》提出，"提供更加丰富的优质教育"，为农村小学教育提供了重要的发展契机，"更加丰富"正是农村小学教育探索创新的着力点。长期以来，"升学率""分数"成为我国"优质教育"的代名词，学费昂贵、规模宏大、校舍华丽成为"优质教育"的名片，实际上，这是对"优质教育"曲解和市场炒作，与教育现代化的真谛、与教育公平、与"人民中心"的价值追求格格不入。在这所谓的"优质学校"接受"优质教育"的毕业生未必是真正的优秀生，甚至可能是"知识经济"浪潮下的最先被淘汰者。

众所周知，多样性、个性化是现代化的重要特点。世界经济社会现代化，包括我国的经济社会现代化对人才的需求是多样的、多变的、有创新的。2000年前后的世纪之交，面对"知识经济"的冲击，一些国际组织、发达国家开始研究适应21世纪发展需求的人才素质标准，提出了"核心素养"这一概念。在核心素养指标的遴选方面，从全球范围来看，国际组织、一些国家和地区在核心素养的选取上都反映了经济社会发展的最新要求，强调创新与创造力、信息素养、国际视野、沟通与交流、团队合作、社会参与及社会贡献、自我规划与管理等素养，内容虽不尽相同，但都是为适应21世纪的挑战。2016年9月，《中国学生发展核心素养》框架公布，中国学生发展核心素养，以科学性、时代性和民族性为基本原则，以培养"全面发展的人"为核心，分为文化基础、自主发展、社会参与三个方面，综合表现为人文底蕴、科学精神、学会学习、健康生活、责任担当、实践创新六大素养。可以预见，未来"优质教育"的建设标准和人才质量衡量标准，就是"核心素养"。

文化基础、自主发展、社会参与是我国学生"核心素养"的三个方面。农村地区有着天然的中国传统文化土壤，随着乡村振兴战略、文明乡村等现代化建设开展，农村地区将是传统文化与现代文化的融合创新区，其文化生态是农村小学最为天然的教育资源；学校小型化、小班化，为学生的自主发展、社会参与提供了更多的机会和平台。因此，农村小学为探索"更加丰富的优质教育"，突破所谓的"优质教育"樊篱、实现应试教育突围、构建"健全充满活力的教育体制"提供了一种新的选择机会。

（三）内涵发展与特色发展

面对教育现代化的战略目标，面对农村小学新的机遇和挑战，新时期农村小学如果继续走老路，照搬、复制城镇学校的教育理念、管理模式、教学方式必定永远处于劣势，摆脱不了继续被"撤并"的悲剧宿命，摆脱不了被动发展、被城市学校"瞧不起"的命运。反之，如果另辟蹊径，走内涵发展与特色发展之路，则可能充满希望，甚至被城市学校参观学习，甚至向国外"输出"中国模式，提供农村小学教育的中国经验。

所谓内涵发展，就是根据教育现代化的基本趋势、根据中国学生发展核心素养以及"基础性"的基本定位，在不违背国家基础教育基本政策导向的前提下，探索"农村小学教育"的性质、课程设置、教学方式方法、管理方式等，丰富"基础教育"和"优质教育"的本质属性。所谓特色发展，就是围绕现代化学校制度建设，结合"农村"的地域文化、"小规模"等农村小学自身优势，探索形成不同于传统的农村小学教育、城市小学教育的管理体制和运行机制，在人才培养观念、创新人才培养模式、教育质量评价标准评价制度方面实现创新和突破。

## 五、研究者的科学引领：农村小学发展的科学研究与实验

对教育现实问题的研究，一直是教育研究者的使命，对适合中国教育发展的教育规律探索、解决中国教育问题更是从民国以来教育理论工作者的神圣职责。民国时期的乡村教育运动产生了诸如陶行知、晏阳初、梁漱溟等学者，这些学者的乡村教育思想在世界上都产生了影响。

目前，具有中国特色、适应国情需要的农村小学可持续发展问题，是一个系统工程，其中既有国家战略层面的导向与政策支持问题、民意支持的社会共识与基础等基础层面问题，也有各级政府、社会团体、农村小学自身内生式创新等行动层面问题，更有农村小学发展理念引导、教育实验实践改革经验归纳与推广以及改革中出现的新问题、新矛盾的化解等科学层面问题。农村小学可持续发展的科学理论，为政府决策、民意基础、各方行动提供智力支持，是农村小学教育可持续发展的根本保证。而要掌握这一理论，离不开教育科学研究人员对农村小学教育进行深入的研究。就目前及今后一段时间，农村小学可持续发展研究的主题应该包括：农村教育现代化的理论和预测研究、基于现代人培养的农村教育基础教育教学质量评价体系研究、基于中国国情的农村小学发展的教育管理体制研究、农

村小学可持续发展的实验和行动研究等。这些研究涉及教育原理、教育管理学、教育经济学、教育社会学等宏观研究，也涉及比较教育区域教育发展、课程与教学论、学校管理等中观研究，更有乡村教师专业化、小规模学校管理、小班教学、农村小学教育信息化、小班管理、农村小学校园建设等方面的微观研究。因此，研究的任务繁重，对研究者素质要求较高，并且更多的是基于实践导向的行动研究。没有较高水平、缺乏科学求实的精神，是无法完成研究使命的。

从20世纪末开始，我国一些学者开始系统研究农村教育问题并取得了一些很有价值的成果。一些师范大学、师范学院或其他社会团体成立农村教育研究机构，如东北师范大学农村教育研究所、21世纪教育研究院等。农村教育研究也取得了许多可喜的成果，搭建了一些推动农村小学发展的研究或推广平台，比如东北师范大学农村教育研究所每年发布中国农村教育发展报告，21世纪教育研究院农村教育发展系列平台，"小而美"乡村学校评选以及开放日、"农村小学教育联盟"等。但我们必须清醒地认识到，虽然对农村教育，特别是对农村小学教育的研究已经引起越来越多学者关注，但还属于起步阶段，需要学者及时跟进农村小学教育教学实践，不断探索、不断总结和凝练，形成规律性的理论研究成果，并进而推广，才能真正推进农村小学可持续发展。

在我国，农村小学教育在文明古国的形成，在我国农村经济社会发展，乃至在我国社会主义现代化建设方面发挥了重要作用。进入21世纪，虽然面临着众多挑战，但也同时孕育着新的一场革命。我们坚信，在这场革命中，农村小学不但不会消亡，反而会涅槃重生，为我国教育现代化的实现攻克最后一个壁垒，也会世界乡村教育提供"中国经验"。

# 第八章 我国农村小学可持续发展的几种模式

近 20 年来，尽管已经有大量农村地区小学生大量向城市学校流动，但存在下来的农村小学和教学点依然是占全国小学和教学点的主体。据教育部公布的数据，截至 2014 年，全国共有 201 377 所小学和 88 967 个教学点，其中有 128 703 所村级小学和 78 565 个村级教学点，[①]分别占全国总量的 64%和 88%。据教育部 2018 年 7 月公布《2017 年全国教育事业发展统计公报》显示，2017 年，全国共有小学 16.70 万所，比上年减少 1.06 万所，下降 5.98%；另有小学教学点 10.30 万个，比上年增加 4 561 个，增长 4.63%。[②]也就是说，全国小学和农村教学点合计为 27 万所。单农村小学教学点就占全国小学总数的 61.7%，如果加上乡镇及其以下的成建制的完全小学，农村小学及教学点的比例会更高。另据东北师范大学农村教育研究所进一步调查统计，2017 年我国小学和教学点数达 270 007 所，在校生 10 093.70 万人。其中镇区 54 821 所，乡村 186 345 所。义务教育阶段，镇区在校生为 6 087.56 万人，乡村学校在校生为 3 418.77 万人。[③]根据我国目前学校布局，乡村学校基本上是农村小学，初中一般在乡镇及其以上城区。依此推算，186 345 所乡村学校，共有在校生 3 418.77 万人，占全国小学在校生 33.9%，校均规模为 183 人。在偏远的农村地区、山区、少数民族地区，乡村小学的主体是低于 200 人以下的小学或教学点。

---

① 小学校数、教学点及班数. http://www.mone...gov.cn/s78/A03/MOE-560/JYTSJ-2014-qg/201509/t20150901-204658.html
② http://www.moe.gov.cn/jyb_sjzl/sjzl_fztjgb/201807/t20180719_343508.html
③ http://www.sohu.com/a/288624457_243614

从目前现状来看，农村地区小学数和教学点数比重占全国一半以上，小规模小学和教学点是我国农村小学的主要存在形式，在校生人数占全国小学生人数三分之一。从目前趋势来看，这种格局还可能长期存在，处于一个相对稳定的阶段。但是，稳定下来后该如何生存、如何发展、如何可持续发展是摆在各级政府，特别是农村学校面前的一个现实问题。早在20世纪中后期，一些发达国家在教育现代化进程中出现的农村小学教育发展问题，已经有一些成功经验和模式。其实，2000年前后，伴随着农村小规模学校出现，我国各地就已经进行大胆探索，初步呈现出一些有影响力的农村小学可持续发展模式，这些模式对农村小学走出困境提供了借鉴作用。

## 第一节 农村小学可持续发展模式的内涵与本质

### 一、农村小学可持续发展模式的内涵

所谓"模式"，是指"某种事物的标准形式或使人可以照着做的标准式样"。[①]农村小学可持续发展模式，就是在教育现代化、可持续发展教育等理论指导下建立起来的，符合教育规律和农村小学实际的、较为稳定的教育教学活动结构框架和活动程序。它既是特定教育教学理论的具体化，又是农村小学教学经验的系统性概括。它可以是基于教育理论的假设，在实践中反复实验验证形成的模式，也可以是完全来源于实践并被各界普遍认可的经验，经过凝练而形成的模式。农村小学可持续发展模式内涵主要包括理论基础、管理模式、运行方式等。

---

① 中国社会科学院语言研究所. 现代汉语词典[M]. 北京：商务印书馆，1996：894.

## 二、农村小学可持续发展模式的实质

### （一）教育教学质量不高，是导致农村小学危机的根源，资源有效配置是模式的本质

已经存在的农村小学，实现其可持续发展的根本问题是生源不足的问题，而生源不足是教学质量不高、人口趋城化流动、住户分散、教育投入不足、教学条件设施差等各种原因叠加的"共振"叠加效应。其中，教学质量不高，既是农村小学岌岌可危的原因，也是现代化、城镇化的结果。因此，教育教学质量就成为农村小学办下去、办得好的关键，也是农村小学可持续发展的标志。

然而，决定农村小学教学质量的关键因素是对农村教育资源的配置不充分和不合理问题，特别是教师资源的有效配置问题。所以，农村小学可持续模式的构成重点就在于农村学校管理体制、运行机制、物质资源、教师资等资源配置形式，以及小班教学的程序、结构、方法、策略等形式。

### （二）优化教育资源配置，其实质是改善农村小学教育生态环境，实现其可持续发展

从生态学角度讲，自然生态系统和社会生态系统共同遵循的基本原理是：胜汰原理（差异导致竞争，竞争导致发展）、拓适原理（拓展资源生态位和需求生态位，以改造和适应环境）、生克原理、反馈原理、乘补原理（功能失衡时，某些成分乘机补位）、瓶颈原理、循环原理、多样性和主导性原理、生态发展原理、技巧原理等。所有这些原理的基本思想是生态系统思想和生态平衡思想。

所谓生态系统，就是用系统科学整体的、联系的、反馈的原理看待此系统与彼系统、总系统与子系统及系统内各要素之间的联动关系，具体到生态系统就是在一定地域（空间）内生存的所有生物与环境作用具有能量转换、物质循环代谢和信息传递功能的统一体。生态平衡是指一定时间内生态系统中的生物与环境之间、生物各个种群之间，通过能量流动、物质

循环和信息传递，使它们相互间达到高度适应、协调和统一的状态。①相应地，人类社会生态环境系统（或人类文化生态系统）也遵循此原理，就是一定地域的各类文化构成之间的系统联动和平衡关系。因此，在确立农村小学教育发展战略时，文化生态学原理为我们提供了很好的工作思路，就是在确立农村社会发展战略时，把教育作为社会文化生态系统中的重要因素；在确立农村教育发展战略，进行教育变革时，必须把教育外部的生态环境和教育内部的生态环境结合起来进行规划和涉及。简言之，树立教育生态意识，用生态学的视野看待农村社会发展、农村教育的作用以及农村小学教育内部的改革。

对农村小学可持续发展来讲，其发展的困境是农村与城市、城市教育与农村教育的生态失衡。要解决农村小学的可持续发展问题，要从"改变"农村小学发展的生态环境入手。所谓教育的生态环境，是以教育为中心，对教育的产生、存在和发展起制约和调控作用的多元环境体系。教育的内涵决定了教育生态环境包含三个层次：① 宏观教育生态环境：以"教育活动"为中心，包括一切与教育有关的环境，比如：社会教育环境、学校教育环境、社区教育环境以及家庭教育环境等；② 微观的学校教育生态环境，是以学校或区域教育机构为中心的教育生态环境，主要反映教育体系构成要素之间关系的相互协调过程；③ 个别化教育生态环境，主要以学习者个体发展为中心，由其周围的自然环境、社会环境以及学习者个体的心理系统共同作用的生态系统。教育生态环境的发展应遵循教育生态的失衡与平衡、竞争与协同进化、良性循环等规律。

实现农村小学可持续发展的本质是"改变"其教育生态环境。近20年来，我国政府和学校，为了解决农村小学可持续发展问题，通过各种方式改变农村小学的发展环境，产生了一些较有影响的农村小学可持续发展的模式，主要有联盟模式、捆绑模式、托管模式、学区制模式、走教+电教模式、集团化模式、县乡资源整合模式、乡村文化学习资源中心复合化模式

---

① 范国睿. 教育生态学[M]. 北京：人民教育出版社，2000：20-23.

等等。这些模式，如果从教育生态学视野出发，按照教育生态变化发展动力的来源，可以将目前已经出现的模式分为三类，即外助模式、互助模式和自生多助模式，每一种模式又分为若干次生形态。

## 第二节 农村小学可持续发展的外助模式

所谓外助模式，就是在政府主导下，通过农村小学以外的动力，从办学理念、管理方式、资源配置、学校文化等要素进行"嵌入"，在"外在动力"帮助下，改善农村学校教育生态环境，实现城乡优质教育资源均衡化，进而提高农村学校教育质量，实现农村小学的可持续发展。这种模式在目前占主导地位，具体表现方式又分为以下几种。①

### 一、一对一的"捆绑发展"模式

一对一的捆绑模式，就是在地方政府主导下，将一所城市优质小学和一所农村小规模学校进行"捆绑"发展模式，这种模式是国家在义务教育均衡发展政策背景下，由教育行政管理部门出台的一种城乡一体化发展策略。在实际运用中，又存在多种模式。

#### （一）半合并型模式

半合并型模式属于吸收型合并，即实行一个法人代表，两个法人单位，一套领导班子。两个学校独立核算，独立核编，统一考核。"一个法人代表"，虽属两个学校，但只有一个校长，且往往是优质学校校长当新校长。为了提高管理效率，新校长有统一的人事和财务调配权，同时也负有对被帮扶学校的"帮扶"责任，被帮扶学校的办学水平和效益是对优质学校校长考

---

① 武秀霞，高维. 我国薄弱学校改造模式及其展望[J]. 上海教育科研，2018（1）.

核的内容之一。"两个法人单位",表明被帮扶学校没有被优质学校实质"合并",有自己独立的财务核算、编制、评优晋职等权力。帮扶的内容主要是观念、制度、师资、资源等方面的帮扶,组成捆绑发展的"学校共同体"。这种模式在四川成都武侯区、安徽合肥庐阳区、新疆乌鲁木齐市、山东高密市等地采用。

半合并型一对一捆绑发展,属于"一校两制"模式。优点是既引进了优质学校的理念、管理、资源,又相对独立地保持了农村学校的传统文化、教学模式、文化特色等,更多带有"帮扶"性质,客观上提升了农村小学校的办学条件。但最终会怎样发展,会不会形成"哥弟"关系?而且这种模式有还存在着行政管理效率低下、农村学校特色可能被弱化等问题。这只是一种暂时性、过渡性发展模式,未来的发展还有待于实践不断探索。

（二）合并型模式

合并型模式属于"对等合并",即城乡两个原本各自独立、互无隶属关系的学校合二为一,原来的学校各自失去法律上的独立性,组成更大规模的新学校。新学校只有一个法人代表,一个法人单位,一套班子,财务统一核算,资源统一调配,重新整合学校文化。这种模式适合学校距离较近,相似性更多的学校。

## 二、一对多的"集团化发展"模式

我国集团化办学产生于20世纪90年代初,近年来发展较为迅速。我国集团化办学大致经历了职业教育集团、民办教育集团、基础教育集团的过程。基础教育集团化办学的目的是实现义务教育的均衡发展,本质上是学校组织的改进一对多的集团化模式,就是在地方政府主导下,以一所优质名校为教育集团名称,联合区域内农村小学组成教育集团,实现联盟和资源重组,将名校的声誉、理念、管理模式、资源、校园文化等引入农村薄弱学校,实现办学条件、环境、资源等优化,进而提高教育质量,实现农村学校的可持续发展。我国基础教育集团化办学可划分补差模式、嫁接模式及共生模式三种形式。①基础教育集团化模式在北京、上海、杭州等教育发达的大城市较为普遍。截至2017年年底，北京市已有中小学教育集团158个。2018年10月，北京市教委下发《关于推进中小学集团化办学的指导意见》，将支持各区通过集团化办学方式带动相对薄弱学校发展，不断扩增优质教育资源，缩小校际差距；同时，也鼓励跨区集团办学，支持城区通过集团化办学，向农村地区扩充优质教育资源，带动农村学校发展。②青海省西宁市也采用了集团化办学模式，2016年11月，根据《西宁市城乡义务教育集团化办学指导意见》，西宁市启动实施义务教育集团化办学改革。两年间组建了12个教育集团，实现了三县1400多名乡村教师全师、全科、全覆盖的业务帮扶指导，惠及乡村学生1.6万余人。③

## 三、大学区模式

大学区制是从18世纪开始在美、法等国家较为流行的一种学校管理体制。在美国，学区既是教育管理的基层单位，也是学生上学的区域单位。学区承担着管理学校日常工作的职责。其主要职能是制订教育计划，确定入学年龄，划分入学片区，设置课程，编制教育预算，依法征收教育税，管理教职员人事，维修管理校舍，购置教材教具，为学生提供交通工具等。④

在我国，民国时期，蔡元培任教育总长时，曾经推广过大学区制。目前，我国实施的学区制是在区域内教育行政与学校管理之间形成的新型教育治理关系，是一种基于学区自主办学的组织管理制度变革，是建立在现代学校制度基础上的现代化教育治理体系，是根据城乡教育一体化、优质教育资源共享的背景下进行的一种探索。目前实行的大学区模式，是指在

---

① 孟繁华，张蕾，佘勇. 试论我国基础教育集团化办学的三大模式[J]. 教育研究，2016（10）.
② http://edu.people.com.cn/n1/2018/1012/c1053-30336672.html
③ https://www.chinanews.com/sh/2018/12-28/8715232.shtml
④ 李介. 农村薄弱学校合作发展模式再探[J]. 教学与管理. 2017（12）：19-21.

地方政府主导下，按照本辖区地域结构，将人口相对集中连片，教育教学水平大致相当的小学联合在一起，组成学区。学区有统一的管理委员会，往往附设在域内办学水平较好的小学（主要是乡镇中心小学），管理委员会隶属于上级教育行政部门，向下管理域内小学。委员会成员主要由教育行政管理干部、各学校负责任人等组成，学区内学校财务、人事、课程安排、教学计划、教研活动、校外活动等实现跨校资源共享。陕西省西安市从2011年开始推行大学区管理制度改革。学区以学区内优质学校校长为学区长，组建以学区长学校为中心，配套几所相对薄弱的学校组建大学区，在大学区内各学校实施"九统一"机制，使城乡之间、城区之间、各学校之间的办学条件和师资力量差距快速缩小，优质教育资源总量日益扩大。在平时的教学及学校管理中，大学区内实行"九统一"管理体制，即区内学校实施管理策略、共享设施、教师调配、师资培训、课程规划、教研活动、组织备课、质量监测、评价激励等九大方面的集中统一管理。2011年下半年，西安市教育局经过充分调研，决定从2012年春季开学起，打破各类不同管理体制学校之间的藩篱，在新城、碑林、莲湖、雁塔4个城区启动实施大学区管理制度改革试点，将283所学校组建成为72个大学区。[①] 经过近10年的不断发展，西安市的大学区制不断深入，平台不多增多，一定程度上缓解了城乡之间、城内不同办学水平之间的教育资源均衡问题。

## 第三节 农村小学可持续发展的互助模式
## ——微型学校联盟

在我国，乡镇及其以下的小学都是人数在200以下的微型学校，有的甚至不足100人。这些学校共同特点是：学生人数少，各年级各班级人数不均，留守儿童居多；教师数量少，年龄老化，各学科师资结构不均衡，

---

① http://www.jyb.cn/basc/xw/201407/t20140704_588940.html

音、体、美等教师奇缺；学生住家分散。但同时，由于校址在农村，传统文化和特色教育资源丰富，由于班额小，利于采用个性化教学方式。因此，来自优质学校外力的他助式模式容易"水土不服"，还可能削弱农村小学自身优势，使农村小学与优质学校"同质化"发展，走向传统的分数至上、用分数代替质量的应试教育老路。于是，在一定区域由具有相同特点的农村小规模学校组成学校联盟，"抱团"发展，既解决了资源共享的问题，也保持了农村学校的特色发展、内涵发展。微型学校联盟以四川省广元市利州区联盟、河南省濮阳县以及21世纪教育研究院联盟平台最为典型。①

## 一、四川省广元市微型学校联盟及其发展

### （一）基本概况

四川省广元市，是秦巴山连片贫困区域的地级市。该市农村学校占全市中小学的85%，学生人数不足100名的小规模学校有295所；广元市利州区是一个市辖区，地处四川盆地北部边缘、嘉陵江上游，位于川陕甘三省交汇处，全区70%属山地类型。2018年，该区学生人数在200人以下的农村微型学校14所，约占全区小学的35%，学生人数总计1 132人，仅占全区小学生总数的 4%。2014 年年底，由该区范家小学校长张平原牵头，将处于发展困境中的14所小规模小学组织起来抱团取暖，成立利州区微型学校发展联盟。②此举动引起当地政府和 21 世纪教育研究院的重视。2015年年底，由21世纪教育研究院等单位主办的首届中国农村小规模学校联盟年会在四川广元利州区召开（第二届、第三届分别在甘肃和河南召开）。2017年年底，利州区微型学校联盟获得"小而美"种子联盟学校称号。到 2018年，联盟成员学校已经发展到省内 10 个县区，共 25 个成员学校。

---

① 李晓东，练玉春. 农村微校联手 实现小而优秀[N]. 光明日报，2017-08-08（06）.
② 董鲁皖龙. 建微型学校发展联盟——四川广元利州区乡村校组团提质[J]. 中国教育报，2018-9-25.

## （二）微型学校联盟的工作模式

### 1. 尊重民意、自愿组盟

自愿组盟、自愿入盟、退出自由是农村小规模学校联盟成立时的原则，是基于共同的背景，是"同病相怜"的学校没有外力作用下，处于生存与发展内在需要的自主联合。通过联盟，利州区农村小规模学校进一步深入探索学校内涵发展，进行学校发展规划、课程建设与教学研究，提升了"学校发展力、干部执行力、教师教学力"，让"校校有活力、校校有亮点"，其做法很快引起了全国关注。

从广元市利州区农村小规模学校的发展历程可以发现联盟出现的背景和基本条件。

一是发展农村规模小学有广泛的民意基础。2012年之后，农村微型学校大量存在，短期内不可能消亡，也不该消亡，有担当责任的地方政府、微型学校校长和广大人民群众都有办好微型学校的强烈愿望，这是最广泛的民意基础。微型学校校长责任更大。

二是发起人及其团队，必须有高尚、远大的教育情怀。联盟的形成，有民意基础不行，还要有敢于创造的精神和一颗强烈的事业心，特别是牵头校长对联盟形成有重要作用。该联盟发起人、董事长张平原并非一开始就有成立联盟的愿望，而是历史和现实把他推到农村小规模学校发展变革的舞台。为了完成使命、实现自己的教育情怀和教育抱负，他抓住机遇，顺势而为发起联盟，为农村小规模学校的创新与可持续发展探索出了一条互助发展的新路。和全国其他地方一样，从20世纪初开始，农村小规模学校成为农村小学教育存在的一种主流形式，广元市利州区政府一直在努力试图改变地方微型学校的办学。2014年，利州区教育局从管理和资源方面向农村微型学校倾斜，采取打组合拳的方式，试图帮助这些学校走出困境。在人员上，从城区学校、乡镇重点学校或机关选中了8名有能力、有思想、有情怀的干部到微型学校担任校长职务，并且轮流安排农村微型学校干部到城市学校或上派到局机关挂职锻炼；在资源上，实行微型学校公用经费10

万元保底划拨，投入 24 万元为 24 个农村教学点配备了大屏幕液晶电视、电脑、电子白板和卫星接收设备，实现了"教学点远程教育资源全覆盖"。首任广元市利州区微型学校发展联盟的理事长张平原就是此时到范家小学的。

当时的范家小学是一所典型的农村小规模学校：位于山区深处，孩子来自附近 5 个村，最远的村孩子上学要步行 1 个多小时；人数少，有学生 85 人，教师 12 人；规模小，占地仅有 6 亩（4 000 平方米），一栋教学楼、一栋宿舍楼、一个食堂、一个浴室。同时，他还发现，全区其他 13 所微型学校状况很相似：这些微型学校、袖珍学校大多地处深山，离市区几十公里，翻山越岭，交通不便，人口流出严重，但为满足基层学童就近入学，短期内又无法合并拆掉。这些学校面临共同的困境，即教师年龄偏大，教育教学方式守旧，学科与教师不配套，专职艺体教师匮乏，办学不自信，家长对学校不信任。学校生源逐年枯竭，规模越来越小，撤之不能，办之难继。

怎么办？政府能做的都做了，但都是传统的输血型的扶持政策，如何走出困境，实现自我造血，自我发展，特色发展？2014 年 12 月，14 所有相似处境、希望改变现状的农村微型学校校长，由张平原牵头，聚在一起，成立了广元市利州区微型学校发展联盟，决定抱团发展，张平原被大家推举为理事长。2017 年，利州区有 2 所学校被市教育局授予"美丽乡村学校"的荣誉称号，范家小学就是其中之一

2. 尊重教育本质，符合现代教育理念

由 14 所微型学校自愿组成的利州区微型学校发展联盟的初衷是要整合资源、互相帮助、互通有无、抱团发展，打造清新朴实小而优、小而美的乡村教育。早在 2014 年就为乡村教育进行了顶层设计，提出了"四好四不让"的措施，即举办好每一所乡村学校，不让一所校点因弱消失；关爱好每一个困难学生，不让一个孩子因贫辍学；落实好每一项资助政策，不让一户家庭因学致贫；发展好农村教育，不让贫困代际传递。概括起来讲就是：每个学校课程都能开齐、开足、上好，文化建设逐渐跟上补齐，校容校貌发生变化，师生对未来发展充满信心。这种初衷和组盟理念符合现代

化进程中的现代教育的价值追求，符合国家教育现代化的基本理念。著名经济学家何帆经过考察发现：范家小学的教育理念是国内最先进的教育理念。何帆曾任中国社会科学院世界经济与政治研究所副所长，拥有20多年政策研究和市场咨询经验。2018年，他决定每年写一本记录中国每一年的变化的书，写到2049年。于是，他通过走访37个城市，写出第一本《变量：看见中国社会小趋势》。何帆从书中一个令人意外的探访开始讲起。"在2018年走访观察的过程中，我发现国内教育理念最先进的学校是四川山区的一所小学——范家小学。在这所小学里，每一个孩子背后都有属于他们自己的故事，但是却依然展现出足够的自信与热情。而这样的结果恰恰是因为小学给了孩子们最需要的东西：一个平等、包容、自信、乐观的社群。"接受红星新闻记者采访时，何帆谈到，很多家长有教育焦虑症，其实不需要焦虑，家长可以回到教育本质，去发现孩子的激情和天分，让激情和天分与这个社会匹配。其实，学校教育不是最为重要的部分，从教育心理学来看，孩子成长有一半受到父母影响，还有一半是由同龄人影响。父母能做的是给孩子提供一个最适合他的社群环境。①

3. 平等互助、资源共享

为了实现"让每一名适龄儿童就近接受优质义务教育"的联盟宗旨，联盟实施管理互通、研训联动、质量共进、文化共建、项目合作、资源共享等六大行动。

（1）各位董事平等协商、资源共享。

由于联盟实行董事会制度，打破了传统的集权管理，也不同于弱化或边缘化农村微型学校的外助模式。联盟董事会成员由各微型学校校长组成，每位董事有平等的话语权和表决权，也有自由退出权，民主平等地协商决策、统一行动。在办学基本条件方面实现资源共享、同步提升，特别是教师资源方面实现联盟通用。在管理方面，联盟为校长和中层干部交流搭建了平台，每学年至少开一次反思交流会、一次学校管理干部研训会、一次

---

① http://dy.163.com/v2/article/detail/E8NHU8U5051492T3.html

校长论坛。

（2）联盟内资源共享。

校舍、师资、设备等是学校教育教学活动的重要资源。制约农村微型学校发展的关键因素就是资源不足、分散，不足与浪费并存。从师资条件来讲，农村微型学校的艺术、体育、心理健康等小学科教师未能足额配够，这是许多学生流失的原因之一。微校联盟首先整合联盟教师资源，实行艺体专职教师跨校授课，艺体课都统一课表。一所学校的专职教师在本校上课，联盟内其他学校的学生通过网络同步听课、同步互动。远端学校的兼职教师在辅助教学的同时，也得到了培训的机会。

除教师资源共享外，联盟还将资源范畴拓展到文化资源和智力资源，并有效共享。微型学校无法开运动会，联盟每所学校虽然学生少，但跨校运动会每学期照开不误。每年一届的联盟艺术节，成为全部学校参与的盛事。此外，横跨联盟学校的讲故事、朗读、夏令营等，让农村学生得到了很好的锻炼。

学校再小，也有优秀教师的成功教学经验，这也是丰富的智力资源。联盟成立后，教研活动多了，并且由联盟跨校组织，集体观摩，实现了教研活动的正常化和优质化。联盟每年召开小班教学研讨会，讨论小班教学的特点、优势、不足和困惑，研讨教学策略。面对教师培训低效等难题，联盟教学工作部对需求进行分类，设计"订单式"培训方案，每一个培训内容征集一位名师进行讲解、示范、实践训练。

4. 推进课堂革命，实行个性化、多样化、特色化、现代化课堂教学

（1）个性化的小班教学。小班教学是农村微型学校的现实情况。探索创新教育现代化和教育信息化背景下的新型小班或小小班教学，是农村微型学校可持续发展的重要内容。广元市利州区微型学校联盟做了大胆尝试，以联盟种子学校——范家小学为例。2017年，范家小学有7个教学班，义务教育阶段学生46人，其中留守儿童24人，住校生36人，教师10人，

其中特岗教师1人。学校以"为每一个孩子得到最好的发展服务"为办学理念，积极倡导和不断丰富以"尚美文化"为核心的"尚美、尚能、求实、求新"的学校价值观，在学生多元评价、乡土课程开发、小小班教学、素质学科混龄教育等方面进行了大胆的探索和研究。在范家小学，每间教室里，有沙发、茶几、生活柜、书柜、书桌，体现家的温馨，听课、研读、资料查找、阅读休闲、游戏玩耍等各功能集成在这间教室里。范家小学校长、联盟董事长张平原解释，这是针对农村留守学生居多、亲情缺位的实际以及农村班级学生人数少、教室剩余空间大的特点而探索建立的"班家文化"。

（2）教学形式多样化。范家小学课堂教学完全不同于城市大规模学校的大班教学，课堂教学方式多种多样，有探究式学习、项目式学习、网络教学、生本课堂等；开设绘画、手工课、葫芦丝、舞蹈、花式篮球等艺体课；校本课程则把非遗文化、乡村调查、中草药引进课堂，把学生带出教室，带到田野、山坡；定期举办家长开放日，让家长见证孩子的成长……

（3）教学、教研活动有特色。范家小学课堂教学模式的示范作用，引领了联盟其他学校，并相互交流成功经验，盟内推广，让学校管理、教学等方面都得到了提升，大家有更多的精力思考发挥微型学校及小小班的优势，管理可以更为精细。为探究适合小小班的教学模式和方法，联盟定期召开小小班教学研讨会。微型学校的同学都围坐在老师周围，以小组教学为主要形式，更多的农村特有教育资源被引入课堂。学校有效利用身边资源，开发乡土课程。学生们喜欢的养蜂、豆腐制作、中草药种植、竹编、挖野菜、摘野果、种花等教学活动，与农村生活相联系，既因地制宜接地气，又寓教于乐有收获。

（4）依托现代化教学手段。联盟学校充分利用教育信息化提供的平台，在实现优质资源、优质课堂共享的同时，探索信息化背景下的新型教学模式。为破解乡村音乐美术教育几近瘫痪的局面，联盟一方面通过走教方式，调配内部资源，另一方面开展网络直播互动课堂，实现了一位专业教师上课、多个学校同时分享的良好格局。截至目前，通过合作，促进了区域联盟学校的图书漂流和阅读开展，创造性在沪江 CCtalk 平台开展"美丽乡村小学"网络艺术直播互动课堂，运用多种方式开足开齐国家课程；"美丽乡村小学"网络艺术课堂惠及全国 18 个省 275 所学校的 4 万余名乡村儿童。联盟共开设网络课 350 节，参与学校除了联盟成员学校外，还迅速发展到包括甘肃、河北、河南等 8 个省 30 多所学校，学生超过 3 000 人。这对所有联盟学校和老师来讲，都是巨大的鼓舞。利州区宝轮四小没有美术教师，现在通过网络教学，学生们可同教师即时交流互动，所有联盟学校都开齐开足了课程。

5. 采用行动研究，及时推广经验

从 2014 年联盟成立，联盟就在办学理念、管理方式、课堂教学教学模式、校园文化、教育信息化等方面进行了全新的、大胆的探索，积累了一些经验，为新形势下农村小学的可持续发展积累了宝贵的经验，引起了教育理论界的关注，并和他们一起开展合作研究和推广，走出一条在现代教育理论指导下实践，通过实践丰富理论，并再次实践验证，推广改革实践经验的行动研究之路。2017 年，联盟申报的"农村微型学校联盟发展的实践研究"课题入选四川省教育厅重点课题。2018 年，广元市还专门出台规定，加大对全市农村微型学校的支持，推广利州区抱团发展微型学校的经验，一些条件相对较好的农村小学甚至也学习借鉴联盟的做法。2018 年一所近郊的微型学校也加入联盟，呈现辐射态势。

（三）成效与社会影响

利州区农村微型学校联盟的做法，不但解决了农村微型学校的许多困境，呈现出了充满活力的管理体制、充满生命活力的课堂，走出了一条完全不同于城市大规模学校、大班教学的教育教学模式，不但体现了教育的真谛、体现了教育现代化的价值追求，而且教育教学质量得到政府、家长的认可，教师的激情和创造性得到激发，学生的个性和创造潜能得到发展，学生的学习成绩和综合素质得到提升。2016 年，联盟内 4 所小学被评为利州区优秀小学。白朝小学、金洞小学等一批学校在初中毕业考试、小学检测中名列利州区前茅，多名学生在区级演讲等比赛中获奖。10多名孩子的画还登上了省级报纸，家长们纷纷为学校点赞叫好。2016年，首届全国农村微型学校联盟会议在广元召开，其经验在全国引起社会各界广泛关注和轰动，各种媒体纷纷报道。2019年2月12日，通过360搜索，以"利州区微型学校联盟"检索，有记录9 870个。各地学者、地方政府、学校纷纷参观学习研究利州区微型学校联盟，并开始引进其做法。

我们认为，四川省广元市利州区微型学校发展联盟的实践与探索，对解决目前我国农村小学困境，实现其可持续发展具有典型意义，通过多所农村微型学校整合资源、抱团发展，为农村小微学校突围和新生提供了很好的思路和解决方案。

### （四）展望

农村小学可持续发展的主体责任在政府。2012年之后，各地政府对如何解决农村微型学校问题非常重视，但苦于没有良策，进展不大，没有突破，更谈不上"可持续"。四川省广元市利州区微型学校联盟出于自愿结盟、由有教育情怀和教育一线的校长组成联盟、基于学校自生动力、整合自愿、形成合力的民主管理，产生了明显的效果。政府积极鼓励，顺势引导，用行政的优势固化、深化改革，扩大实践范围，实现由点到面、由表及里的"突围"。

2017年，四川省广元市教育局，根据下辖利州区微型学校联盟的成功经验，出台了《关于加强农村小规模学校建设与管理的意见》。要求各县（区）政府对农村小规模学校每年按20万元标准保底拨付公用经费，村级校点每年运转经费不少于5万元。此外，还建立了农村小规模学校办学标准，实施"万件桌椅床改善计划""中小学生热水澡计划"等，重点改善学生宿舍、食堂、澡堂等生活设施。根据"美丽乡村学校"建设标准，到2020年，要评选100所"小而美""小而优"的"美丽乡村学校"，对评估合格的学校在经费保障、教师培训及项目建设等方面都将予以倾斜。

此外，广元市政府及时扶持利州区微型学校联盟的创新，在提供经费、政策等支持的同时，深化"联盟"的内涵和形式，在全市范围内实行"同质横向联盟"和"异质纵向联盟"。"同质横向联盟"，就是将同类型学校实行抱团发展，通过联盟合作共享，解决共同存在的瓶颈问题。截至2018年，广元市有"同质横向联盟"14个，通过联盟，学校间可以实现共享资源、共享研修、共享管理；"异质纵向联盟"，就是把县域内的城镇优质学校，同3~5所农村小规模学校组成"异质纵向联盟"，实行"学校管理、教师发展、考核评价"三个"一体化"，捆绑发展，共同提高。教育主管部门对联盟学校进行捆绑考核，力促联盟内学校教育质量共同提升。目前，广元市有"异质纵向联盟"16个。

## 二、河南省濮阳县的微型学校联盟

四川省广元市利州区农村小规模学校联盟的成功做法，在全国产生了一定影响，许多地方开始借鉴其成功做法。2015年，河南省濮阳县成立了农村微型学校联盟，运行3年来，效果也十分明显，引起社会各界关注。①

濮阳县地处华北平原，河南省东北部，是一个农业县，人口约10万人，是河南省扶贫开发工作重点县，其经济基础薄弱，办学条件相对落后。在城镇化进程中，和全国其他地区相似，濮阳县农村小学也出现了"城挤、镇弱、村空"现象。2018年，濮阳县现有小学449所，其中有126所学生在200人以下，涉及在校学生17 000余人、任课教师464人。

针对农村小学发展中存在的问题，濮阳县在已有教育共同体与自组织的基础上，2015年濮阳县教育局组织成立了农村小规模学校共同体"濮阳县微型学校联盟"，将农村小规模学校组织起来"抱团取暖"，解决面临的共性问题。联盟目前有7个理事学校，在工作中，7个理事学校的校长起引领的作用。其基本情况是：

---

① 濮阳县教育局. 濮阳县：建立农村小规模学校自组织——微型学校联盟[EB/OL].
http://www.sohu.com/a/137835816_507540

1. 学校自愿组盟，政府助推

与四川省广元市的农村小规模学校联盟不同的是，濮阳县在 2015 年之前联盟成立之前，一些小规模学校校长已经通过一些校长、教师的工作室进行了较多的交流，联盟是在这一基础上成立的，有一定合作互助经验和基础。联盟采取各学校自愿加入的形式，现在已经有过半的农村小规模学校加入，是校间互助合作的升级版。

2. 联盟内部教育资源共享共用

首先，教师走教，弥补教师队伍的结构性缺编问题。依据"区域就近"及"学科互补"的原则，将"小学科"主要是音体美科学技术教师进行走教或支教，以弥补教师队伍结构行缺失。此外，语文、数学学科开展走动研讨，促进交流，提升教育质量。其次，教学设施设备归类集中，一些教育设施设备共享，坚持主题归类原则和教师主导原则，共享共用。

3. 实施联盟教师培训专项支持计划

为解决小规模学校办学过程中实际存在的问题，县教育局列出专项经费，实施专项培训帮助联盟学校教师实现"一专多能"。主要项目有：

（1）一专多能研修。

这主要面向文化学科专任教师培训体育、音乐、美术等技能项目，推动开齐课程，探索跨学科整合教学实验，探索综合性课程教学有效途径和策略。

（2）特色课程研修。

这主要学习如何发掘本地教育资源，研习主题式特色课程开发，帮助汇聚学校办学特色，主要推荐课程模块有主题式综合课程、农村课程、互联网+课程、诗教课程、游学课程等。

（3）学校文化建设研修。

以体验式培训、案例教学方式，帮助提炼建设学校文化。此外，四步探究教学法研修、送交进校与校本教研融合培训、外派考察学习、影子教师、校长课程领导力培训等。

（4）联合研讨，共同交流探讨小规模学校发展路径。

联盟每月举办一次现场研讨会，由联盟校轮流承办。邀请联盟成员学校的校长和老师前来参加，研讨主题由承办学校确定，主要围绕教育教学中面临的一些具体问题进行研讨，已经研讨过的主题有阅读问题、德育问题、小学数学教学问题等。通过每月的现场研讨会，各校长和老师们汇聚在其中一所村小交流经验的同时，也为人数渐少的学校增添了许多人气和关注。

濮阳县微型学校联盟的成立，使原本弱势的小规模学校感受到了关注，通过资源整合，原本师资奇缺但工作量并不饱满的小学科师资力量，通过走教的方式得到解决，一些原来无法开设这些课程的学校重新开课；具有特色的、多样化的"一专多能"研修模式，受到教师欢迎，教师参训热情高，并有针对性地及时应用，提高了教学质量，提升了教师的专业化成长。毫无疑问，农村小规模学校的存在与发展，与城市小学相比，可能更符合孩子的成长规律：一是空间大，环境好，可以更利于培养孩子社会实践和动手能力；二是乡村教育更接近教育的民主化、以人民为中心发展教育的教育现代化真谛；三是学校是乡村文化的基础和未来，办好了乡村学校就抓住了乡村振兴的根本。但农村小规模学校又有许多劣势，发展中存在许多瓶颈。

四川省广元市以及河南省濮阳县的农村微型学校联盟，通过学校自愿，政府及时助推，把原本分散、资源结构不合理的农村小规模学校结盟发展，使管理民主、资源共享，立足乡村文化，紧扣农村小学实际，为实现农村小学可持续发展提供了一种符合教育规律、符合教育现代化理念、符合国家乡村振兴战略、符合农村小学实际情况的发展模式。

农村微型学校联盟，有许多值得借鉴和研究的经验：其自下而上的区域联盟组织架构、工作模式，各美其美的联盟学校发展生态；基于学生发展的多元教育评价；基于本地乡村小规模学校需求的"互联网+教育"；基于农村小学教师资源的课程规划；地方教育主管部门与区域联盟的良性互动和制度、经费、师资保障等等，都是来自基层教育工作者的探索、创造壮举，这些宝贵的探索经验，既解决了我国目前农村小学教育现代化进程中的困境，使其存在的必要性和可行性理由更加充分，同时，还为城市小学发展、农村初中发展提供了一些可以借鉴的宝贵经验。

### 三、21 世纪教育研究院助力微型学校联盟

21 世纪教育研究院成立于 2002 年，是以教育公共政策和教育创新研究为主的民办非营利性组织，致力于以独立的立场开展教育研究与政策倡导，聚集教育界内外的民间智慧，推动中国的教育改革与发展，追求好的教育、理想的教育。开展教育研究与政策倡导，开创第三方评价政府教育成绩，举办高峰论坛、学术研讨会、讲座、教育沙龙等，开展公众讨论，进行教育传播和推广，探讨中国教育的改革和发展。其理事会成员单位来自社会各个方面，包括教育学者、民办教育机构、媒体集团、评估机构等。农村小规模学校发展问题是 21 世纪教育研究院近年来研究和关注的问题之一，注意到乡村小规模学校在学校发展的不同阶段面临着诸多现实的困境，并通过研究和呼吁，探讨农村小规模学校可持续发展道路问题。

2013 年，21 世纪教育研究院发起了"百所村小"调研活动，对全国 26 个省份的 113 所村小进行了调研。同年，联合多家机构发起了"美丽乡村教育"评选活动，发掘出一批优秀的区域治理、乡村学校和乡村幼儿园案例。调研发现，农村地区学生数少于 200 人的小规模学校为最薄弱的群体提供了基本的受教育机会，但是这类学校的发展面临诸多困境，于是开展了针对农村小规模学校发展的调查研究，并基于调研完成了阐释农村小规模学校现状、困境与出路的专著《底部攻坚——农村小规模学校的振兴》。

2014 年，21 世纪教育研究院牵头成立了"农村小规模学校联盟"，旨在联合分散在各地的农村小规模学校，推动各地小规模学校内部间的交流、学习与合作；搭建小规模学校与公益组织、政府部门的沟通桥梁，形成双方的资源对接；形成小规模学校共同体，让小规模学校的声音得以被社会听见，从而更有力地影响政府政策以及凝聚社会资源；形成小规模学校的

研究共同体，为学界研究小规模学校提供一个平台。通过以上目标的实现，最终探索出一条推动农村小规模学校内涵发展、提升教育质量的有效路径，更好地发挥小规模学校在推动教育公平、提高教育质量当中的作用，实现自下而上地农村教育改革。

虽然同样称为小规模学校（或微型学校）联盟，但21世纪教育研究院"农村小规模学校联盟"内涵，完全不同于四川广元、河南濮阳等区域性联盟，而是范围更大、联盟的形式更复杂、功能更加丰富的平台，内涵和外延已经发生变化。前者就是区域内微型学校办学主体组成的联盟，教育主管部门并非联盟成员，只是助推者、协调者，联盟的功能很简单，就是把农村小学办下去、办好。而21世纪的小规模学校联盟包括联盟成员单位和联盟支持方两类，联盟成员是指为农村小规模学校的办学主体或责任单位，包括地方教育主管部门和农村小规模学校（含教学点）。联盟支持方，主要是为联盟活动提供经费、平台和智力等资源的单位和个人，具体包括公益机构、基金会、企业、媒体、专家学者及其他个人等，加深通了农村小规模学校、政府机构、社会团体以及学界的联系，成为农村小规模学校通向社会的桥梁。

2014年，21世纪教育研究院组织成立"农村小规模学校联盟"，旨在为分散在各地的农村小规模学校搭建交流与成长的平台，联合社会各界力量为农村小规模学校发展提供支持，探索农村教育未来发展道路。2015年12月13~14日，"第一届中国农村小规模学校联盟年会"在四川省广元市利州区召开。本次年会共有参会嘉宾300余人，包括来自农村小规模学校的校长、教师及教育行政部门领导，关注农村小规模学校发展的专家学者和媒体从业人员等。其中农村小规模学校的校长和教师是参加本次年会的主体，大约来自全国10个省，共计180余人。此后几届，规模不断扩大，社会影响力在持续增强；截至2017年，农村小规模学校联盟已经在四川广元、甘肃平凉、河南濮阳已经召开三届年会，举办针对乡村小规模学校校长和教师的线下培训三期，线上培训三十余次，联合十几家教育公益组织支持农村小规模学校，迄今为止联盟以直接和间接的方式影响了近2 000

所农村小规模学校。

2017年，农村小规模学校联盟、21世纪教育研究院又联合多家合作伙伴机构发起"寻找小而美乡村学校"项目，计划在两年内寻找、培育一批农村小规模学校，引领中国农村教育的发展。在寻找、培育一批农村小规模学校的过程中，通过行动研究，总结实践经验，倡导"小而美"乡村学校理念和政策变革方向。该项目的宗旨是通过项目推进，帮助和促进更多的农村小规模学校践行有尊严的教育，营造儿童友好的校园环境，开展有乡情、针对性的教育活动，密切师生和生生关系，探索个性化的学习方式，加强与家庭和社区的协作。

经过线上和线下学习、实践与反馈、实地调研，项目确定北京市房山区蒲洼中心小学、河南省开封市兰考县程庄小学、商丘市梁园区王二保小学及四川省广元市利州区微型学校联盟的范家小学、石龙小学作为深度合作伙伴，这些学校获得"小而美"种子学校称号。

蒲洼中心小学位于素有"北京小西藏"之美称的蒲洼乡，距离北京市区120公里，是全乡唯一一所寄宿制中心小学，现设有一至六年级，6个教学班。共有学生49人，教职工17人。学校立足"环境最好""规模最小""人数最少""全员寄宿"等独有优势，提出"小而精、小而美"办学理念，围绕"生活课程、圆桌课堂"，植根于乡土，开展基于农村小规模学校教育教学改革的研究与实践。

商丘市梁园区谢集镇王二保小学位于谢集镇东南部，与310国道和陇海铁路相邻，距离市区12公里，在校学生113人，教师10名。学校先后获得了互加计划、少年派、感恩基金会、担当者行动等多家公益组织、项目的支持，开展了多样化的网络教学、乡土课程和学生社团活动。学校努力进行家校沟通，每周组织乡村家长进行"故事妈妈进校园"活动。

开封市兰考县谷营镇程庄小学地处豫东平原，坐落于谷营镇东南边界，距离县城约20公里，学生（含学前班）132名，老师13人。学校积极链接各种社会资源，改善办学条件，目前已有获得了包括沪互加计划、上海微笑图书室、少年派、担当者行动、"一校一梦想"、麦田计划、两个盒子等多家公益机构、项目和志愿者团队的支持。通过分享互联网资源、公益资源的在地化经验和困境儿童改善、教师专业发展的探索，学校正在影响并带动周边农村小规模学校共同发展。

通过梳理可以发现，农村微型学校联盟模式，在短短的 4 年时间里，已经成为农村小学可持续发展的一种重要模式，并且这种模式在实践中还在不断创新，社会力量不断助推拓展其内涵和外延。相信，基层的力量、社会的智慧会使"联盟"更加成熟，特色更加鲜明，为中国农村小学可持续发展提供可复制的模式，并为世界教育现代化、世界农村小规模学校发展提供中国经验。

## 第四节　农村小学可持续发展的自主革新模式

不可否认，借助外力，弥补农村小学理念和资源，或者通过小规模学校联盟的互助，的确改变了农村小学的教育生态环境，一定程度上缓解了农村小学可持续发展中的资源匮乏问题，教育理念上有所突破、教育教学特色有所彰显，教育教学方法上有所创新，他助和互助模式是两种成功的探索。此外，还有基于学校内生动力激发和挖潜的自主革新模式，具体形式有四种。

### 一、政府购买，委托管理——浙江淳安富文模式

立足学校自身资源，通过引进智力资源，对校内资源进行重组、改革、提质、增效，实现学校的可持续发展，这就是浙江淳安富文模式。[①]浙江省杭州市淳安县富文乡中心小学有 122 名学生，22 名教师，受限于各种条件，学校的管理水平和教育质量一直不高。淳安县教育局和民间教育智库 21 世纪教育研究院合作，希望通过委托管理的体制创新，为乡村学校的自主发

---

① http://www.sohu.com/a/259860126_100974

展赋能。按照"管办评"分离的构想,将富文乡中心小学委托 21 世纪教育研究院实施管理,委托期间,学校的公办性质不变,县政府确保富文乡中心小学享有和其他公办小学同等的资源投入和政策保障,并支持 21 世纪教育研究院进行教育综合改革试验。通过教育综合改革,全面提升农村小规模学校的教育品质和学业水平。

(一)实行"管办评"分离,创新政府对农村学校管理机制

淳安教育把公共教育的全流程切分为管、办、评三大领域,公办学校由政府主办、保障教育资源供给;同时,政府购买专业服务,委托专业机构管理,有利于提高公共资源使用效率。采取第三方对办学成效进行科学评估,打破了自办自评的弊端,有利于引导学校的科学发展。这一变革有利于政府教育职能的有效履行,为乡村学校的机制创新开辟了新的途径。

(二)实行委托管理,探索提升小规模学校办学品质的新路径

委托管理是指通过契约方式,教育管理部门把学校的办学管理事务委托给具有较强能力的专业机构承担。对比城乡学校对口帮扶等做法,委托管理为农村小规模学校发展创新提供了新的路径,通过整体引入新的教育理念、管理机制、教学模式等等,有利于激活学校自主办学的活力与能力,促进其内涵发展,从而有效提升小规模学校品质。21 世纪教育研究院在委托管理期间享有对学校进行全要素管理的自主权,要完成对富文乡中心小学现代管理制度的设计,实施理事会领导下的校长负责制,深入开展教学和课程改革,实行更为灵活有效的教师绩效考核机制及学生发展性评价制度。这种内生的改革模式,可以取得更为明显的教育成效。

(三)实行教育综合改革,实现农村小规模学校的"换道超车"

通过具有先进理念的建筑设计和校园改建,富文乡中心小学已经达到了"小而美";但要实现"小而优"的目标,还需要整体性、综合性的教育改革。富文乡小学的综合教育改革,包括学校治理现代化、全科教师培养、

学习方式变革、学生成长支持系统建设、线上学习资源建设、学生发展性评价六个子项目。在依靠学校现有教师的前提下，改革从改变教师的教育观念、思维模式和工作方式这一难点入手。在开展委托管理的前期，研究院和学校共同开展了定制式全员教师培训，形成教师群体对办怎样的学校、培养怎样的学生的价值认同和目标定向。同时，围绕学校章程和发展规划的制订，建立学校自主办学的制度保障和发展目标，以及保障创新目标实现的基本工作流程。此外，是以学习资源建设为载体，推进学校课程改革，开展全科包班教师的实践。

### （四）建设小而美、小而优的 3.0 版未来农村小规模学校，实现农村小学现代化

伴随人口流动、职业变换加速，面对互联网和信息化时代的挑战，农村教育的培养目标和教学方式势必发生根本性的改变。富文乡中心小学改革的总体目标，是探索面向未来、以农村学生为本的教育，以促进农村学生的全面发展和个性发展，为学生享有尊严而幸福的人生奠基。

如果说 1.0 版的农村教育是"有学上"，2.0 版的农村教育是"上好学"，它在很大程度上意味着教学硬件的改善和将教学纳入"应试教育"轨道，那么，3.0 版的农村教育是什么样的呢？事实上，包括富文乡中心小学在内，国内一批创新型农村小规模学校都在适应这一变革，探索面向未来的新的教育。这意味着要从功利主义转向以人为本、以学生为中心的价值；从应试教育转为重视培养学生的核心素养，帮助学生能够自立于社会，追求真善美和幸福人生。这一理念的实现有赖于整体性的教育变革，包括适应学习化社会的校园建筑、教学设施，以环境育人；善待学生、关爱学生的文明生活方式；有利于学生个性发展和终身学习的教学过程，有利于激励学生做最好的自己的评价制度等等。

### （五）推进以生活教育为旨的课程研发

生活教育的核心理念，就是打破教育和生活相脱离、学校与社会相脱

离的弊端，改变农村学校成为乡村社会的"孤岛"的状态，主张"来自生活的教育，依据生活而教育，为生活的向前向上而教育"，主张按照青少年成长的实际需要开展教学。这就是说，乡村教育不仅要为升学做准备，更重要的是"为生活做准备"，因为并非每个学生都能够上高中、大学；但是每个学生都应该做到能够做最好的自己，拥有各自的美好人生。富文乡中心小学原先就有"毅行"生活教育课程，可以在此基础上加以深化，与乡村生活、生产劳动、时令节气、民俗文化相结合，探索跨学科的主题式教学，构建扎根乡土的有根的教育，也就是有机的教育、绿色的教育。这样的教育，不仅会对农村学生产生重要的影响，也是对"应试教育"有实质性的改变和超越。

建设小而美、小而优的农村学校并不是梦想和空谈。由于各地农村的地理环境、资源禀赋、经济社会发展的差异极大，乡村小规模学校建设并没有一个唯一的标准模式。富文乡中心小学的综合改革，目标之一是通过五年的系统推进，为东部经济发达的平原地区乡村小规模学校建设提供参考和标准，促进更多的地方政府、教育基金会或公益组织用新的理念和方法参与改善农村教育。我们希望通过一个个因地制宜的精品建设，使小而美、小而优的农村小规模学校在各地乡村大量出现，帮助更多的农村孩子实现自己的幸福人生，实现农村社会的现代化。

## 二、山西祁县段家窑小学的复合模式

复合模式，以农村社区各类文化资源为依托，把乡村小学与社区各种文化资源进行整合，合二为一，组建村级文化教育服务中心。2018年8月10日，中国网教育频道名人堂节目中提出："将农村小规模学校的功能进行拓展。将学校闲置的教学仪器免费提供给村民使用，同时在假期向社区开放学校的基础设施资源，把农村小规模学校打造成农村社区的学习中心。"也有研究者提出将农村小规模学校与农村幼儿园、农民技术学校、图书馆、文化活动站、居民健身设施、日间照料中心、老人活动中心、卫生院、露天剧场、民宿等乡村设施进行整合,构建复合型、共享型学习活动中心。打破这些设施原有功能樊篱,以农村小学功能为中心,合理可利用所有资源,组建新型农村学习活动中心,并提出具体的设计方案。①

山西省祁县峪口乡段家窑村位于祁县东南丘陵山区。2013 年,全村人口 905 人,其中青壮年 350 人,主导产业是果树栽培和水果储藏。段家窑学校是服务于 16 个自然村的寄宿制小学。学校占地 8 800 平方米,建筑面积 2 100 平方米。学校共有教职工 17 名,教学班 6 个,在校生 123 名。该小学大胆创新,实行村委、小学合一的复合模式,学校"一校多牌""一室多用",学校和村内所有资源为村民、学生共享,白天给学生开放,晚上给村民开放。村小学同时挂有村委会办公室、成人文化技术学校、农民文化活动中心、党员活动室等,学校的多媒体教室、图书室、电脑室、文体活动室、医疗室等为村民和小学生共享。②该校入围 2013 年"美丽乡村教育公益评选",③入围理由是:这不只是一所小学,还是带动村里文化与经济发展的"助推器"。山西省祁县峪口乡段家窑小学的大胆实践、办学机制创新,探索出了一套学校教育为农村建设服务、学校教育与农村经济社会发展相结合的"村校合一"发展新模式,正是对教育社会功能的极好阐释。

## 三、甘肃省秦安等县的网助模式

教育信息化,也称为现代教育技术或电化教育,是在现代教育理论、传播理论、心理科学、系统科学等理论指导下,在教育教学过程中运用现代信息技术开发教育资源,优化教育过程,提高教育教学效果,以培养和提高学生的现代信息素养,促进教育现代化的过程。在我国,制约乡镇及其以下的农村小学可持续发展的关键是优质教育教学资源的不足和不平衡,而以网络、卫星等远距离教育信息化资源为技术支撑的现代教育信息

---

① 叶露,黄一如. 资本动力视角下当代乡村营建中的设计介入研究[J]. 新建筑,2016(4).
② 杨永平. 未来农村教育的新图景[J]. 人民教育,2015(22):32-35.
③ https://edu.qq.com/a/20130929/007334.htm

化技术，不管从资源情况和教育教学方式，为解决其发展的瓶颈提供了很好的思路，也是农村小学实现自身创新发展的有效途径。

甘肃省虽地处西部经济欠发达地区，但是我国电化教育学科的发源地，教育信息化理论研究和应用研究处于全国领先地位。通过现代教育技术服务于农村小学发展的实践具有重要的研究和推广价值。

时任甘肃省教育厅厅长王嘉毅认为，小规模学校是农村教育的重要支撑，办好小规模学校是促进教育公平、推动义务教育均衡发展的关键举措。据王嘉毅提供的数据，2015年，甘肃省全省义务教育阶段学校包括教学点共1.3万所（义务教育阶段学校9 543所、教学点4 000多个）。义务教育的在教学生是271.17万人，其中100人以下的中学和小学是8 624所。从小学来看，校均规模是224人，其中城镇小学有1 365所，有99.9万学生，占全省小学生总数的55.3%，校均规模是730人。农村小学6 687所，学生总数是80.33万人，校均规模是120人。如果将数字细分，目前，只有一个学生的学校219所，只有一个教师的学校有1 190所。100人以下的小学包括教学点达8 300所，比2014年增加了将近400所，增长的速度是非常快的。①甘肃省农村小学的情况具有典型性，是我国广大农村小学现状的缩影，特别是中西部经济欠发达地区所共同面临的尴尬处境。面对这一事关教育公平、事关我国实现教育现代化的战略主题，甘肃省根据我国教育信息化发展提供的技术条件，充分利用本省教育信息化的研究成果，通过"走教"+"电教""阳光课堂"等方式，打响农村小学发展的攻坚战。

### （一）"走教"+"电教"模式

"走教"+"电教"模式，是甘肃省秦安县、泾川县等县，在教育精准扶贫背景下，采取的一种农村小学发展模式。在当地政府和教育主管部门推动下，农村学校通过"走教"+"电教"的教育精准扶贫模式，破解了今天农村小学"办学难"的问题。"走教"就是以中心学区（园区）为依托，

---

① http://www.sohu.com/a/207936416_653774

选拔区内英语、美术、音乐、科学等小学科优秀教师，为其提供统一的住宿条件和交通工具，教师按区内统一的教学计划和课表，轮流给农村小规模小学和教学点上课，而村小和"教学点"教师专心教好语文、数学等主课；同时，利用"电教"手段构建数字化、智慧化的教学环境，实现优质教育资源的城乡共享，打通城乡教师、学生间的交流渠道，促进城乡基础教育均衡发展。农村学校利用政府统一配备的硬件设备和软件资源，构建城乡智慧课堂系统，通过"实时"和"非实时"的方式实施城乡互动教学，既可以有效促进城市优质教育资源与乡村学校、教学点的共享，也能够构建学校教育、家庭教育及社会教育三者有机融合的教育协同共享机制体制。①

### （二）阳光课堂

"阳光课堂"是甘肃省定西市安定区李家堡学区探索的基于现代信息技术的一种课堂改革模式。②李家堡学区位于甘肃省定西市安定区东南部，距离市区18公里，包括八所小学和一个学前班。2016年10月，第二届中国农村小规模学校联盟年会在该区召开。据李家堡学区校长邵锦堂在会上介绍，他们实行"阳光课堂"的初衷是想让农村的孩子有学上、有课上，像城里的、镇里的孩子一样，能够享受到优质的教育资源。在李家堡的阳光课堂，有国家课程中的音乐、美术，有地方课程中的安全教育、国防教育、心理健康教育、信息技术、综合实践活动等，有校本课程中的阅读等方方面面的。利用国家配齐的硬件和网络设备以及免费的平台 CCtalk，搭建"阳光课堂"并以"一校带多校"的形式让乡村教学点不再匮乏素质类课程资源。"阳光课堂"启动以来，已经开设了超过340节网络直播公益课程，覆盖宁远学区、杏园学区、团结学区等数十所乡村学校及教学点，彻底解决乡村学校/教学点难以持续开设素质类课程的教育难点，影响深远。

2017年5月，安定区教体局发布的《李家堡宣言》指出："阳光课堂"

---

① 杨学良,等."走教"+"电教"：破解西部山区农村小学发展困境的有效途径[J]. 电化教育研究. 2018（7）：91-96.

② http://www.lintao123.com/thread-12451-1-1.html

是网师课堂,打通线上与线下,用网络联结心灵,用流量唤醒生命,以全新的双向实时高清互动直播系统,帮助教师端与学生端实现高清视讯互联,突破时空,节约成本;"阳光课堂"是双师课堂,线上专业老师和线下助学老师相互合作的"1+N教学模式",即一名专业老师在一间教室授课,另外N名助学老师在N间教室管理教学现场,全程陪伴,实时助学。"阳光课堂"有效解决了小规模学校专业老师不足的问题,是保障农村最弱势群体的子女接受公平教育的新的路口,是促进区域教育均衡发展的有力举措。[①]

挑战与机遇并存。近20年来,我国农村小学发展遇到了前所未有的挑战,这些挑战既有世界各国现代化、城市化进程中伴生的共同现象和问题,也有我国长期存在的城乡差异发展战略决策方面的问题。但是,也几乎与此同时,我国各级政府、农村学校等办学主体,在不断地探索农村学校可持续发展的路径,已经出现了农村学校可持续发展的新理念、新模式,并还在持续深化之中。我们相信,随着2019年2月23日中共中央、国务院新颁布的《中国教育现代化2035》的实施,农村小学教育的问题会逐步得到解决,中国教育现代化会得以总体实现。

---

① http://www.sohu.com/a/242008702_653774

# 参考文献

[1] 联合国教科文组织国际教育发展委员会. 学会生存——教育世界的今天和明天[M]. 华东师范大学比较教育研究所, 译. 北京: 教育科学出版社, 1996.

[2] 联合国教科文组织. 反思教育: 向"全球共同利益"的理念转变[M]. 联合国教科文组织总部中文科, 译. 北京: 教育科学出版社, 2017.

[3] 习近平. 决胜全面建成小康社会 夺取新时代中国特色社会主义伟大胜利——在中国共产党第十九次全国代表大会上的报告[M]. 北京: 人民出版社, 2017.

[4] 李森, 崔友兴. 社会变迁中的乡村教育[M]. 福州: 福建教育出版社, 2017.

[5] 顾明远. 现代生产与现代教育[J]. 外国教育动态, 1981（1）.

[6] 顾明远. 教育现代化的基本特征及其实施策略[J]. 人民教育, 2007（Z2）.

[7] 顾明远. 试论教育现代化的特征[J]. 教育研究, 2002（9）.

[8] 叶澜. 教育概论[M]. 北京: 人民教育出版社, 1991.

[9] 叶澜. 中国基础教育改革发展研究[M]. 北京: 中国人民大学出版社, 2009.

[10] （美）阿历克斯·英格尔斯. 人的现代化-心理·思想·态度·行为[M]. 殷陆君, 译. 成都: 四川人民出版社, 1985.

[11] 胡卫, 唐晓杰. 中国教育现代化进程研究[M]. 北京: 教育科学出版社, 2010.

[12] 松华, 王建. 教育现代化区域发展模式研究[M]. 北京: 北京师范大

学出版社，2011.

[13] 施晓光. 现代教育思想专题[M]. 北京：当代世界出版社，2001.

[14] 范国睿. 教育生态学[M]. 北京：人民教育出版社，2000.

[15] 凡勇臣，邬志辉. 农村教育现代化的解释逻辑和价值定位[J]. 教育科学研究，2015（7）.

[16] 邬志辉. 乡村教育现代化三问[J]. 教育发展研究，2015（1）.

[17] 赵亮. 后撤点并校时代：重振农村小规模学校[J]. 中国教育学刊，2015（12）.

[18] 陈智. 我国"村小"教育价值反思与重建[J]. 教育学术月刊，2013（10）.

[19] 蔡子良，孔令新. 撤点并校背景下乡村教育的困境与出路[J]. 清华大学教育研究，2014（2）.

[20] 陈国华. 农村教育现代化的误区、现实问题与发展策略[J]. 现代教育论坛，2015（6）.

[21] 张燕. 乡村小学撤点并校之"理性纠偏"[J]. 教育评论，2013（2）.

[22] 郭喜永. 一体化管理：破解村小留存与发展的良方[J]. 现代教育科学，2015（1）.

[23] 何传启. 世界教育现代化的历史事实和理论假设[J]. 教育学术月刊，2013（8）.

[24] 冯增俊. 试论我国教育现代化的基本任务及主要特征[J]. 中国教育学刊，1995（4）.

[25] 褚宏启. 教育现代化的本质与评价——我们需要什么样的教育现代化[J]. 教育研究，2013（11）.

[26] 杨明，欧自黎. 我们需要什么样的县域基础教育现代化[J]. 浙江外国语学院学报，2011（5）.

[27] 张华. 研究性教学论[M]. 上海：华东师范大学出版社，2010.

[28] 钟启泉. 现代课程论[M]. 上海：上海教育出版社，2006.

[29] 武斌. 我们离现代化还有多远[M]. 北京：中国经济出版社，1999.

[30] 谈松华，袁本涛. 教育现代化衡量指标问题的探讨[J]. 清华大学教育

研究，2001（11）.

[31] 褚宏启. 构建教育现代化指标体系的思考[J]. 中国高等教育，2013（11）.

[32] 曲钦华. 中国教育发展史纲[M]. 长春：东北师范大学出版社，2006.

[33] 毛礼锐，沈灌群. 中国教育通史[M]. 济南：山东教育出版社，1986

[34] 周谷平，陶炳增. 20世纪乡村教育思想形成的历史回顾与思考[J]. 河北师范大学学报，2004（9）.

[35] 宋恩荣. 晏阳初文集[M]. 北京：教育科学出版社，1989.

[36] 马秋帆. 梁漱溟教育论著选[M]. 北京：人民教育出版社，1994.

[37] 龙宝新. 村小"消逝"现象的文化学思考[J]. 中国教育学刊，2012（6）.

[38] 李文英，刘云. 日本农村中小学"撤点并校"及其启示[J]. 外国中小学教育，2013（11）.

[39] 吉云. 让"撤点并校"少走弯路——中美农村学校合并的比较研究[J]. 教育探索，2010（8）.

[40] 于海波：俄罗斯农村教育现代化及其启示[J]. 外国教育研究，2007（12）.

[41] 袁利平. 国外乡村学校发展模式研究[J]. 比较教育研究，2018（5）.

[42] 童世骏. 新时代人民满意的教育：多学科视角[N]. 光明日报，2018-04-03.

[43] 李介. 农村薄弱学校合作发展模式再探[J]. 教学与管理，2017（12）.

[44] 董鲁皖龙. 建微型学校发展联盟——四川广元利州区乡村校组团提质. 中国教育报，2018-9-25.

[45] 杨永平. 未来农村教育的新图景[J]. 人民教育，2015（22）.

[46] 杨学良，等. "走教"+"电教"：破解西部山区农村小学发展困境的有效途径[J]. 电化教育研究，2018（7）.

[47] 董文军. 聚焦与超越——西部地区山区县实现教育现代化的对策研究[M]. 成都：西南交通大学出版社，2016.